リトル・ピープルの時代　宇野常寛

幻冬舎

序章

「壁と卵」をめぐって
――3・11から考える

2011年3月11日、「東日本大震災」と呼ばれる大地震が日本を襲った。その犠牲者の数は5桁に及び、戦後最大級の災害として歴史にその傷跡を残しつつある。そしてあの日以来、この国は奇妙な緊張感に包まれ続けている。

復興への長い長い道はまだ始まったばかりであり、その途方もなさが私たちの思考を縛っていることは間違いない。しかしそれ以上に事態を決定づけているのは福島の原子力発電所の存在だろう。

地震と津波に伴って発生した事故によって制御不能に陥った原子炉たちは、震災後の日本社会を支配する見えない力の象徴だ。放射能による健康被害への漠然とした不安が社会を覆い、そして急速に悪化した電力事情はこの国の産業と市民生活に大きな影を落としつつある。また、環境被害について日本政府の対応は諸外国からの批判に晒《さら》されている。

この原子炉たちの存在が、あの日からずっと気になっているこの奇妙な緊張感――恐れと、哀しみと、焦りと、怒りと、それらを誤魔化すために導入された高揚とが複雑に入り混じったこの〈気分〉のようなもの――の中核にあることはもはや間違いないだろう。

東京都副知事でもある作家の猪瀬直樹は、震災直後の日本社会を「日常性の断絶」という言葉で表現した。『風の谷のナウシカ』『北斗の拳』、そしてオウム真理教――たしかにこの国の物語的想像力は、豊かで平和な消費社会を終わらせる決定的な非日常を「最終（核）

戦争後の未来」への願望というかたちで表現してきた。かつて存在した東西冷戦を背景に、「終わりなき日常」を断絶させる力の象徴として「核」というイメージは機能してきたのだ。

たしかに、震災には豊かで平和な、しかし退屈な消費社会の日常を破壊し、劇的な非日常を到来させるもの——ハルマゲドンの代替物として機能した可能性があったのだ。

しかし、そうはならなかった。なぜならば、70年代から物語の中で愛されてきた「世界の終り」というイメージが、この20年ですっかり力を失ってしまったからだ。

そしてある日、本当にミサイルは赤い尾を引きずり僕達の上空を飛ぶだろう。その時、たぶん神様は無力だろう。そう、終りは突然やってくる。（中略）世界の終る日、僕達は、チケットぴあで芝浦インクの来月のライブを予約するだろう。世界の終る日、僕達は、次のバーゲンの最初の日の日付けにしるしをつけるだろう。世界の終る日、僕達は、おろしたてのアディダスからゆっくりと靴ひもを抜き取るだろう。

●中森明夫「東京トンガリキッズ」角川書店／２００４年

これは、「豊かで平和な、しかし退屈な消費社会」がはじめてこの国に出現した時代の「気分」を体現したと言われる小説の一節だ。

だけど、世界は終わらなかった。

だけど世界は終わらなかった。原発はいつまでたっても爆発しないし、全面核戦争の夢もどこかに行ってしまった。アンポトウソウで学生が味わったみたいに、傍観してるだけの80年代の革命家は勝手に挫折感を味わった。
これでやっとわかった。もう〝デカイ一発〟はこない。22世紀はちゃんとくる（もちろん21世紀はくる。ハルマゲドンなんてないんだから）。世界は絶対に終わらない。

●鶴見済「完全自殺マニュアル」太田出版／1993年

その18年後、ほんとうに原子力発電所は爆発した。しかし、それでも世界は終わらなかったのだ。

と、いうよりもこの20年近く、日本では「世界の終り」を描いた物語はほとんど受け入れられていない。あったとしても、それは個人のアイデンティティ不安の比喩《ひゆ》として描かれることがほとんどだった。これはむしろ、かつて最終戦争のイメージが背負っていたものがもう通用しなくなったことを意味する。引用したのは、まさに「世界の終り」が「自分の（自意識の）終わり」としか想像できなくなってしまった頃の「気分」を表現した文章だ。なんせ、「世界の終り」は存在しないので「自分」を終わらせるしかないという自意識を露悪的に綴《つづ》ってみせた文章なのだから。

要するに「世界の終り」なんてイメージはとっくの昔に、20年近く前には既に通用しなくなっていたのだ。「デカイ一発」が来ても、それを私たちは「世界の終り」として受け止めるなんてことはもはやあり得ない。


この地震がもたらしたものは、かつてオウム真理教の信者たちが夢想したような〈日常＝世界〉の終わりとは、決定的に異なるように思える。それどころか、福島の原子力発電所の存在はかつての「世界の終り」のイメージをほぼ完全に無効化してしまったと言えるだろう。

あの日から約三か月――日本社会はその日常を回復しながらも、明らかにこれまでとは異質なものに支配されている。世界は終わったのではなく、変わったのだ。全体ではなく、部分が。それも、目に見えないいくつかの部分だけが、確実に変化している。

たしかに被災地では確実に、現在においても日常性は断絶したままだ。だがその一方で西日本、北海道といった地域にまで「日常性の断絶」が及んでいるかは疑わしい。そして首都圏においては否応なく日常性が回復しつつあるその一方で、余震や放射能汚染の情報が断続的にもたらされることでそれが脅かされ続ける状況下にある。これが意味するところは何か。

おそらく首都圏は今、日常と非日常が混在する奇妙な感覚に包まれている。

政府の見解によれば、廃炉までには十年の歳月を要するという。

このまましばらく日本は非日常的な緊張感を内包した日常が続いていくんだろう。日常と非日常がスイッチのオンとオフのように切り替わるのではなく、日常をベースに非日常が亀裂のようにところどころ入り込む感覚が、特に東京あたりだとぼんやりと共有されたまま長い時間が経つのだと思う。世界は終わらない。日常と非日常が混在したまま、ずっと続いていくのだ。

そして私たちは今、日常と非日常の境界が融解した、危機とともに生きるための想像力を必要としている。

それは人間が生み出したものでありながら、今や人間のコントロールを離れ、私たちの生活世界を内部から蝕み始めている。私たちのすぐそばに、生活空間の〈内側〉にありながらも、もはや誰にも制御できないものがある。おそらくは私たちの無意識に刷り込まれていくであろうこの感覚が、どんな想像力を生むのか。文化批評の担い手としての私の関心はこの一点にあると言っていい。

こうして考えたとき――私が真っ先に思い出したのが村上春樹の存在だった。彼が前の震災――阪神淡路大震災のあとに発表した連作短編集『神の子どもたちはみな踊る』のことが、急に頭から離れなくなった。

収録された6編の小説の中のひとつに「かえるくん、東京を救う」という短編がある。この小説には、「みみずくん」と呼ばれる怪物のような存在が登場する。「みみずくん」は東京の、新宿歌舞伎町の地下に住んでいる。そして腹を立てると大地震を起こす、という。でも何に対して腹を立てているのかも、そもそも何を考えているのかも分からないのだという。姿を見たものさえほとんどいない。ただ、「遠くからやってくる響きやふるえを身体に感じとり、ひとつひとつ吸収し、蓄積しているだけ」の存在だ。

福島の原子炉の話を耳にするたびに思い出すのは、この「みみずくん」のことだ。「みみずくん」は、私たちの生きる〈いま、ここ〉の世界の〈中〉に潜ったところに存在している。彼は、私たちのこの世界そのものを揺るがすようなとても大きな力をもっている。けれど、そこに意思はない。「みみずくん」にはおそらく意思が、いや人格そのものが欠如している。だから、私たちは彼について何も理解することができないし、制御することもできない。――福島の原子炉たちはまさに、この国に住む人々にとってそんな存在になりつつあるように思える。

そして、今の日本社会にはそんな「みみずくん」のような存在を捉《とら》える想像力が不足しているのではないか、と思う。

私たちの世界そのものを揺るがし得る大きな、とてつもなく大きな存在でありながら、世界の〈外〉ではなく〈中〉に存在するもの。そして人格をもたず、物語を語らず、理解できないもの。そんな存在が、露呈したことが、この国の人々を戸惑わせているように思える。

言い換えればそれは「大きなもの」を捉える想像力の不足ではないだろうか。私たちの生を規定する世界の構造のようなものをイメージする力が、変化する現実に追いついていないのだ。そのことが、あの日以降、この国の人々を苛立《いらだ》たせているように思えてならない。私が地震後に「かえるくん、東京を救う」のことを思い出したのは、以前から私はこの小説は〈国家〉を、いや、より正確には「かつて〈国家〉がその位置を占めていた、個人の運命を司る大きなもの」について扱った小説なんじゃないだろうかと考えていたからだ。

かつては――いや、つい最近まで人間の生を決定する「大きなもの」としては、近代的な国民国家という装置が支配的だった。国民国家は長く疑似人格化することでイメージの共有が図られてきた。こうして疑似人格化された存在が（大きな）物語=歴史を語り、個人の生を意味づけることで「国民」としてのアイデンティティを成立させてきた。だからこそ、ジョージ・オーウェルはスターリニズム批判の風刺小説『一九八四年』に、〈ビッグ・ブラザー〉と呼ばれる国民統合のシンボルとしての疑似人格を登場させたのだ。

しかし、この数十年でそうではなくなってきた。現代の世界には国民国家より大きなものが確実に存在している。

たとえば貨幣と情報のネットワークがそれだ。かつて市場は（少なくとも現在に比して）国家に従属するものだった。だからこそ植民地争奪戦争が発生し、ブロック経済が世界恐慌に対する防波堤として機能した。だが、グローバル資本主義の成立は、かつては国家に従属していた市場を国家の上位に押し上げた。現代においては貨幣と情報のグローバルなネットワーク（市場とインターネット）が世界をひとつにつなげ、国家はその下位に従属している。もはや植民地支配もブロック経済も（少なくともかつてのような）意味をなさない。それは国民国家よりも大きな、世界をひとつにつなげてしまっているシステムが存在しているからだ。

けれど、このシステムは、国家と違ってなかなかイメージしにくい。それはたしかに、ときに私たちの世界を揺るがす決定的な暴力をもたらす。しかし同時にこれは、何に対して腹を立てているのかも、そもそも「何を考えているのか」も分からない「姿を見たものさえ、ほとんどいな」い、まさに「遠くからやってくる響きやふるえを身体に感じとり、ひとつひとつ吸収し、蓄積しているだけ」の存在だ。グローバル資本主義というシステムは物語をもたず、そこには非人格的な構造だけが存在する「みみずくん」のようなものなのだ。だからイメージすることが難しい。だからこそ、春樹は物語の力でそれに挑戦したのではないか。「私たちの世界そのものを揺るがし得る大きな、とてつもなく大きな存在でありながら、世界の〈外〉ではなく〈中〉に存在するもの。そして人格をもたず、物語を語らず、理解できないもの」にかたちを与えること。阪神淡路の震災に際して、春樹が挑んだ物語的想像力は、この難題に答えようとするものだったように思えて仕方がないのだ。

私がそんなことを考えるようになったのは、村上春樹が2年前——2009年2月15日にエルサレム賞の授賞式で話したことの翻訳記事を読んだときからだ。

2009年2月15日、エルサレム賞を受賞した村上春樹はその授賞式のスピーチでイスラエルのガザ侵攻を批判した。「社会の中の個人の自由のためのエルサレム賞」——ノーベル賞への登竜門ともされる同賞は、同時に極めて政治色の強い文学賞としても知られている。その選考委員はイスラエル市長が任命し、授賞式には大統領以下イスラエルの要人が多数出席する。過去にはイスラエル政府のパレスチナ政策への抗議の意思を込めて、受賞を拒否した作家も存在する。折しも前年末に勃発《ぼっぱつ》したガザ紛争によって、パレスチナでは4桁に上る市民の犠牲者が出た直後であり、村上春樹の動向は注目された。

そして当日、壇上に登った春樹は出席を迷ったこと、周囲の人々の多くが受賞を拒否するように薦めたことを告白しその上であえてエルサレムに赴き武力行使を批判することを決意したのだ、と告げた。

ここで、非常に個人的なメッセージをお話しすることをお許しください。それは小説を書いているときにいつも心に留めていることなのです。紙に書いて壁に貼ろうとまで思ったことはないのですが、私の心の壁に刻まれているものなのです。それはこういうことです。

「高くて、固い壁があり、それにぶつかって壊れる卵があるとしたら、私は常に卵側に立つ」ということです。

そうなんです。その壁がいくら正しく、卵が正しくないとしても、私は卵サイドに立ちます。他の誰かが、何が正しく、正しくないかを決めることになるでしょう。おそらく時や歴史というものが。しかし、もしどのような理由であれ、壁側に立って作品を書く小説家がいたら、その作品にいかなる価値を見出せるのでしょうか?

この春樹のスピーチは大きく報道され、内外で議論を呼んだ。その多くは、春樹の批判的態度を賞賛するものだったと言えるだろう。だがその一方で、その比喩に頼った曖昧な態度表明を嫌悪する声や、スピーチの内容に対して見え透いた人気取りのパフォーマンスであると断罪する声も散見された。実際のところ春樹の思惑がどうだったのかは誰にも分からないし、正直に告白すればそんなことに私は興味はない。そう、本書の目的は春樹の政治的態度の是非を検討することではない。もう少し、いやまったく別のことなのだ。そしてそれはたぶん、ガザ紛争の政治的な評価それ自体よりも、ある意味私たちの生にとって本質的なことにかかわってくるのではないか。そう、私は考えている。結論から述べれば、私は政治的なこととはまったく別の理由で春樹のこのスピーチに強い違和感を抱いた。それは何か性急な、焦りのようなものを一連の春樹の言葉から感じたからだ。

たとえば、春樹のスピーチはこう続く。

今日、皆さんにお話ししたいことは一つだけです。私たちは、国籍、人種を超越した人間であり、個々の存在なのです。「システム」と言われる堅固な壁に直面している壊れやすい卵なのです。どこからみても、勝ち目はみえてきません。壁はあまりに高く、強固で、冷たい存在です。もし、私たちに勝利への希望がみえることがあるとしたら、私たち自身や他者の独自性やかけがえのなさを、さらに魂を互いに交わらせることで得ることのできる温かみを強く信じることから生じるものでなければならないでしょう。

このことを考えてみてください。私たちは皆、実際の、生きた精神を持っているのです。「システム」はそういったものではありません。「システム」がわれわれを食い物にすることを許してはいけません。「システム」に自己増殖を許してはなりません。「システム」が私たちをつくったのではなく、私たちが「システム」をつくったのです。

この文章を読んで、読者は何を考えるだろうか。おそらく少なくない人々が、ここで春樹の語った「システム」という言葉を社会構造、具体的にはグローバル資本主義のようなものだと解釈するだろう。そして同時に、また少なくない人々が資本主義のシステムが人間疎外をもたらす、といった錆び付いた世界認識の匂いをこの図式に読み取るだろう。この「システム」には、「国家」の匂いが強すぎる。

当然のように村上春樹の認識は、そう単純なものではない。「かえるくん、東京を救う」の例からも明らかなように、少なくともこれまではそうだったはずだ。春樹はむしろ、そんな古めかしくて単純な物語で世界を説明し続けることに、静かに、だが力強く抵抗し続けてきた作家なのだから。しかし、私はこの演説における春樹の言葉には、かつて春樹自身が否定したものの匂いを感じざるを得なかった。春樹が自分は「卵の側に立つ」と断言してしまっていることに、どうしようもなく違和感を覚えたのだ。私は思った、春樹がかつて抵抗してきたのは、壁と卵を明確に切り分け、自分たちこそが卵の側だと無邪気に信じてしまう想像力の欠如ではなかったか、と。そして、少なくとも私は、自分が卵の側だと無邪気に信じることはできない。

言うまでもなく、壁＝システムは、私たち＝卵が築き上げたものだ。それも、私たちが生き延びるために必要に応じて築き上げたものだ。システムに支配されないために必要なのは、壁＝システムは私たちの外側ではなく内側にあることを自覚することではないか。壁と卵は対立関係ではなく、むしろ共犯関係にある。誰もシステムの外側に立って壁を破壊する立場には立つことができない。そんな現実に目をつぶり、自分たちこそが卵なのだと思い込もうとした人々こそが、無数の卵を踏み潰すもっとも無自覚かつ暴力的な壁＝システムを築き上げていったのではないか。20世紀の、特に終わりの数十年の歴史は酷薄なまでにその事実を私たちに突きつけたのではないか。そして、村上春樹こそが、もっとも深くこの現実を受け止めた上で物語の力でそんな現実に抗《あらが》おうとしてきた作家だったはずだ。しかし、この演説の記事を読み返すたびに、春樹が「壁」と「卵」を再び性急に切り分けようとする欲望に負けつつあるのではないかという疑念が私の中で強くなっていった。

誤解しないでほしいが私はシステムへの批判が不必要だとは考えない。しかし、春樹の「壁」と「卵」の比喩の用い方にある種の性急さを感じずにはいられないのだ。そしてその違和感は、春樹の現時点での最新作『1Q84』を通読したときに決定的なものとなった。

私にとって村上春樹は、決して共感できる作家ではなかった。特にその性的なものへの感性については、どうしても違和感が拭えないものがある。だが、その一方で春樹の作家としての想像力の豊かさについては、読み返すたびに圧倒されてきたと言っていい。

簡易な例をふたつ挙げることにしよう。

第1に取り上げるのは、1994年から95年にかけて刊行された大長編『ねじまき鳥クロニクル』に登場するファンタジックな精神交感のイメージだ。ここでは、運命的に決定された場所（具体的には古い井戸）に身体を沈めることで、語り手の男性の精神が遠く離れた街に住む老人の精神と接続され、彼の記憶が流れ込んでくる。世界の〈外部〉に「飛び出す」のではなく、その〈内部〉に「潜る」ことで、時間と空間を超越して他者の精神と直接接続する。当時はよく整理できなかったが、今思えばここで提出されているイメージはこの瞬間に進行している世界のゆるやかな変化に即したものでありながら、まさに物語的想像力でその先を何万キロも追い越したものだった。実際に、ここで春樹が示したイメージはそれから10年も経たずにインターネットによって半ば実現されている。そう、私たちはまさに〈いま、ここ〉にいながらもインターネットに「潜る」ことで、何万キロも離れたところにいる他者と直接接続できるのだ。

第2に2004年に刊行された『アフターダーク』における語り口の問題だ。同作では「私たち」という一人称複数の視点から、一晩の出来事が群像劇的に描写される。自在に移動を繰り返す視線＝「私たち」という異質な想像力は多くの読者を戸惑わせた。しかしこの「私たち」という視点は、もはや現代を生きる我々にとって、半ば当たり前のものになっている。２００７年に開始したGoogle Street Viewが代表するインターネット上の地図サービス群は、まさに本書で春樹が採用した空間を自在に移動する視線を人間にもたらした。そして、インターネットに接続できれば誰でも簡易に利用できるこの「新しい視点」は、まさに「私たち」＝一人称複数のものだ。

私が今挙げたのは、どちらもインターネットとの比較で簡易に説明が可能な代表例に過ぎない。だが、これだけでも村上春樹という作家が、世界の巨大な変化に拮抗《きっこう》し、そしてその先を行く想像力を行使し続けてきたことの実例としては充分だろう。もちろん、その想像力の先取性をもって春樹を、ある種の予言者として評価すべきだと私は主張するつもりはない。重要なのは、春樹が世界の変化に敏感であり、その変化を受け入れながらもその先を行くことで、物語にしか、虚構にしか成し得ないイメージの提示を行うことに成功し、その小説世界を構築していったということなのだ。

そして、私が今ここでこれらの例を挙げた理由は、もうひとつある。それは村上春樹の想像力が、世界に追いつかれつつあるのではないか、ということだ。そう、逆に考えれば私が今挙げた例は春樹の産み出した文学的アイデアの、それも代表作の中核に存在する想像力がわずか10年前後で現実に追いつかれ、追い越されてしまったことも同時に意味している。そして、私にとってエルサレム賞授賞式のスピーチにおける「壁と卵」の比喩は（そして続く長編『1Q84』は）、春樹の想像力がもはや現実に対して力をもたない、追い越されてしまったことを示すものではないかと思わせるものだった。もちろん、（長期的に考えたときは特に）この春樹と現実との接近は一概に否定すべきことではない。現実との距離がゼロに近づくこと、または現実を後追いすることで発動する想像力もまた、確かに存在するからだ。だから春樹と現実の接近は、端的な変化として客観的には位置づけるべきだろう。しかしその上でなお、私はこの村上春樹という偉大な作家の想像力が、現実に追いつかれ、そして追い越されることには、一作家の評価や可能性とは異なった次元で大きな意味があるように思えるのだ。

「壁と卵」の比喩に戻ろう。かつて「壁」が現代のような非人格的な「システム」ではなく、意思（あるいは物語）を有した人格的な存在＝（オーウェルのいう）ビッグ・ブラザーだった頃、春樹は「壁」と「卵」の共犯関係にこそ「悪」を見出していた。春樹が追求していたのは「壁」と「卵」の共犯関係からの〈デタッチメント〉だった。

たとえば、小説を書くときでも、コミットメントということがぼくにとってはものすごく大事になってきた。以前はデタッチメント（かかわりのなさ）というのがぼくにとっては大事なことだったんですが。

●河合隼雄・村上春樹「村上春樹、河合隼雄に会いにいく」岩波書店／1996年

かつて1968年という春樹にとっても、そして世界にとっても決定的な瞬間は「壁」と「卵」の関係を書き換えた。いや、自明のものにした。それが、世界的な学生反乱とその失速、すなわち「政治の季節」の終わりだった。

このとき、明らかになったことがふたつある。第1に「壁」にぶつかり、破壊しようとする意思をもった「卵」の性急さこそが、新しい「壁」を次々と生み出していくというメカニズムが露呈した。つまり「卵」の側に立つことはもはや新たな「壁」を生む以上の意味はなく、私たちは「壁」の側にも「卵」の側にも立てなくなった。そのため春樹はこうした世界の構造そのものから距離をとること——デタッチメントこそを、その小説で追求したのだ。それは言い換えれば、「壁」と「卵」との関係すなわち社会と個人の関係から、「卵」それ自体のあり方の問題に思考の場所を変化させることでもあった。それまで信じられていた「壁」と「卵」の関係がゆるやかに崩壊していき始めた時代に、春樹は「卵」の問題に注力することを選んだ。正義（「壁」＝世界の問題）ではなく、倫理（個人の問題）を通じて、この世界について想像力を働かせることを春樹は選んだのだ。

第2にこうして、「卵」と「壁」の境界線が曖昧になり、ふたつの立場が溶け合っていく中で「壁」そのものの力が少しずつ、しかし確実に衰微していったことが挙げられる。

そしてあれから40年、気がついたときかつて存在した「壁」＝ビッグ・ブラザーは完全に壊死《えし》していたのだ。誰かに殺されたのではない。自然に壊死していったのだ。そして時代は新しい「壁」を生み出していった。「壁」は巨大な疑似人格から、非人格的なシステムに変貌し、「卵」とは複雑に一体化していた。ひとつの大きなものがあるのではなく、複数の小さなものがあるようになった。壁とそうでないものとの境界はかつてははっきりしていたが、今は誰にも分からなくなった。

「デタッチメントからコミットメントへ」――そして春樹はそんな「新しい時代」に対峙すべく「転向」した。「壁」と「卵」を再び分断するために。そうすることで、新しい姿（システム）を得た「壁」から「卵」を守るために。再び「倫理」だけではなく「正義」の問題を扱い始めたのだ。

かつて村上春樹は、こうした私たちの外側に「悪」を置き、内側に「正義」を置く立場から撤退＝デタッチメントした。しかし今は翻って、「壁」と「卵」の間を分断し、システムを私たちの外側に置こうとしている。それも、極めて強い意志をもって線を引こうと＝コミットメントしようとしているのだ。

ここで問われているのは、もはや「倫理」（個人の問題）ではなく、おそらく「正義」（世界の問題）だ。「もうビッグ・ブラザーの出てくる幕はない」――『1Q84』の章題のひとつとして選ばれたこの台詞《せりふ》が端的に示すように、単一のビッグ・ブラザーからのデタッチメントが壊死し、無数のリトル・ピープルたちへのコミットメントへと春樹は展開した。

リトル・ピープル――同作に一種の超自然的な存在として登場するそれはビッグ・ブラザーが壊死した後に生成した新しい「壁」のかたち、システムの生む力を象徴するものである。リトル・ピープルとは、私たちを囲む「壁」＝システムから生成する存在だ。それは決して私たちの外側にある巨大な存在ではない。むしろ「卵」＝私たちの生活空間と一体化し、目に見えず、そして私たち自身の生が絶えず増殖し作りかえている存在だ。もはや世界にはひとつの大きなものに複数の小さなものが立ち向かう、という分かり易《やす》い構造は存在しない。むしろ、無数の小さな存在が無限に連鎖し、その連鎖が不可視の環境としてシステムを形成している。もはやビッグ・ブラザーのもたらす縦の力、遥か上方から降りてくる巨大な力ではなく、私たちの生活世界に偏在する横の力、内部に蠢《うごめ》く無数のリトル・ピープルたちの集合が発揮する不可視の力こそが、現代においてはときに「悪」として作用する「壁」なのだ。大きなものから距離を取り、解体していくことではなく、偏在する小さなものにどう対するか、接するか、用いるか。無数に蠢くリトル・ピープルたちにいかにコミットするか――そのモデルを提示することこそが、現代における「正義／悪」を記述する作業に他ならない。

具体的に春樹の知性は今そんな新しい世界において、再び「壁」と「卵」を（リトル・ピープルという「悪」の名指し＝コミットメントによって）切り分けようとしている。そして、私見だがその試みはあまりうまくいっていない。だが、その挫折にこそ今語るべきことが存在する。

それは言い換えれば、新しい壁＝システムという「巨大なもの」をめぐる想像力が、この世界にはまだ足りていないことを意味している。春樹とは異なり、「壁」と「卵」をもう一度切り分けるのでは「ない」方向で、「壁」という巨大なものを描く想像力を手に入れることはできないのか——それが私の考える「もっと本質的なこと」だ。

本書の目的を記そう。

それは「大きなもの」への想像力を取り戻す思考を展開することだ。それも、単に「大きなもの」ではない。「壁」と「卵」の関係が変化した、現代における「大きなもの」への、の「壁」への想像力を手に入れることだ。ビッグ・ブラザーではなくリトル・ピープルとしての「壁」のイメージを獲得することだ。それはたぶん、福島の原子炉たちがもたらしたもの、いや、福島の原子炉たちの存在が浮かび上がらせたもの——変化それ自体は、とっくの昔に起こっていたのだから——について考えることでもあるはずだ。

そして、私はこうした新しい世界の成立が不幸なことだとは思わない。春樹の言葉を借りるなら、この切断の痛みを引き受けることだけが「勝利」の鍵につながるのだから。

本書は村上春樹の分析を皮切りに、内外の物語的想像力の変遷を追う。その中で「壁」と「卵」が混在する現代という時代を問うことになるだろう。過程ではさまざまな表現に触れることになるが、作品それ自体への肯定／否定は一切行わない。私が本書で扱うのはあくまで、表現の中で提出されたイメージ、それも「壁」と「卵」、大きなものと小さなものの関係についてのイメージのみだ。そのイメージたちから、大きなもの、分からないもの、世界の〈中〉から生じてくる新しい「壁」について考える手がかりを導き出すこと、それだけだ。

＊

本書は全3章＋3つの補論によって構成される。

第一章では議論の皮切りに村上春樹の分析を行う。第二章では春樹と比較する形で、ポップカルチャー群の分析を行う。第三章は前2章の議論を踏まえた理論編となる。第二章では特定のジャンルに特化した内容を扱うが、ここでの議論は、補論による異なる作品群の分析にて代替可能である。第二章については、これら補論及び、各節の冒頭に設けた概略を活用して、理解の助けとして欲しい。

目次

第二章　ヒーローと公共性　155

カバー作品「メガソフビ 仮面ライダー1号」：造形企画制作／（株）海洋堂（原型製作・木下隆志）：©石森プロ・東映
カバー写真：岩田和美
ブックデザイン：鈴木成一デザイン室

リトル・ピープルの時代

第一章　ビッグ・ブラザーからリトル・ピープルへ

1　村上春樹という特異点

村上春樹は現代日本の作家として、極めて特異な存在感を放っている。国内における圧倒的な商業的成功と、国外における日本人作家としては例外的な普及力において、比肩する現存の作家は存在しない。だがここで問われるべきは、国内において（純）文学が商業的に不成立のジャンルとして定着して久しい現状を背景に、前者と後者がなぜイコールで結ばれるか、であるだろう。国内においてはポップカルチャーとして消費される春樹が、なぜ世界文学たり得るのか。本章はこの問いから出発する。

一昨年２００９年に〈BOOK1〉と〈BOOK2〉が同時刊行された村上春樹による長編小

説『1Q84』は2冊ともに100万部以上の販売数を記録した。同作は刊行前の予約販売分のみで50万部以上を出荷しており、この『1Q84』という小説は作品それ自体よりもむしろ、日本人唯一のノーベル文学賞候補者であり、存命では数少ない国民作家である村上春樹の存在感を見せつけたと言える。昨2010年4月に発売された〈BOOK3〉の初刷りは50万部、またしてもミリオンセラーへの期待が高まっている。

国内において純文学は長く商業的には不成立のジャンルだ。具体的には、文芸誌で注目を浴びる気鋭の作家でも大抵その初版部数は1万部以下であり、5000部を切るものも珍しくない。ちなみに私が会社員時代から、趣味で個人的に発行している評論同人誌の実売部数が5000部前後なので、いかにその規模が小さいか分かるだろう。数千というのは会社員個人が本業の傍ら趣味で流通できる規模なのだ。にもかかわらず純文学の流通が商業出版で成立しているのは、伝統的に純文学というジャンルが社会的に保護され、老舗出版社にとって純文学を出版することが体面の保持につながるからに他ならない。

だがそんな純文学の世界において、村上春樹のみが例外的な商品価値を保持している。『羊をめぐる冒険』(1982)、『ノルウェイの森』(1987)、『ダンス・ダンス・ダンス』(1988)、『ねじまき鳥クロニクル』(1994~95)、『海辺のカフカ』(2002)、そして『1Q84』〈BOOK1〉〈BOOK2〉(2009)といずれも100万部以上のベストセラーを記録し、国内の文芸書市場そのものを牽引していると言っても過言ではない。少なくともその商業価値においては、村上春樹ひとりと現存する他の純文学作家全員とが天秤にかけられるのだ。

誤解しないでほしいが、私は純文学は売れないので価値がないと述べているわけではない。あくまで、村上だけが純文学で「ありながら」驚異的に巨大な市場を保持しているという例外的な事実を確認しているだけだ。だがそれが決定的に重要だ。

そして村上春樹は海外においてもその評価が高く、前述したように現時点においては唯一の日本人のノーベル文学賞候補である。特にここ数年の評価の高まりはめざましく、２００５年には『海辺のカフカ』でアメリカ〈ニューヨークタイムズ〉紙の「今年のベストテン」にランクインを果たし、翌２００６年にはフランツ・カフカ賞を受賞している。極めつきが２００９年の、ノーベル文学賞への登竜門といわれるエルサレム賞の受賞だろう。つまり、村上は国内における市場的評価と海外における文学的評価を併せもつ稀有な作家なのだ。

しかしその圧倒的な存在感とは裏腹に、いや圧倒的な存在感ゆえに村上春樹についての議論は常に錯綜していると言ってよい。たとえばデビュー当初の村上春樹はある種の風俗小説の書き手と見做《みな》されていた感が強かった。アメリカのポップカルチャーを背景に60年代から70年代にかけて台頭した都市的なライフスタイルを身につけた若者たちの同時代的な感性を切り取った作家として位置づけられるのが、当時の村上春樹理解の主流だった。

また春樹が『世界の終りとハードボイルド・ワンダーランド』『ノルウェイの森』を経て国民的作家へ上り詰めていった80年代においては、その心理主義的傾向とナイーブな男性のナルシシズムの記述の肥大、が当時活躍した狭義のポストモダニストたち――柄谷行人、蓮實重彦、浅田彰といった当時若者層に影響力を行使した批評家群の冷笑の対象となり、文学の仮面を被った通俗小説として位置づけられることも多かった。

たとえば、村上春樹の長篇のほとんどは、作者の感性と読者の感性とが、ときには彼らのそれに酷似した作中人物の感性によって共鳴しあい、それぞれが、ともに、同じ共同体の同じ時代を生きつつあるという安心感において連帯しあっているという意味で、「交通」を排した読まれ方に安住する言葉からなっているといってよい。その限りにおいてそれはよくできた物語だといえようし、その連帯に亀裂を走らせることなく、共同体のあり方そのものについて何がしかを告げもするだろうが、「小説から遠く離れて」の冒頭で「几帳面な執着のなさ」という言葉で要約しておいた同時代的な感性の「表象」として、言葉は決して方向を変えることがない。その意味で、『パルチザン伝説』をその縮小形態として持つ『羊をめぐる冒険』は、村落の自己同一性を保証する物語として流通してはいるが、その外部へと横滑りする都市的な逃走線は周到に回避されているといってよい。

●蓮實重彦「小説から遠く離れて」日本文芸社／1989年

ぼくは、村上春樹って、あの田舎くささと貧乏くささに耐えられなくて、どうしても最後まで読めないから、田中康夫流に「読まずに評する」しかないんだけど、率直にいって最低のものだと思うよ。

●「『続・憂国呆談』番外編Webスペシャル連載 第十三回」2003年8月号より浅田彰の発言

この蓮實重彦と浅田彰による村上春樹批判は現在における春樹の評価に大きく影響したもののひとつである。当時、彼らによって称揚されたのはいわば「闘争」ではなく「逃走」することで、大きな物語に別の物語をぶつける（革命する）のではなくて、物語それ自体を解体して無意味に、あるいは別の物語に読み替えてしまうことで、ビッグ・ブラザー的なもの（たとえばマルクス主義的なもの）を過去のものにすることだった（物語批判）。この「物語批判」的な想像力には、当時日本社会に出現し始めていた消費社会のイメージが重ね合わされていた。「都市」の洗練された空間では貨幣の、情報の、そして記号の「交通」が自動発生して、大きな物語を、あるいは封建的な制度によって規定された自己同一性を解体する——。前述の引用文は、そんな当時流通した文学的な「物語」の産物であり、そのため「都市」と「交通」という比喩が用いられている。その結果、是とされた作家と作品の具体名を挙げてもよいが、それらの作家の今日における存在感、重要性から考えて、おそらくその必要はもはやないだろう。

そして春樹の「卵」の視点への特化——個人の内面の問題への特化という時流に合致しない態度は、ある種の保守反動として受け止められることになった。具体的には春樹の小説世界は独我論的で、特定のメンタリティをもった男性のナルシシズムの記述に特化し、その自意識がまったく脅かされない「田舎くさい」「村落の自己同一性を保証する物語」であり、「逃走線」の対極にあるものとして位置づけられたのだ（無論、私はこの立場には与《くみ》しない）。

しかし、時代の潮流は蓮實たちを裏切り、春樹を支援した。冷静終結はイデオロギー対立の時代もまた終わらせ、ビッグ・ブラザーの語る「大きな物語」を解体する必要性を低下させた。いや、ビッグ・ブラザー自体が勝手に壊死していったのだ。

そして、ビッグ・ブラザーの完全な壊死のあとに訪れたグローバル／ネットワーク化は彼らが敵視した「田舎くさい」「村落の自己同一性」をも自動的に解体した。たとえば「私って……なキャラ（クター）だから」という自己言及が日常的な表現として定着している現在、私たちのコミュニケーションはもはや狭義の自己同一性を前提にしているとは言えない。少なくとも「村落の自己同一性」を解体するのはもはや想像力の、文学の役目ではない。誰もが情報の発信者として、自己イメージを操作する／されるネットワーク社会において、それは現実の遅すぎた確認に過ぎないだろう。
「大きな物語」を語り得るビッグ・ブラザーが壊死し、市場とネットワークという非人格的なシステムがそれに取って代わったことによって、物語批判はその効力を失ったと考えていいだろう。「逃走」先としての外部はその不可能性が自明のものとなり、主体を維持する自己同一性もまた自動的にその枠組みを変化させていった。「物語批判」で解体すべきものなど、既に存在しなくなったのだ。春樹はそんな「闘争」も「逃走」も無意味になった世界における「自己」の問題を先取的に描いてきたとすら言える。しかし、当時の「文壇」はそんな春樹の試みを過小評価する向きも少なくなかったのだ。

春樹はこうした「文壇」を徹底して遠ざけ、軽蔑してきたと言っていい。春樹は文壇ではなく市場を、国内ではなく海外を常に選択し、そしてその選択の正しさを実力で証明してきたのだ。そして、歴史の教える通り——国際的には冷戦崩壊後、国内的にはバブル経済の崩壊後、むしろポストモダン的、物語批判的な「解体」のもたらした空虚さを埋めるべく、性急な物語回帰への志向＝再構築のフェイズが世界を覆い、村上春樹は時代の支持を背景に国民作家へと成長していった。

そして春樹が世界的作家としてその評価が確かなものになりつつある現在、国内の純文学（と、制度的にされているものたち）において春樹に匹敵する成果を残した作家はいない。そして海外のジャパノロジストたちが日本的想像力の現在として意識しているのは（春樹を除けば）圧倒的に漫画、アニメ、ゲームなどをはじめとするポップカルチャー群であり、制度が保護する「純文学作家」たちでは決してない。

つまり広義の文壇は長く村上春樹という存在を捉え損なってきたと言える。かつて文壇は春樹に不当に低い評価を与え冷遇し、そして国民的作家として大成してからは通俗作家として軽蔑してきた。そして完全に春樹に「置いていかれた」かたちになった日本の文壇は、今、春樹を「敬して遠ざける」かのように扱い、もはや次元の異なる巨大な存在をさも自分たちのテリトリーに存在するかのように振る舞っている。

しかしこれは甚だしい勘違いに過ぎない。少なくとも世界的視野から見る限り、春樹と並べて考えられるのは国内ジャーナリズムの片隅で評価を得て数万部の販売を奇跡のように祈り続ける国内純文学たちではなく、春樹と同じように日本発の新しい想像力として世界に受容されつつあるポップカルチャー群に他ならない。国内における市場的成功と海外における文学／芸術的評価を春樹と共有し得るのは、端的に内外の市場と対峙してきたポップカルチャーとその担い手たちなのだ。

よりはっきりと告げるのなら、春樹を「現代日本における気鋭の純文学作家」と並列に語ることは滑稽でしかない。むしろ村上春樹はまずは同じく現代日本における国民的作家としての宮崎駿、あるいは世界的な評価をもつポップカルチャー群の代表的な固有名詞群、たとえばロボットアニメや美少女アニメ、あるいはビデオゲーム群などと並列して語られるべきであり、その受容規模から考えても、国際的評価から考えても、そのほうに圧倒的に妥当性がある。

だが、ここで私が問いたいのはその手前の話だ。ここでひとまず重要なのはこの村上春樹という作家が国内において、少なくともこの20年の間はほとんど顧みられることのなかった純文学という世界の中で例外的な存在感を占めていたことと、その文学的な評価は国内的なものではなくむしろ海外において高いということ、この2点のみである。その評価はひとまずさておいて、村上春樹だけがなぜ「違う」のか、をここでは問いたい。本書はこの疑問を最新作『1Q84』を手がかりに考えるところから始めようと思う。

2　機能の言葉

三人称で書かれた長編である『1Q84』はこれまでの村上春樹作品とは明らかに一線を画している。過剰なまでに分かりやすく、物語はサービス精神に満ち、そして極めて強いメッセージ性をもつ。作中小説『空気さなぎ』がそうであるように、それはいわば〈機能の言葉〉だ。エルサレム演説で宣言したように、春樹は新しい「壁」に対抗すべく物語の力で〈コミットメント〉に舵を切ったのだ。

『1Q84』は前述の通り村上春樹の2011年現在における最新作となる長編小説である。そして、これまでの春樹の小説とは多くの点で異なる小説でもある。

物語は1984年の日本と、その世界から半歩ずれた一種のパラレル・ワールド＝「1Q

84年」を舞台に、小説家志望の予備校講師の男性・天吾と、その初恋の人である小学校時代の同級生女性・青豆のふたりの主人公、そして最新刊である〈BOOK3〉からはこのふたりと敵対するある組織のエージェントである中年男性・牛河を加えた3人の視点を順繰りに移動しながら展開する。

主人公となる3人の男女、天吾、青豆、牛河はいつのまにか月がふたつある世界＝「1Q84年」に迷い込んでいる。特定の事件の経過など、何点かの相違点を除いては1984年の日本と変わらない、しかし確実にもとの世界とは異なる世界に迷い込んだ彼らは、その奇跡に運命的なものを感じ、あるいはその事実を認めたくがないために行動を開始する。極めて入り組んだ構成をもつ物語なので、要点を整理して、説明しよう。

天吾パートでは、とある新人小説賞の代筆事件をきっかけに主人公たちがリトル・ピープルと呼ばれる超自然的な存在をめぐる陰謀に巻き込まれていく。発端となるのは、もうひとりのヒロインともいうべき美少女・深田絵里子（ふかえり）による小説『空気さなぎ』だ。天吾は担当編集者の要望で新人賞に応募された『空気さなぎ』をリライトし、ふかえりを文壇アイドルに仕立て上げる陰謀になりゆきで加担する。その結果、『空気さなぎ』はベストセラーになるが、そのため天吾とふかえりはカルト教団「さきがけ」に敵視される存在となる。『空気さなぎ』に登場する「リトル・ピープル」とは同教団が崇める超自然的な存在であり、小説という形式でその存在を広く世界に知らしめた天吾とふかえりは、さきがけ教団、及びリトル・ピープルと敵対することになる。ふかえりは「さきがけ」のリーダー・深田保の実娘であり、確信犯的に『空気さなぎ』を執筆したことをやがて告白する。そしてある雷の夜、天吾の加担もリトル・ピープルに対抗するため運命論的に決定されていたものだとふかえりは説き、彼にその身体を差し出す。一連の事件の経過に運命的なものを感じた天吾は、認知症が進む父の入院先を訪ね精神的な和解を試み、青豆の所在を確かめるべく行動を起こす。

対する青豆パートは、ドメスティック・バイオレンスの加害者たちを暗殺し続ける正義のヒロインを描く。青豆はスポーツ・インストラクターとして勤めながら、とある組織に参加し暗殺者として活動している。青豆は女子児童に対する恒常的なレイプが行われているとされる「さきがけ」教団のリーダーの暗殺を請け負う。青豆は標的と対峙した際にリーダーがリトル・ピープルから与えられた超自然的な能力を所有していること、そしてその能力によって彼の身体は壊死しつつあり、その苦しみから逃れるためにむしろ青豆に殺されることを望んでいることを知る。そして、青豆はリーダーが望む通りその命を絶つ。そしてリーダー殺害犯を追う教団から逃亡し、味方組織が用意した隠れ家に身を潜める。リーダーから天吾の健在を知らされた青豆もまた、再会を強く望むようになる。青豆はリーダーを殺害した夜に超自然的な力によって妊娠しており、彼女は胎内に息づくそれを天吾の子であると確信する（作中では、天吾がふかえりとのセックスで放出した精子が青豆に受精したことが示唆される）。

天吾パートに登場していた教団が雇ったエージェント・牛河は第3巻〈BOOK3〉より第3の主人公として昇格する。天吾パートでは醜い外見と用心深い知性を備えた正体不明の怪人物として描かれた牛河だが、牛河パートではその過去に外見ゆえに愛されずに育った少年時代の哀しみが存在すること、そして短い家庭生活へ複雑な感情を抱いていることが明かされる。リーダーの死後、天吾への恫喝《どうかつ》を停止した教団に対し牛河は個人的に調査を続行する。そしてリーダー暗殺犯と目される青豆の存在と、彼女の天吾とのかすかな接点を発見する。しかし潜伏中の青豆のすぐ側までたどり着いたとき、牛河は青豆の同僚タマルによって殺害されてしまう。

牛河の介入をきっかけに、互いがすぐ側に存在し同じ事件に関与していることを知った天吾と青豆は奇跡的に再会を果たし、ともに「1Q84年」から脱出する。そこがもとの「1984年」であるかどうかは明かされないまま、天吾と青豆はこの世界で子どもを育てることを誓う。

以上が、現在刊行されている〈BOOK3〉までのあらすじである。春樹はインタビューなどで続編の可能性もほのめかしており、前述の内容は設定の変更等によって、書き換えられる可能性も高い。

この『1Q84』は、これまでの村上春樹作品とは明らかに異質だ。第1に同作は春樹がはじめて三人称のみで記述した長編小説であるという点が挙げられる。『海辺のカフカ』『アフターダーク』と春樹は先の10年、段階を踏んで三人称による記述を試みていったと言える。前者は部分的に三人称による記述が採用されており、後者は「私たち」という主語＝読者一般の視線を採用し、まるで街頭に設置された複数のビデオカメラによる定点観測を順次覗いていくかのような描写が試みられている。そしていわゆる「神の視点」から、登場人物たちの行動を描写した『1Q84』は、まさに春樹がこの10年追求してきた三人称による長編小説の集大成に他ならない。また、春樹が同作で完成させた三人称の文体は極めて平易であり、ライトノベルのそれに匹敵するほどリーダビリティが高い。

第2に同作が、サービス過剰なまでにファンタジックな娯楽小説として高い完成を見せている点が挙げられる。同作は天吾、青豆、そして〈BOOK3〉からは牛河という複数の主人公たちが繰り広げる物語が、やがてひとつの物語に統合されていくという構造をもっている。そしてそのどれもが、リトル・ピープルという超自然的な存在をめぐるSF／ミステリとして構成されており、娯楽小説の外見を物語の展開的にも描写的にも強く有している。特に主人公のひとり、青豆はドメスティック・バイオレンスの加害者の暗殺を続ける正義のヒロインとして登場する。「義のために法で裁けぬ悪を討つ」――『必殺仕事人』など国内の娯楽時代劇などで人気の形式を採用した青豆パートは、これまでの春樹作品と比してサービス過剰ですらあり、積極的に春樹が大衆性の高い娯楽小説の外見を採用したことが窺える。

つまり『1Q84』は徹底的に分かりやすく／読みやすく、そして気持ちよく／面白く設計された小説なのだ。言い換えればそれは「機能の言葉」、すなわち読者への作用効率とその制度を徹底して志向したと言える。ではこうした大衆性はなぜ必要とされたのか。

その解答は2008年、おそらくは『1Q84』執筆初期に行われたインタビュー中の発言にて春樹自身が述べている。

「僕が今、一番恐ろしいと思うのは特定の主義主張による『精神的な囲い込み』のようなものです。多くの人は枠組みが必要で、それがなくなってしまうと耐えられない。オウム真理教は極端な例だけど、いろんな檻（おり）というか囲い込みがあって、そこに入ってしまうと下手すると抜けられなくなる」

●「僕にとっての〈世界文学〉そして〈世界〉」　毎日新聞／2008年5月12日

また『1Q84』本文中で、春樹は登場人物の口を借りてこうも語っている。

天吾くんはリトル・ピープルと、彼らの行っている作業についての物語を書いた。絵里子が物語を提供し、天吾くんがそれを有効な文章に転換した。それが二人の共同作業だった。その物語はリトル・ピープルの及ぼすモーメントに対抗する抗体としての役目を果たした。

●村上春樹「1Q84〈BOOK2〉」新潮社／2009年

これらの発言と、序章にて引用したエルサレム賞授賞式におけるスピーチを合わせて考えると、春樹が徹底的に分かりやすく／読みやすく、そして気持ちよく／面白く設計された小説を志向した背景となる意図がおぼろげに浮かび上がってくる。

エルサレムで「壁」＝システムから卵＝個人を守ることの重要性を改めて説いた村上春樹は、現代のシステム（グローバル資本主義）が不可避に発生させる力＝リトル・ピープルは特定の主義主張によるモーメント＝「精神的な囲い込み」を多くの人々にもたらす、と考えている。そして春樹はこのモーメント＝「精神的な囲い込み」に対抗する抗体としての役目を果たす物語、つまり『空気さなぎ』＝『1Q84』を執筆したという解釈が可能だろう。

『空気さなぎ』とはリトル・ピープルに対抗し得る「抗体」を読者に与えることができる小説だ。ふかえりの物語は天吾の文章を得てベストセラーとなり、その抗体を「散布」した。

「さきがけ」のリーダーはリトル・ピープルは天吾たちの一連の行為を敵対行為と見做していることを告げる。

人々に抗体を与えることが「目的」である以上、その物語は可能な限り幅広く、そして簡易に受容されなければならない。そのためにこそ『空気さなぎ』＝『1Q84』は徹底的に分かりやすく／読みやすく、そして気持ちよく／面白く設計された「機能の言葉」として構築されなければならなかったのだ。

これはすなわち、この小説が過剰なまでにそのメッセージ性が押し出されたものであることを意味している。ある種の価値観を、物語という形式で伝達し読者の無意識に訴えかけるという機能に特化しているのだ。だからこそ、文章それ自体は簡素かつ平易でなければならないし、表面的な展開や描写は読者の欲望に迎合しなければならない。

そして詳しくは後述するが『1Q84』は春樹のこれまでの小説のパッチワークのようにできており、実は三人称の導入を除いてはほとんど新しい文学的なアイデアが投入されていない。その中核にあるのは『ねじまき鳥クロニクル』以前から春樹が培ってきたもののマイナー・チェンジに過ぎないのだ。しかし、春樹は明確な意思をもってこのある種のデチューンに舵を切っている。この小説は圧倒的に「機能の言葉」であることが優先されるからだ。現代という時代＝グローバル資本主義とネットワーク化の時代が不可避にもたらすもの＝リトル・ピープルの及ぼすモーメントに対する抗体を人々に与え、システムに負けない「個」を育成するために、この小説は書かれているのだ。

3 ビッグ・ブラザーからリトル・ピープルへ

リトル・ピープルとは旧《ふる》い「壁」＝ビッグ・ブラザー亡きあとに出現した現代における新しい「壁」だ。この新しい「壁」のはじまりを、春樹は68年の記憶に求める。連合赤軍とオウム真理教を一本の線で結ぶ春樹にとって、新しい「壁」の生む新しい暴力とはビッグ・ブラザー亡きあとの無秩序な、そして自由な世界に耐えられない人々の〈弱さ〉が生む暴力なのだ。

村上春樹は『1Q84』にて、グローバル資本主義／ネットワーク化がもたらすものへの抗体を与えるため、世界に「機能の言葉」としての物語を与えた――私は前節でこう主張した。だが、これは村上春樹をいわゆるアンチ・グローバリスト的左翼の文脈に位置づけるものではない。春樹が主張する「今、一番恐ろしいと思う」もの＝特定の主義主張による「精神的な囲い込み」は、たとえばジョージ・リッツア（『マクドナルド化する社会』）が批判するようなグローバル資本主義下の大量生産／消費がもたらす文化の画一化とは明らかに異なるものだ。春樹が現代における〈悪〉として例に挙げたオウム真理教は、むしろ80年代の高度消費社会のもたらす価値相対主義の浸透と、文化の画一化に性急に抗うべく、カルトな超越性＝「精神的な囲い込み」に逃避した若者たちによって形成されたものだった。この事実ひとつを取っても、春樹の「壁と卵」のたとえから郊外型の大型ショッピングセンターが象徴する現代的な消費社会のライフスタイルに対する批判を導き出すのは難しい。

また同様に、かつての左翼たちの流れをくむ人々の「自分探し」には、グローバル資本主義を強引に「大きな物語」の再来と見做しかつての物語批判の有用性を説く言説がしばしば見られる。しかし春樹の「壁」＝システム批判を、この立場として解釈するのも難しい。春樹の思考は現代のグローバル資本主義／ネットワーク社会が、徹底して「大きな物語」の成立を許さない非人格的・非物語的なシステムに基づいているという前提の下に存在しているからだ。それは『1Q84』に登場するビッグ・ブラザー／リトル・ピープルという造語を用いた比喩関係の扱いから考えても明白である。

「ビッグ・ブラザー」とはジョージ・オーウェルの小説『一九八四年』に登場する独裁者、

正確にはカリスマ的な独裁者の疑似人格的なイメージ（キャラクター）のことだ。これはスターリニズムの象徴であり、国民国家を支える「大きな物語」を生む社会構造の比喩に他ならない。

オーウェルが仮構した「1984年」の世界は三つの超大国によって分割されており、これらは互いに表面的には対立しながらも裏では手を結び、その支配体制を強化している。物語はそのうちのひとつ、オセアニアを舞台に展開する。オセアニアは唯一の政党である「党」と、その支配者「ビッグ・ブラザー」による独裁国家だ。そこでは人口の2％に過ぎないエリート（党内局員）が、残りの98％の下級官僚（党外局員）や一般市民（プロール）を支配する階級社会が定着している。過酷な労働にもかかわらず、市民の生活水準は低い。下級官僚たちのプライバシーは「テレスクリーン」という装置で常に監視下に置かれ、その反抗の芽が育つことはない。その一方で一般市民たちには「党」の認可した特定の娯楽が与えられる。酒、ギャンブル、厳しい検閲下にある映画や音楽などが市民には与えられ、過酷な現実からの逃避先として機能している。

そして何よりオセアニアの国民たちには、「党」とビッグ・ブラザーによって、市民には徹底した思想教育と洗脳が施され、ビッグ・ブラザーと「彼」の語る物語（その正当性を裏付ける改竄《かいざん》された歴史）を刷り込まれることになる。そこは何よりひとつの大きな物語によって支配された、思考の自由のない世界だ。そして、その大きな物語に駆動された暴力が、人々の運命を押しつぶしていく。
同作が執筆された1948年は、第二次世界大戦から東西冷戦の時代への移行期だった。そのため、同作は反スターリニズム、反共産主義の書として支持を集めることになった。だが、作者オーウェルの意図はスターリニズムというよりは、近代的な「大きな物語」の暴力それ自体に向けられていたと言われる。

オーウェルに同作を執筆させたのは、彼が義勇兵として従軍したスペイン内戦の経験だった。1936年に勃発したスペイン内戦は、政局の混乱の中で成立した左派の人民戦線政府に対する、フランコ将軍を中心としたファシスト勢力による反乱だった。社会主義やアナーキズムの影響下にあり、社会的弱者の側に立つジャーナリストであったオーウェルは、義勇兵として人民戦線側に参加した。しかし、オーウェルはそこで味方であるはずの共産党の暴虐を目の当たりにする。ソビエト共産党／コミンテルンの庇護のもと、同じ人民戦線側の他勢力に「トロツキスト」とレッテルを貼ることで弾圧を加え権力を強化していく彼らの姿に、オーウェルは強い憤りを覚えたという。この個人的な経験が、戦後のオーウェルにスターリニズム風刺の小説を書かせることになったと言われている。『一九八四年』の作中ではビッグ・ブラザーが実在の独裁者ではなく、「党」の象徴としての「キャラクター」のようなものであることが示唆される。オーウェルの筆が告発したのは、スターリニズムという20世紀の生んだ悪夢であると同時に近代的な国民国家という疑似人格／物語装置自体のもつ暴力性でもあった。

対する「リトル・ピープル」は事実上の春樹による造語である。『1Q84』において超自然的な力を発揮するある種の幽体として描かれるリトル・ピープルは、現在のところその実態が小説内で明かされてはいない。春樹自身は新聞のインタビューに答えて、リトル・ピープルという抽象的な存在についてこう語っている。

神秘的なアイコン（象徴）として昔からあるけれど、言語化できない。非リアルな存在としてとらえることも可能かもしれない。神話というのは歴史、あるいは人々の集合的な記憶に組み込まれていて、ある状況で突然、力を発揮し始める。例えば、鳥インフルエンザのような、特殊な状況下で起動する、目に見えないファクターでもある。あるいは、それは単純に我々自身の中の何かかもしれない。

●村上春樹氏インタビュー「1Q84」への30年　読売新聞／２００９年６月16日

つまりリトル・ピープルとは現代のシステムの中を生きる私たちが、いつの間にか無自覚に、そして内発的に取り込まれている目に見えない「力」のようなものなのだろう。

このリトル・ピープルは前述した通り事実上の春樹による造語だが、その着想をさかのぼることは意外と容易である。それは春樹が2004年に翻訳を手がけたティム・オブライエンの小説『世界のすべての七月』(2002年)だ。オーウェルがスペイン内戦からの帰還兵であったように、オブライエンもまたベトナム戦争からの帰還兵だった。『本当の戦争の話をしよう』『ニュークリア・エイジ』など、戦地での体験を素材にした小説を多数発表しているオブライエンを春樹は好み、前述の代表作をはじめ度々翻訳を手がけている。春樹がオブライエンを好む理由は決して、彼が「本当の戦争の話」ができるから――オブライエンが戦場での特権的な体験を有し、その体験に根ざすことではじめて成立する言葉で文学を構築しているから――なんて安直な理由ではもちろんない。

春樹は『世界のすべての七月』の訳者による後記にて、オブライエンの魅力をある種の「下手さ」にあると主張する。より具体的には、春樹は現代におけるアメリカの小説の多くが「おしなべてあまりに上手すぎる」が、しかしその一方で「これだけは自分の手で訳したい」と思わせるものがない、と評している。では春樹に「これだけは自分の手で訳したい」と思わせるオブライエンの小説の魅力は何か。春樹はオブライエンの「良質な下手っぴいさ」について続けてこう記している。

しかしオブライエンは、その再会物語を決してセンチメンタルに、整合的に、

「よくできた話」として描こうとはしていない。そのへんが凡百の作家とは違うところだ。彼はむしろ、どたばた劇として、延々と続く笑劇（ファルス）として、この長編小説を成立させている。まとまりよりは、ばらけの中に真実を見いだそうとしている。解決よりは、より深い迷宮化の中に、光明を見いだそうとしている。明るい展望よりは、よたよたとしたもたつきの中に希望を見いだそうとしている。（中略）なんとなくそれが下手っぴいさに思えてしまうところが、オブライエンの小説家としての徳のようなものではないかと、僕は思う。

●ティム・オブライエン／村上春樹（訳）「世界のすべての七月」文藝春秋／2004年

春樹がここで述べているのは、オブライエンが手探りで描き出そうとしている感触への信頼であり、そしてオブライエンがそれが手探りの感触でしかないことに極めて自覚的な作家であることへの信頼のように思える。

様々な過去を背負った人々が大学の同窓会に集まり、そこで一人ひとりの物語が語られていく。六〇年代に波瀾万丈の、あるいは華やかな青春を送った人々も、今や五十代半ばを迎え、それぞれに人生に幻滅し、企てに挫折し、精神的にすり減り、それでもなんとか人生を仕切り直し、モラルや目的を立て直そうと試みている。決して見通しは明るくないけれど（そして何人かは既に人生を唐突に終えてしまったけれど）、それでもそこには決然とした「集合的意欲」のようなものがうかがえる。そして人々は生き続けるために、燃料としての記憶を切実に必要としている。
（同前）

これは同じ「訳者あとがき」における春樹自身による『世界のすべての七月』の紹介である。同作でオブライエンが描いたのは、60年代末を通過した人々の姿だった。ダートン・ホール大学を1969年に卒業した男女が31年ぶりに同窓会に集う。小説は1章ごとに現在（2000年）と過去（卒業後の31年間）を往復し、徐々に熱量を失い、死んだ魚のような目をして生きてきた彼らの軌跡を浮き彫りにする。その精神における輝きの喪失と熱量の低下は、老いという言葉で片づけるにはあまりにも苛烈である。その結果、彼らの誰もが、この31年の間に数え切れないほどの傷をその心身に刻んでいる。だが問題は彼らの誰もが、その傷をどう拭うべきなのか分からないことにある。なぜ、彼らは誰ひとりとして、解答にたどり着くことができないのか。オブライエンはその原因を時代に、より正確にはこの31年間で進行した世界のしくみ（システム）の変化に求める。

三十一年前、一九六九年の荒々しい春、エイミー・ロビンソンとその他大勢は、時代に浮揚されて、自分たちの力量以上に生きていた。そこには善と悪とがあり、モラルの発熱があった。しかし今は西暦二〇〇〇年で、新たなミレニアム、穏やかな世間、色褪《あ》せてしまった希望、大金持ちになった半端《はんぱ》なやつら。ゴシップのたねといえば、エリー・アボットの落ち込み、ドロシー・スタイヤーの乳癌、スプーク・スピネリの順調に運んでいる二重結婚生活と、それが今夜、マーヴ・バーテルだかビリー・マクマンを相手に三重婚にも進展しようとしているというようなことだ。

（同前）

「政治の季節」の極相にして「終わりの始まり」だった60年代末は、世界的な学生反乱の時代だった。フランス五月革命、アメリカほかにおけるベトナム反戦運動、そして村上春樹の人格形成に極めて大きな影を落とす日本における全共闘運動——その敵はアメリカ帝国主義であれ、スターリニズムであれ、ビッグ・ブラザーつまり国民国家を形成する大きな物語が発揮する権力だった。つまり60年代末、より具体的には1968年前後＝彼らにとっての「七月」は、世界的にビッグ・ブラザーに対する反乱が起こった瞬間だったのだ。春樹の言葉を借りれば、世界中で「もうビッグ・ブラザーの出てくる幕はない」と宣告され始めた瞬間だったのだ。事実、この30年の間にビッグ・ブラザーは壊死していった。冷戦は終結し、

「歴史の終わり」がささやかれ、不可避のグローバル化は国民国家という物語に規定される共同体の上位に、資本と情報のネットワークを形成した。そしてネットワークは「人格」をもたず物語に規定されない価値中立的で非人格的な「環境」に過ぎなくなった。

たとえば現代社会を生きる私たちはマクドナルドやショッピングモールが立ち並ぶアメリカ式の郊外的なロードサイドに、「アメリカの影」を見ることはない。あるいはiPodで音楽を聴きながらスターバックスで休憩する空間に「アメリカの影」を見ることはない。それは確かにアメリカからもたらされたものだが、そこにアメリカという国家の「顔」は刻印されていないのだ。そこには村上龍『限りなく透明に近いブルー』や山田詠美『ベッドタイムアイズ』に登場する、「基地の街」のような、「戦後日本」という擬似人格の受けた精神的外傷としての「アメリカ」は存在しない。こうした国家間のコミュニケーション（戦争）の生んだ精神的外傷が国内の物語的想像力に出現しなくなって（機能しなくなって）久しい。もはや国家は巨大な人格＝ビッグ・ブラザーではなく無機的なシステム、あるいは「環境」なのだ。

オブライエンはこの「政治の季節」の極相にして「終わり」を夏の盛り＝「七月」に見立てる。そして、彼らの「七月」から30年、戦うべき敵、破壊すべき「壁」であるところのビッグ・ブラザーは徐々に壊死してゆき、今やほぼ完全に消滅してしまっている。それは同時に、当時「時代に浮揚されて、自分たちの力量以上に生きていた」彼らにとっては戦うべき敵、破壊すべき壁、すなわちその生の意味を失った空虚な時間の到来を意味していたのだ。『世界のすべての七月』はベトナム反戦運動に青春を捧げたアメリカの大学生たちが、２００年の同窓会に参加して、「反戦運動」というかつて彼らの生を意味づけていた大きな物語＝ビッグ・ブラザーを失ってしまったあとの矮小な自分探しの日々を悔恨する姿を描いた小説に他ならない。

そして「リトル・ピープル」とは、連作短編として発表された同作の一章に与えられた題である。「リトル・ピープル」の主人公は女子大生ジャン・ヒューブナー。容姿に恵まれず卑屈な学生生活を送っていたジャンはベトナム反戦運動を通じてはじめてその承認欲求を満たすことに成功する。

彼女を救ったのは戦争だった。

それは、まったく奇跡のようだった。

四年生の春、ジャンはダートン・ホール大学の本部ビルを占拠した学生たちの一人となり、いつの間にか情熱的で、きわめて真摯《しんし》な多くの若者たちと寝袋をともにしていた。（中略）これまでにない自信を抱くことができた。彼女は平和について、芝居がかった大げさな弁舌をふるうコツをつかんでいた。彼女は何かに属していた。六週間のあいだに十五ポンド、主に腰まわりの肉を落とし、ときとして、信じがたいことではあるのだが、自分けっこう可愛くなったような、魅力的になったような気持ちさえした。ジョークはいまでもピリッと冴えていたが、それと同時に、負けず劣らず涙もろくもなった。でもそんなときには、彼女を抱きしめ、温かい言葉をかけてくれる、心優しい人々がいた。彼らの多くは男であり、その多くは顔立ちのいい男たちだった。音楽のせいもあったかもしれない、ドラッグのせいもあったかもしれない。でも人生の中で初めて、彼女は他人に求められ、大事にされた。愛されさえした。ただ冗談がおかしいから相手にされるというだけではなかった。

陰惨なアイロニーだ、とジャンは思った。殺戮のおかげで私の人生は溌剌としたものになった。ナパームが私を幸福にしてくれた。戦争がいつまでも終わらなければいいのに。

（同前）

そんな彼女は同時に金銭を目的に男たちに自らの裸を撮影させており、そこで「客」として出会った小人（つまりリトル・ピープル）アンドリューに、自身の卑屈さを投影していく。リトル・ピープルとは他ならぬジャン自身のことであり、そして彼女が代表する「68年以降の世界」、すなわちビッグ・ブラザーが徐々に壊死し、次第にリトル・ピープルが台頭する新しい世界を生きる人々の総称だ。そこでは人々は、たとえば「歴史」「国民国家」のような大きな物語を用いて自らの生を意味づけることは難しくなり、多くの人々が等身大の生活世界における人間関係において承認を獲得するしかなくなってしまう。物語の結末、反戦運動から離脱し、ビッグ・ブラザーを失ったジャンは社会的地位と美しさを併せもつアンドリューの弟と結婚する。そしてその後の30年間、夫からの承認を得られずにその精神を迷走させることになるのだ。

　それが高度資本主義社会というものだった。気にいるといらざるとにかかわらず、我々はそういう社会に生きていた。善悪という基準も細分化された。ソフィスティケートされたのだ。（中略）そういう世界では、哲学はどんどん経営理論に似ていった。哲学は時代のダイナミズムに近接するのだ。

　当時はそうは思わなかったけれど、一九六九年にはまだ世界は単純だった。機動隊員に石を投げるということで、ある場合には人は自己表明を果たすことができた。それなりに良い時代だった。ソフィスティケートされた哲学のもとで、いったい誰が警官に石を投げられるだろう？　いったい誰が進んで催涙ガスを浴びるだろう？　それが現在なのだ。隅から隅まで網が張られている。網の外にはまた別の網がある。何処にも行けない。石を投げれば、それはワープして自分のところに戻ってくる。本当にそうなのだ。

●村上春樹「ダンス・ダンス・ダンス（上）」講談社／1988年

ビッグ・ブラザーを喪《うしな》った世界とは、すなわち歴史が人々の生を意味づけない世界である。「もうビッグ・ブラザーの出てくる幕はない」と章見出しを用いて明確に宣言した村上春樹は、この新しい世界に不可避に発生するもの――歴史から切断された人々の、自らの人生を意味づけようとする欲望――にリトル・ピープルという名前を充てた（と、ここではひとまずしておこう）。

ここでもう一度、前節で引用した春樹の言葉を思い出してみよう。

「僕が今、一番恐ろしいと思うのは特定の主義主張による『精神的な囲い込み』のようなものです。多くの人は枠組みが必要で、それがなくなってしまうと耐えられない。オウム真理教は極端な例だけど、いろんな檻（おり）というか囲い込みがあって、そこに入ってしまうと下手すると抜けられなくなる」

●「僕にとっての〈世界文学〉そして〈世界〉」毎日新聞／2008年5月12日

つまり、ここで言う「枠組み」というのはかつてビッグ・ブラザーが体現していた大きな物語であり、「精神的な囲い込み」「檻」とはその大きな物語が喪失した結果、その生に意味を見出せず性急に目の前にあるものにすがろうとする人々が依存する（大きなものに支えられない）「小さな物語」である（たとえばオウム真理教などのカルト勢力）。同時にこの「小さな物語」への依存こそが、春樹が現在考える「今、一番恐ろしいと思う」ものであり、『1Q84』で春樹が対抗しようと試みた「リトル・ピープルの及ぼすモーメント」＝システムの生む「悪」に他ならない。

『1Q84』においてリトル・ピープルを信奉するカルト教団「さきがけ」は、連合赤軍とオウム真理教を中心にいくつかのテロ組織／カルト団体のイメージを重ね合わせて創作されている。連合赤軍とオウム真理教は当然その思想的、時代的背景から組織の規模や形態、歴史的位置づけまでまったく違う組織だが、ともに「世界が個人の生を意味づけなくなった」ことのもたらす不安の受け皿として機能したこと、すなわち、ビッグ・ブラザーの壊死とリトル・ピープルの台頭の反応として噴出した暴力という点で結ばれる。リトル・ピープルとは直接的に連合赤軍／オウム真理教など現代的な暴力の主体ではなく、連合赤軍やオウムを生み出すもの（環境／システム）が不可避に発生させる「力」がイメージされている。大きな物語（ビッグ・ブラザー）から解放された私たちは、その代わりに（リトル・ピープルによって）アイデンティティ不安に悩まされるようになり、連合赤軍やオウムのような暴力を生むというのだ。

ビッグ・ブラザーからリトル・ピープルへ。オーウェルとオブライエン、ふたりの作家を対置させることで春樹は明確にこのリトル・ピープルの時代との（「機能の言葉」による）対峙を宣言しているのだ。

4

〈敵〉はどこにいるのか？

『世界の終りとハードボイルド・ワンダーランド』は春樹の抱える文学的分裂を象徴している。デタッチメントを倫理とする男性主体のナルシシズムの記述（世界の終り）と、新しい暴力を生む新しい「壁（システム）」への対峙（ハードボイルド・ワンダーランド）。「羊」「やみくろ」「TVピープル」――新しい「壁」のイメージが錯綜する一方で、男性主体のナルシシズムの記述が洗練されていった80年代の春樹は正しく〈デタッチメント〉の作家だった。

オーウェルからオブライエンへ、ビッグ・ブラザーからリトル・ピープルへ。この変化を春樹はどのように受け止めていったのだろうか。そしていかにしてリトル・ピープルの時代のシステムに抗う力を人々に与え得る「機能の言葉」としての物語に舵を切るにいたったのか、その軌跡を追いながらごく簡単に紹介しよう。

前述の通りそもそも村上春樹は（『世界のすべての七月』の登場人物たちがそうであったように）「68年（60年代末の）の記憶」から出発した作家であることは疑いようがない。デビュー作『風の歌を聴け』から『ダンス・ダンス・ダンス』まで続く一連の「僕」と「鼠」の物語、あるいは春樹を国民的作家にのし上げたベストセラー『ノルウェイの森』には春樹自身の分身と言える主人公が登場し、その「60年代末の記憶」が断片的に挿入される。そこでは、この時代の転換期――「政治の季節」の極相とその終焉の風景と、春樹の小説世界をその後長くにわたり呪縛し続ける女性――『1973年のピンボール』で「直子」という名前が与えられる女性――の自殺という事件の記憶が混在して語られることになる。60年代から70年代へ。「直子」の死が象徴するこのディケイドの節目に春樹は（多くの人々がそうであったように）何かを決定的に喪失し、その喪失を根拠に表現を組み立てていくことになる。

この「60年代末の記憶」は、日本国内では一般的にビッグ・ブラザーの解体を志向する力が新しい暴力を生む（例：連合赤軍）という連鎖がもたらした行き詰まりとその反省に象徴される。たとえば、全共闘世代を代表する批評家のひとりとして知られる故・小阪修平は以下のように当時を回顧する。

七〇年代に入り、ベトナムに落とされている爆弾に君はけっして無関係ではないという加担の論理が、日本帝国主義の抑圧のすべてにお前は関係している、お前は行動しなければならないし、帝国主義的な自分自身を変革しなければならない、というほとんど内面的な脅迫となっておりかえしていた。

●小阪修平「思想としての全共闘世代」筑摩書房／２００６年

また同時に、ビッグ・ブラザーの壊死が始まった70年代は来るべき消費社会の予感に満ちた時代でもあった。「壁」と「卵」の共犯関係が、豊かな消費生活の肯定性とともに出現し始めたのだ。

七〇年代は明るさと暗さが入りまじった奇妙な時代だった。七〇年代は大阪の万国博覧会で幕を開けた。（中略）人びとは高度経済成長期をへて、日本に「豊かな」社会が訪れたという実感をもちはじめていた。資本家階級対労働者階級、あるいは権力対国民といった図式では割り切れない、だれもがこの社会への依存関係のうちに生きる市民社会が登場したのである。

（同前）

では村上春樹の場合はどうか。ある程度、いやかなりの割合で自身の体験に取材したと思われる『ノルウェイの森』での描写や、数々のインタビューからは、春樹が学生運動に一定の距離を置き続けた学生だったこと、しかしそれにもかかわらずあの時代に強く「つかまれて」しまった人間のひとりであることは窺い知れる。

たとえばデビュー作『風の歌を聴け』の舞台は1970年、第2作『1973年のピンボール』の舞台は1973年に設定されている。

僕がここに書きしめすことができるのは、ただのリストだ。小説でも文学でもなければ、芸術でもない。まん中に線が1本だけ引かれた一冊のただのノートだ。教訓なら少しはあるかもしれない。（中略）

この話は1970年の8月8日に始まり、18日後、つまり同じ年の8月26日に終る。

●村上春樹『風の歌を聴け』講談社／1979年

以上のような「宣言」で『風の歌を聴け』は始まる。そして物語は「60年代末の記憶」に呪縛された「僕」と「鼠」、ふたりの青年を記述していく。本書の目的は個々の作品の解釈に踏み込むことではない。よってあえて図式的に整理すれば、この作者の分身である「僕」

は70年代以降にゆっくりと広がっていった新しい世界＝ビッグ・ブラザーがゆっくりと壊死していく世界を受け入れようとしている存在であり、「鼠」はこの決定的な変化に戸惑い、新しい世界を受け入れられない存在として暗喩的に提示される。

「時々ね、どうしても我慢できなくなることがあるんだ。自分が金持ちだってことにね。逃げだしたくなるんだよ。わかるかい？」

（同前）

「鼠」はビッグ・ブラザーという明確な「壁」＝破壊すべき対象が存在しないとアイデンティティを記述できない存在だ。しかし『1973年のピンボール』『羊をめぐる冒険』『ダンス・ダンス・ダンス』と物語が継続するに従って「鼠」の存在はフェードアウトしていくことになる。対する「僕」は「60年代末の記憶」をどう受け止めたのか。「僕」は作中で「鼠」にこう答えている。

でもね、よく考えてみろよ。条件はみんな同じなんだ。故障した飛行機に乗り合わせたみたいにさ。もちろん運の強いのもいりゃ運の悪いものもいる。タフなのもいりゃ弱いのもいる、金持ちもいりゃ貧乏人もいる。だけどね、人並み外れた強さを持ったやつなんて誰もいないんだ。みんな同じさ。何かを持ってるやつはいつか失くすんじゃないかとビクついてるし、何も持ってないやつは永遠に何も持てないんじゃないかと心配してる。みんな同じさ。

（同前）

「鼠」に「みんな同じさ」と宣告した作中の「僕」は、当時のラディカリズムが象徴するものに対して明確に距離を取っている。自動的に壊死を始めたビッグ・ブラザーの存在はもはや問題ではない。問題はむしろビッグ・ブラザーに対抗するという大きな物語によって自己規定していた「鼠」のような存在だ。振り上げた拳を振り下ろす対象を失った存在は迷走し、そして新しいタイプの暴力として出現する。放置していても自動崩壊するビッグ・ブラザーにわざわざコミットすることは、連合赤軍がそうであったように小さなビッグ・ブラザーとも言うべき暴力装置を生むだけだからだ（そのため、春樹は80年代的「逃走」への圧力に耐えられない若者たちの拠り所＝カルトとして台頭したオウム真理教を、『1Q84』で同教団をモデルにした団体を新左翼の残党に位置づけたように、連合赤軍の系譜に結びつけたがる）。

そこで浮上するのが前述の「デタッチメント」というキーワードだ。

結局、あのころは、ぼくらの世代にとってはコミットメントの時代だったんですよね。ところが、それがたたきつぶされるべくしてたたきつぶされて、それから一瞬のうちにデタッチメントに行ってしまうのですね。それはぼくだけではなくて、ぼくの世代に通ずることなのではないかという気はするんです。

●河合隼雄・村上春樹『村上春樹、河合隼雄に会いにいく』岩波書店／1996年

とくに個人的に生きていこうとする人間にとってはかなり辛い時代だったですよ。個人的に生きるというのが殆ど認められなかった時代だから。とにかく何処かに属さなくてはならなかった。ノンポリならノンポリという風にね。そしてあらゆる場所で口の上手い奴がでかい顔をしていた。一人きりで、自分一人で筋を通して納得して生きていくというのは大変難しいことだった。

●『「考える人」村上春樹ロングインタビュー』新潮社／2010年8月

60年代の「政治の季節」からその後訪れたラディカリズムへの流れと、そこからの「デタッチメント」――これが春樹の初期作品を大きく性格づけている。こうした70年代以降の「新しい世界」を静かに受け止める個人主義者の「デタッチメント」を象徴するのが、有名な「やれやれ」という「口癖」だ。

「やれやれ」と僕は言った。やれやれという言葉はだんだん僕の口ぐせのようになりつつある。「これで一ヵ月の三分の一が終り、しかも我々はどこにも辿《たど》りついていない」

●村上春樹『羊をめぐる冒険』講談社／1982年

『1973年のピンボール』で初登場するこの口癖は春樹の初期作品に顕著なデタッチメントの象徴として、広く読者に共有されている。ビッグ・ブラザーが自動的に解体していく時代に、春樹は倫理的な主体のあり方をむしろ「やれやれ」とデタッチメントすることに求めた、とひとまずは言えるだろう。特に『風の歌を聴け』『1973年のピンボール』は古い世界＝過剰なコミットメント＝「鼠」＝否定性／新しい世界＝倫理的なデタッチメント＝「僕」＝肯定性という構造が明確に存在する。

しかし、村上春樹という作家の性格を決定したのは、むしろこの二分法からの離陸への意思にこそある（実際、春樹はこの初期2作品を「未熟な時代の作品」として翻訳出版していない）。

その結果、第3作『羊をめぐる冒険』ではノートの中央に一本の線を引く作業からの離陸が試みられる。その手法とは、端的に述べればビッグ・ブラザーとは異なるかたちでの「悪」の設定に他ならない。もちろんこれは春樹が善悪二元論に基づいた単純な物語で世界を分割する知性に傾いたことを意味するわけではない。むしろ、既存の概念に基づいた善悪の峻別が難しくなった世界を受け入れた上で、個人が対峙すべき（相対的な）「悪」（として事物を作用させてしまう力）とは何か、そんな「悪」の力に屈しないための獲得すべき強さとは何かを考えることが春樹の文学的な主題の中心を占めていくことになるのだ。この、（相対的な）「悪」（として事物を作用させてしまう力）への対峙はたとえば、「システム」や「情報」への懐疑というかたちを取る。

そうですね。善とか悪とかいうのは絶対的な観念ではなくて、あくまで相対的な観念であって、場合によってはがらりと入れかわることもある。だから、何が善で何が悪というよりは、いま我々に何かを「強制している」もの、それが善的なものか悪的なものかを、個々の人間が個々の場合で見定めていかざるを得ない。それは作業としてすごく孤独で、きついことですよね。自分が何を強制されているのか、それをまず知らなくてはならないし。

もう一つの問題は、システムは、それがどのようなシステムであれ、個々の人間が個々に決断を下すことを、ほとんどの場合は認めないということです。

（中略）

そういう思考の閉鎖性というのは、考えてみたら本当に怖いことです。とくにいまのような情報があふれかえったインターネット社会にあっては、自分が今何を強制されているかすら、だんだんわからなくなっている。自発的にやっているつもりのことさえ、実は情報によって無意識的に強制されているのかもしれない。

●「『考える人』村上春樹ロングインタビュー」新潮社／2010年8月

こうした春樹の「悪」に対する姿勢を、批評家の内田樹は『1Q84』についてのエッセイの中で以下のようにまとめている。

ムラカミ・ワールドは「コスモロジカルに邪悪なもの」の侵入を「センチネル」（歩哨）の役を任じる主人公たちがチームを組んで食い止めるという神話的な話型を持っている。
『羊をめぐる冒険』、『ダンス・ダンス・ダンス』、『世界の終りとハードボイルド・ワンダーランド』、『アフターダーク』、『みみずくん、東京を救う』……どれも、その基本構造は変わらない。
「邪悪なもの」は物語ごとにさまざまな意匠（「やみくろ」や「ワタナベノボル」や「みみず」などなど）をまとって繰り返し登場する。

この神話構造については、エルサレム賞のスピーチで村上春樹自身が語った「壁と卵」の比喩を思い浮かべれば、理解に難くないはずである。
このスピーチでは、「邪悪なもの」とは「システム」と呼ばれた。（中略）
本作では、「邪悪なもの」は「リトル・ピープル」と名づけられる。
●内田樹『村上春樹にご用心』アステルパブリッシング／2007年

実際、今読み返すと『羊をめぐる冒険』には（ビッグ・ブラザーからの）デタッチメントを前提とした上での新しい「コミットメント」への意思を、それほど明確ではないが発見することができる。先に引用した通り、この物語は「僕」が自分の「やれやれ」という口癖を自覚するところから物語が始まる。そして「僕」は音信不通になった「鼠」と、彼が対峙しているらしい「羊」と呼ばれる抽象的な存在をめぐる謎を解き明かす「探偵」役を与えられる。同作の結末近く、「僕」は「鼠」が自殺したことを知る。亡霊となった「鼠」は「僕」に告げる。「キー・ポイントは弱さなんだ」と。つまりビッグ・ブラザーという大きな敵／物語を失った世界に「弱い」存在である「鼠」は耐えられなかったというのだ。そして「僕」は「冒険」の果てに「鼠」の死を確認し、そして結果的にその遺志を継ぐかたちで「羊」を世界から抹殺することになる。

たとえば先に紹介した『小説から遠く離れて』において、蓮實重彦は同作における物語の固定化を批判した。蓮實はここで『羊をめぐる冒険』に加え、村上龍『コインロッカー・ベイビーズ』や井上ひさし『吉里吉里人』などの当時の小説群を取り上げ、これらが「依頼者」が「探偵」に「探索」という使命を与え……という同一の物語構造をもち、小説という表現がこの固定化から逃れられていない現状を批判している。

そして『物語論で読む村上春樹と宮崎駿——構造しかない日本』において評論家の大塚英志はこの蓮實の批判を下敷きにしながら、『羊をめぐる冒険』をキャンベルの単一神話論を用いて分析している。そこで大塚は同作における物語の定式化は、同作がビルドゥングス・ロマンとして成立するためにこそ必要とされたものであると主張している。

村上春樹の作品の中で男性の主人公が物語の構造に従ってきっちりと自己実現をさせられているのは『スター・ウォーズ』のヴァリアントとしての『羊をめぐる冒険』のみである。「僕」にそのつもりはなくてもキャンベルの示す「英雄神話」の構造の各項目をきっちり一人でやってしまった以上、そういわざるをえない。

●大塚英志「物語論で読む村上春樹と宮崎駿——構造しかない日本」角川書店／2009年

つまり、「大団円を迎えてしまった」『羊をめぐる冒険』は前2作と比べて明らかに異質な小説なのだ。そこで描かれているのは「デタッチメント」による新しい世界の肯定ではない。

そこには「羊」という、かつてのビッグ・ブラザーとは異なる新しい悪――それも抽象的で、なかなか像を結ばない存在としての「悪」――が設定され、主人公は結果的にこの「悪」を葬り去ることで冒険を終え、帰還する。ここで描かれているのは明らかに「やれやれ」というデタッチメントを倫理として生きてきた主人公の選んだ新しい「コミットメント」のかたちなのだ。しかし、春樹が「デタッチメントからコミットメントへ」というキャッチ・フレーズのもと「転向」を宣言するのはこのずっとあと――具体的には1995年のオウム真理教による地下鉄サリン事件のあとの話だ。だが春樹の初期作品を読み返すと、その萌芽は意外と早い時期に発見することができる。

1985年に発表された長編第4作『世界の終りとハードボイルド・ワンダーランド』からはもっとも鮮明にこの時期の春樹の文学的な態度表明を読み取ることができる。同作は「ハードボイルド・ワンダーランド」と「世界の終り」というふたつの物語が同時並行し、その関係性が徐々に明らかになるという構造をもっている。

前者は自らの深層心理をブラックボックスにした情報の暗号化を生業とする「計算士」である「私」の物語だ。「やれやれ」を口癖とし、「倫理としての」デタッチメントを崩さない主人公はその仕事を通じてある陰謀に巻き込まれ、数日後にその意識が消滅してしまう運命に直面する。当初は抵抗を試みた「私」はやがてその運命を受け入れ、孤独に事実上の

「死」を迎える。
対する「世界の終り」はその「私」が意識の消滅によって閉じ込められたブラックボックス＝内面世界の物語だ（こちらのパートでは、主人公の一人称は「私」から「僕」に変化する）。「壁」に囲まれ、感情を失った人々が暮らすその世界を「僕」は徐々に受容し、結末では世界からの脱出の機会＝意識の復活の機会を得ながらも、自らの意思でそれを拒否し「壁」の中にとどまることを宣言する。この「世界の終り」にはかつての「鼠」を思わせる「影」――「僕」の意識から分離した存在――が登場する。「影」は、一見沈黙と均衡に支配されたこの「世界の終り」は、そこに暮らす「一角獣」たちの犠牲によって成り立っているのだと「僕」に告げる。

「じゃあ教えてやる。心は獣によって壁の外に運び出されるんだ。それがかいだすということばの意味さ。獣は人々の心を吸収し回収し、それを外の世界に持っていってしまう。そして冬が来るとそんな自我を体の中に貯《た》め込んだまま死んでいくんだ。彼らを殺すのは冬の寒さでもなく食料の不足でもない。彼らを殺すのは街が押しつけた自我の重みなんだ。そして春が来ると新しい獣が生まれる。死んだ獣の数だけ新しい子供が生まれるんだ。そしてその子供たちも成長すると掃き出された人々の自我を背負って同じように死んでいくんだ。それが完全さの代償なんだ。そんな完全さにいったいどんな意味がある？　弱い無力なものに何もかもを押しつけて保たれるような完全さにさ？」

●村上春樹「世界の終りとハードボイルド・ワンダーランド」新潮社／１９８５年

だが「僕」はあくまで、「世界の終り」に残ることを選択する。それもただ残るのではない。平穏な街の中とは違い、過酷な環境下にある「森」の中へと潜っていくと宣言する。それが「責任」を取る行為なのだと。

「僕には僕の責任があるんだ」と僕は言った。「僕は自分の勝手に作りだした人々や世界をあとに放《ほう》り出して行ってしまうわけにはいかないんだ。（中略）ここは僕自身の世界なんだ。壁は僕自身を囲む壁で、川は僕自身の中を流れる川で、煙は僕自身を焼く煙なんだ」

（同前）

ここで「責任」という言葉が選ばれていることの意味は重い。春樹はここで徹底してデタッチメントすること＝世界の終りに留まることこそが、正しい／倫理的なコミットメントであるという立場を取っていると言えるだろう。「ハードボイルド・ワンダーランド」で「私」

を追い詰めるのは「計算士」たちの組織「システム」に敵対する「記号士」の組織「ファクトリー」だ。「ファクトリー」は「やみくろ」と呼ばれる抽象的な存在＝「羊」の系統に所属する「悪」と協力関係にある。つまり本作において春樹は、「羊」＝やみくろを時限爆弾で葬るのではなく、自らのデタッチメントを徹底することで拒否するという態度＝「責任」を取るという受動的なコミットメント（デタッチメントという名のコミットメント）を提示しているのだ。

　前述の柄谷行人、蓮實重彦をはじめこの結末には多くの批判が寄せられた。代表的なのは「村上春樹の小説には〈外部〉がない」――自ら生み出した世界＝自意識について責任を取るという構造はまさに独我論のそれであるという批判である。

> 　こうして、村上春樹の「僕」は、「私」などないかのように語る。大江健三郎の「僕」がこの世界（作品世界）に所属する、というより、この世界状況そのものだとしたら、村上の「僕」は、それ自身が任意であることを、いいかえれば世界状況そのものが任意的であることをたえず語りつづけるのである。
>
> （中略）
>
> 「僕」は、一切の判断を趣味、したがって「独断と偏見」にすぎないとみなす、あ

る超越論的な主観なのである。それは経験的な主観（自己）ではない。村上の作品はきわめて私的な印象を与えるのだが、私小説ではない。私小説が前提しているような経験的な「私」が否定されているからだ。「私」は散乱している。しかし、ここにはそれら散乱した「私」を冷やかに見つめる超越論的な自己がある。

●柄谷行人「終焉をめぐって」ベネッセコーポレーション／１９９０年

柄谷ら和製ポストモダニストたちの批判は第1節で紹介した物語批判の文脈に基づいており、その結果物語批判的な言説自体の説得力がグローバル／ネットワーク化によって大きく後退した現在においては、柄谷らのエピゴーネンを除いてほとんど見られなくなっている。

また上野千鶴子、大塚英志などフェミニズム（あるいは反フェミニズム）的視点からの春樹批判においても、こうした「受動的」な「コミットメント」の欺瞞《ぎまん》――（象徴的なレベルでの）セックスの快楽（男性的自己実現の比喩）は享受しながらも、決定的な段階では責任は取らない（「責任を取る」といっても自意識の世界にとどまり、現実に帰還しない）という態度への指摘は繰り返し行われており、こちらはほとんど春樹批判の常套句として現代でも頻繁に反復されている。

しかし、前述したように時代は批判者ではなく春樹の側に傾いていく。グローバル資本主義とネットワーク化は、世界をひとつにつなげて、まさに「外部」を消滅させた。時代はむしろここで春樹が到達した「外部」の成立不可能性を前提とした思考を人々に要求していくようになり、春樹こそが国内文学で例外的に世界市場に耐え得る存在となっていくわけなのだが、ここで注目したいのはむしろ一見、デタッチメントの徹底を訴えているかのように見える（事実、そう批判されていた）同作が、詳細に読み込めばむしろデタッチメントの不可能性こそを示している点だ。「外部」の存在しない「世界の終り」においてデタッチメントの徹底とはコミットメントの一種で「しかない」。なぜならば何者ともかかわらない超越的な場所＝外部に私たちは立つことができず、「僕」が選択した「ここに留まること」もまた、実は一角獣たちを生贄《いけにえ》に生きるコミットメントの一形態に過ぎないからだ。そして「僕」はこの「デタッチメントという名のコミットメント」の「責任」を取るのだと言う。〈ここではない、どこか〉を探すのではなく、〈いま、ここ〉に留まることこそが「責任」を取ることである――デタッチメントの不可能性、「外部」の断念――同作における春樹の「新しい世界」への深い洞察は批判者のそれを凌駕《りょうが》しているのは、その後の歴史が証明する通りだ。

この「責任」という危うい言葉は、たとえば「革命」といった能動的な自己実現としてのコミットメントとは明確にその態度を異にするものだ。それはいわば責任＝不可避の条件への受動的な対応として、徹底したデタッチメントのコストを引き受けること、という「受動的なコミットメント」を春樹は同作でひとまず提示した、と言えるだろう。だが私見では春樹の迷走はここから始まっているとも言える。

つまり「うっかり大団円を描いてしまった」『羊をめぐる冒険』の（やや安易な）受動的「コミットメント」のモデルは、『世界の終りとハードボイルド・ワンダーランド』によってより明確にかたちを与えられたと「ひとまずは」言える。それが、同作の結末で示されたデタッチメントの不可能性、「外部」の断念を引き受けるというかたちでの「責任」の提示である。しかし、春樹はここから「次の一歩」を踏み出すことに苦戦をはじめたように思える。「内部」に留まりながら「責任」を取る＝コミットメントの具体的なイメージが中々提出できなくなるのだ。その結果このデタッチメントの徹底（という名の事実上のコミットメント）は『ノルウェイの森』『スプートニクの恋人』という、ナルシシズムの記述法への特化を見せていくことになる。これらの作品では「悪」として機能し得る「敵」の設定は断念され、「羊」や「やみくろ」のいない世界――つまり「敵」のいない世界を舞台にいかにナルシシズムを記述するのかといった主題に春樹は大きく傾くことになる。この理解を春樹の矮小化だと私は考えない。なぜならば他者（ここでは≒「敵」）を必要としないナルシシズムの記述法の確立は、春樹にとって新しいそして、倫理的なコミットメント（受動的な／不可避の条件としてのコミットメント）のモデルの確立のためにも、必要なことであったはずだからだ。より具体的には、春樹はこれらの作品で性的な回路を用いるようになる。「世界の終り」で「影」が述べた「街に留まること」＝受動的なコミットメントのコスト＝一角獣たちの犠牲の「責任」は、男性主人公たちを取り巻く女性たちが傷つくことで支払われるようになっていく（これは、春樹の想像力において女性には他者性が認められないことを意味する）。

そして他方——たとえば「僕」と「鼠」の今のところ最後の物語である『ダンス・ダンス・ダンス』では、危うい手つきで「敵」の設定が試みられている。同作には「羊」や「やみくろ」といった抽象的な「敵」は登場しない。代わりに登場するのは「僕」の中学時代の同級生である「五反田」君だ。彼は「羊」や「やみくろ」のような明確な「敵」ではなく、「僕」の分身、もうひとつの可能性である心を許せるただ一人の「友人」として描かれる。

僕の住んでるのはそういう世界なんだ。港区と欧州車とロレックスを手に入れれば一流だと思われる。下らないことだ。何の意味もない。要するにね、僕が言いたいのは、必要というものはそういう風にして人為的に作り出されるということだ。自然に生まれるものではない。でっちあげられるんだ。誰も必要としていないものが、必要なものとしての幻想を与えられるんだ。簡単だよ。情報をどんどん作っていきゃあいいんだ。住むんなら港区です、車ならＢＭＷです、時計はロレックスです、ってね。何度も何度も反復して情報を与えるんだ。そうすりゃみんな頭から信じこんじまう。住むんなら港区、車はＢＭＷ、時計はロレックスってね。

●村上春樹『ダンス・ダンス・ダンス』講談社／１９８８年

五反田君は、当時のバブル景気華やかなりし頃の日本社会に中途半端に「適応」しようと努力し、それゆえに消費社会の虚無を一身に引き受けた存在として登場する。つまり新しい世界の「悪」である「羊」や「やみくろ」の類の影響によって、その虚無に負けてしまった悲しい存在が五反田君であり、彼はヒロインの殺害を「僕」に告白したあと愛車ごと海に飛び込んで自らその命を絶つ。

同作ではいわば「羊」や「やみくろ」に高度資本主義という具体像が与えられているわけなのだが、そのために同作はバブルという時代の空気に春樹が付和雷同してしまった結果生まれた、射程の短い作品になってしまった印象が拭えない。もちろん、同作におけるそれは拝金主義や物質主義といった当時の安易な消費社会批判のステレオタイプとはかけ離れている。特に、高度消費社会の本質を情報化に見出す文学的直感と、そのイメージ化において、その作家としての力量は十二分に発揮されているとすら言える。

だがその一方で実際に、引用部のような高度資本主義「批判」、コマーシャリズムへの嫌悪は現代＝2010年代においてほぼ無効化されていると言っていい。第1にバブル経済の崩壊によってここで描写され、嫌悪されている風景それ自体が後退してしまったことが挙げられる。第2にここではものごとを本質から遠ざける存在として規定されている「情報」の、コンピューター／ネットワーク技術の爆発的な進化が挙げられるだろう。特に後者については、「情報」化というものを捉える想像力としては同作で春樹の提出したイメージはやや貧困だったと言わざるを得ない。

ここに私たちは春樹のひとつの迷走を見ることができるだろう。あるいは、春樹はここでひとつの文学的な「分裂」を抱えたと言っていい。春樹の小説はナルシシズムの記述法（「世界の終り」）としては洗練されていく一方で、自身がそれを強く志向しながらも新しい世界の「悪」＝「敵」の設定「ハードボイルド・ワンダーランド」には苦戦し続けているのだ。そして、春樹はその文学的ターニング・ポイントのきっかけとなった１９９５年を迎えることになる。

5

デタッチメントからコミットメントへ

「デタッチメントからコミットメントへ」――ビッグ・ブラザーからのデタッチメントからリトル・ピープルへのコミットメントへ――春樹の模索する倫理の作用点は変化した。地下鉄サリン事件のもたらした春樹の「展開」は、その小説世界に新しい「壁」とそこから生まれる暴力への対峙を要求したのだ。

　コミットメント（かかわり）ということについて最近よく考えるんです。たとえば、小説を書くときでも、コミットメントということがぼくにとってはものすごく大事になってきた。以前はデタッチメント（かかわりのなさ）というのがぼくにとっては大事なことだったんですが。

●河合隼雄、村上春樹「村上春樹、河合隼雄に会いにいく」岩波書店／1996年

春樹にとって決定的だったのは、1995年3月のオウム真理教による地下鉄サリン事件だった。春樹がこの事件を連合赤軍から続く、新しい世界の「悪」の代表として捉えているのは前述の通りである。春樹はこの事件に前後してその創作姿勢を「デタッチメントからコミットメントへ」というキャッチ・フレーズのもと大きく変化させていくことになる。

ぼくは思うのですが、いま日本の社会というのは、さっきもオウムと地震の問題が出ましたが、精神的なコミットメントの問題で、大きな変革の地点にいるんじゃないかなと感じるのです。この二〜三年で日本はずいぶん変わっていくんじゃないかという気がするのです。

（同前）

『世界の終りとハードボイルド・ワンダーランド』以降、春樹の小説は「敵」を必要としないナルシシズムの記述法の確立に特化し、その一方で「羊」「やみくろ」といった「新しい世界」における「悪」の記述には失敗してきたことは前節で確認した通りである。そして、春樹の想像力はここで時代に追い抜かれる。引用したように、オウム真理教の存在は春樹が

その像を描くことに苦戦している間に確実に肥大し、そして極めて具体的かつ醜悪な暴力として発動した。春樹の予想以上の速度で、ビッグ・ブラザーから「やれやれ」とデタッチメントすれば済んだ時代は終わりを告げたのだ。問題は一気に、ビッグ・ブラザーならぬリトル・ピープルという「悪」への対峙を要求し始めたのだ。

奇《く》しくも「1984年」にその母体となるカルト組織が結成されたオウム真理教は、まさに「新しい時代」の生んだ鬼子だった。価値相対主義と消費社会の浸透は大きな物語の喪失をより鮮明なものとし、モノはあっても物語のない消費社会に耐えられない「弱い」若者たちは〈ここではない、どこか〉を求めた。その反応のひとつが当時を席巻したオカルト・ブームであり、その過程で成立したオウム真理教はその鬼子だったのだ。ジャーナリズムはアイデンティティ不安からカルトに取り込まれていった若者たちの軌跡を克明に暴き出していった。

そう、「大きな物語」から、ビッグ・ブラザーから解放された子どもたちは「敵」を失って迷走し、ついに具体的な暴力として表出してしまったのだ。

社会学者の宮台真司は、この地下鉄サリン事件に至る精神史を、日本社会における「虚構」の機能という観点から以下のように記述している。

八〇年代には二つの終末観があった。

一つは「終わらない日常」、もう一つは「核戦争後の共同性」。八〇年代前半に主流だったのは、女の子を中心とした「終わらない日常」という終末観だった。これからは輝かしい進歩もないし、おぞましき破滅もない。『宇宙戦艦ヤマト』のようなサブライム（崇高）はあり得ない。とするなら、学校的な日常の中で永遠に戯れているしかない――。それを象徴したのが、まさにヤマトに反発して七九年に描かれはじめた高橋留美子の『うる星やつら』だ。友引町というご町内で延々と日常ドラマが展開するこの漫画のパロディが、初期のコミケットを支えたのだった。

だが、「終わらない日常」はキツイ。ユートピアであると同時にディストピアでもある。モテない奴は永久にモテず、さえない奴は永久にさえない。イジメられっ子も永久にイジメられる。それに苛立つかのように、八〇年代後半に主流になるのが、男の子を中心とした「核戦争後の共同性」というファンタジーだ。廃墟の動乱の中での団結・共同性という物語――。プロモーション・ビデオでは廃墟の中でメタル少年たちが盛り上がり、大友克洋『AKIRA』は核・超能力・薬・新興宗教（オウム的舞台装置）のオンパレード、宮崎駿『風の谷のナウシカ』の世界は毒ガスに満ちている。「終わらない日常」の中であり得なくなった「非日常的な外部」を未来に投影することで、やっと現在を生き得る。女の子の場合、その外部は「前世の転生戦士」のファンタジーとして、過去に投影された。

（中略）

かくして、地下鉄サリン事件は起こった。廃墟の後にオウム帝国を築き、麻原教祖は初代神聖皇帝になることを目指した。八〇年代後半にはただのファンタジーだったものを現実化しようとする試みは、私には男の子的終末観の側からの、起死回生の巻き返しと映った。

●宮台真司「『良心』の犯罪者　オウム完全克服マニュアル」「オウムという悪夢―同世代が語る『オウム真理教』論・決定版!!（別冊宝島―90年代の宗教を考える〈229〉）」ＮＴＴ出版／２００８年

地下鉄サリン事件は春樹に新しい「暴力」との対峙を要求した。この事件を挟んで執筆されたのが『ねじまき鳥クロニクル』である。同作は全3部からなる長編小説であり、第1部、第2部は春樹がプリンストン大学に客員研究員として招聘《しょうへい》されていた90年代前半の在米時代に執筆され、第3部は帰国後に執筆され、地下鉄サリン事件の5ヶ月後の1995年8月に発売され、完結した。その結果同作は必然的に「暴力」という主題を正面から引き受けることになった。そして次作『アンダーグラウンド』は、同事件の被害者に春樹が聞き取り調査を行ったノンフィクションとして登場することになった。

私が『世界の終りとハードボイルド・ワンダーランド』の中で「やみくろ」たちを描くことによって、小説的に表出したかったのは、おそらくは私たちの内にある根元的な「恐怖」のひとつのかたちなのだと思う。私たちの意識のアンダーグラウンドが、あるいは集団記憶としてシンボリックに記憶しているかもしれない、純粋に危険なものたちの姿なのだ。そしてその闇の奥に潜んだ「歪められた」ものたちが、その姿のかりそめの実現を通して、生身の私たちに及ぼすかもしれない意識の波動なのだ。

●村上春樹『アンダーグラウンド』講談社／1997年

そのような私の個人的な文脈からすれば（つまり私自身の物語から見れば）、オウム真理教団の五人の「実行者」たちが、尖らせた傘の先端でサリン入りのポリ袋を突き破ったとき、彼らはまさにその「やみくろ」たちの群を、東京の地下に、その深い闇の世界に解き放ったのだ。

（同前）

これは同時に、『世界の終りとハードボイルド・ワンダーランド』の結末で一度分裂したはずの「僕」（ナルシシズムの記述法）と「影」（新しい「悪」の記述）とが統合されなければならないことを意味した。具体的に「僕」が（新しい）「悪」に対峙することが要求されることになったのだ。

しかし同作『ねじまき鳥クロニクル』に登場する「悪」＝ワタヤ・ノボルは、事件前に設定されたせいかその像においてオウム真理教のもつ生々しい陳腐さとそれゆえの圧倒的な醜悪さに遠く及んでいない。一見その世俗的欲望を淡々と追求しているようでありながら、その内面は得体の知れない「邪悪なもの」が支配する存在――それがワタヤ・ノボルだ。彼は五反田君のように消費社会の空虚さに傷つくようなナイーブな内面はもっていない。「羊」「やみくろ」的な力に駆動され、実妹を含む女性たちを「精神的にレイプする」ことで支配する彼は、その一方で「五反田君」以上に現代社会――ビッグ・ブラザーの壊死が進んだ新しい世界＝消費社会の快楽と物悲しさが同居する「外部」を失った世界――に適応した存在として描かれる。政界やテレビといったものへの浸透として描かれるそのワタヤ・ノボルは、当時のニュー・アカデミズムの流れをくむ知識人や、台頭しつつあった新保守系の政治家を強く想起させる。その卑俗なイメージは後に春樹が『アンダーグラウンド』で描き出したオウムのもつ「現実」のおぞましさに負けている。春樹はここで一度、確実に時代に「追い越されて」いるのだ。

かくして、春樹は「デタッチメントからコミットメントへ」のキャッチ・フレーズのもと、本格的に新しい時代の「悪」に対抗し得る新しい（倫理的な）コミットメントのモデルの提示に舵を切ることになる。その端緒となるのは、やはり地下鉄サリン事件を挟んで執筆された『ねじまき鳥クロニクル』である。

6 「壁抜け」とレイプ・ファンタジィ

「壁抜け」とは〈歴史〉を物語ではなくデータベースとして読み替える想像力だ。〈いま、ここ〉にとどまったまま、この世界の内部にどこまでも深く〈潜る〉ことで獲得される新しい〈コミットメント〉のかたちだ。そして春樹にとってこの「壁抜け」は、主体的自己（僕）の代わりに、彼を全肯定してくれる母親的存在（異性）がコミットメント時に発生するコストを負う、性暴力的な回路と密接に結びついている。

前節で確認した通り、ワタヤ・ノボルという「悪」の設定にはいささか精彩を欠いている『ねじまき鳥クロニクル』において、むしろ注目すべきはここで春樹が「戦争」という巨大な暴力、もっと言ってしまえば「歴史」にはじめて正面から対峙していることだろう。

『ねじまき鳥クロニクル』の中においては、クミコという存在を取り戻すことがひとつのモチーフになっているのですね。彼女は闇の世界の中に引きずり込まれているのです。彼女を闇の世界から取り戻すためには暴力を揮わざるをえない。そうしないことには、闇の世界から取り戻すということについての、カタルシス、説得力がないのです。

●河合隼雄、村上春樹「村上春樹、河合隼雄に会いにいく」岩波書店／1996年

ぼくらは平和憲法で育った世代で「平和がいちばんである」、「あやまちは二度とくり返しません」、「戦争は放棄しました」、この三つで育ってきた。子どものころはそれでよかったのです、それ自体は非常に立派なことであるわけですから。でも、成長するにつれて、その矛盾、齟齬は非常に大きくなる。それで一九六八年、六九年の騒動があって、しかし、なんにも解決しなくて、ということがえんえんとあるのですね。

（同前）

結局、ぼくがそれだけ長い年月をかけて暴力性に行き着いたというのは、そういうあいまいなものへの決算じゃないかなという気もしなくはないのです。

ですから、結局、これからのぼくの課題は、歴史に均衡すべき暴力性というものを、どこに持っていくかという問題なのでしょうね。それはわれわれの世代的責任じゃないかなという気もするのです。

（同前）

でもいまはそうじゃない。冷戦終結後に起こった戦争の多くがそうであるように、暴力性が局地戦化、セクト化して、大きな方向が見えなくなってしまっている。アドレナリンの匂いが拡散してしまっている。われわれはそのような新しい種類の暴力性を、もう一回物語の中に取り込んでいく必要があるんじゃないかというふうに、僕は感じているのです。言葉で「こうですよ」と説明するんじゃなくて、物語として。

（同前）

この「歴史」を扱う手つきは村上春樹という作家が発揮した想像力の中でももっとも射程の長いものだろう。オウム真理教がいわば失われた大きな物語の代替物として、古今東西の宗教の教義からSF／ファンタジィ小説、漫画、アニメーションなどの諸設定を混合して生み出したカルトな偽史をあてがうことでハルマゲドンに至る歴史を仮構したのに対し、春樹はここで個人の記憶が時間軸を無視して、別人の記憶に流れ込んでくるというアクロバティックな想像力を展開している。つまりここでは「歴史」を連続性のある「物語」としてではなくフラットなデータベースとして捉えなおすことで、これまでとは異なったアプローチを試みていると言える。

僕にとって『ねじまき鳥クロニクル』のなかでいちばん大事な部分は、「壁抜け」の話です。堅い石の壁を抜けて、いまいる場所から別の空間に行ってしまえること、また逆にノモンハンの暴力の風さえ、その壁を抜けてこちらに吹き込んでくるということ、隔てられているように見える世界も、実は隔てられてないんだということ、それがいちばん書きたかったことです。

どうして「壁抜け」ができたかというと、僕自身が井戸の底に潜っていったからです。深く潜って、自分をどこまでも普遍化していけば、場所とか時間を越えて、どこか別の場所に行けるんだという確信を得られた。

（中略）

僕の言う「歴史」は、たんなる過去の事実の羅列でも引用でもなく、一種の集合的記憶としての歴史です。たとえば、ノモンハンでの間宮中尉の強烈な経験も、ただの老人の思い出話ではなく、僕の中にも引き継がれている生の記憶であり、僕の血肉となっているものであり、現在に直接の作用を及ぼしているものです。

●「『考える人』村上春樹ロングインタビュー」新潮社／2010年8月

オウム的な「歴史」へのアプローチがアイデンティティ不安を埋めるためにカルトな「偽史」を捏造《ねつぞう》するのに対し、春樹のそれは（大きな）物語としての機能を停止した「歴史」を物語ではなくデータベースとして捉えることで再び機能させようとする。このデータベースとしての「歴史」は個人の生を意味づける「物語」としては当然機能しない。しかし、他人の記憶との接続を可能とし「物語」とは異なる方法で「暴力」の存在を浮き彫りにすることができる。『ねじまき鳥クロニクル』は長大な小説であり、その中で断片的なアイデアがいくつも（おそらくは試験的に）試されている。そしてその猥雑《わいざつ》さ、ハイブリッドな表現がまるで建て増しと改築を繰り返した結果奇形的な進化を遂げた建築物のような魅力を生んでいる小説なのだが、その中でももっとも小説としての想像力の行使のダイナミズムを味わうことができるのが、この「歴史」へのアプローチだろう。

しかしその一方で、春樹は前述したようにこうしてその小説世界に再召喚された（新しい）歴史と、（新しい）暴力性をやや持て余している。ひとつは前節で指摘した通りワタヤ・ノボルという「敵」の造形の甘さにある。そしてもうひとつは、同作の結末部におけるこの新しい「悪」――ワタヤ・ノボルとの決着のつけ方、すなわち同作で春樹が提示した新しい（倫理的な）コミットメントの形式にある。

完璧《かんぺき》なスイングだった。バットは相手の首のあたりを捉えた。骨の砕けるような嫌な音が聞こえた。三度目のスイングは頭に命中し、相手をはじき飛ばした。男は奇妙な短い声を上げて勢いよく床に倒れた。彼はそこに横たわって少し喉を鳴らしていたが、やがてそれも静まった。僕は目をつぶり、何も考えず、その音のあたりにとどめの一撃を加えた。そんなことをしたくなかった。でもしないわけにはいかなかった。憎しみからでもなく恐怖からでもなく、やるべきこととしてそれをやらなくてはならなかった。

●村上春樹『ねじまき鳥クロニクル〈第3部〉鳥刺し男編』新潮社／1995年

『ねじまき鳥クロニクル』第三部の結末近く、主人公のオカダ・トオルは「夢の中で」義兄であるワタヤ・ノボルを撲殺する。ここで春樹はついに明確な意志をもって「悪」を暴力を行使して滅ぼしたのだ。これは春樹にとって、決定的な展開だったと言えるだろう。

（「ビッグ・ブラザー」の支える）大きな物語が衰微して消費社会が浸透し、価値相対主義が前提化すると、そこから解き放たれた人々（リトル・ピープル）は「何が正しいか／価値があるか」分からない宙吊り状態に耐えられず「自分の信じたいものを信じる」ようになり、その決断を相対化の視線から守るために小さな共同体に引きこもることになる。そして、その小さな共同体を守るために暴力性を発揮することになる。その端的な例が「発泡スチロールのシヴァ神」を信じる共同体を守るために、被害妄想的にテロに及んでいったオウム真理教である。

デタッチメントからコミットメントへ――それまでデタッチメントを倫理としてきた春樹に対し、地下鉄サリン事件（が象徴する彼の想像力を超えた社会の身も蓋もない変化）は、具体的なコミットメントの「モデル」を提示することを要求した。ただ「やれやれ」と斜めに構えてデタッチメントしているだけではオウム的なもの――エルサレム演説で春樹の言う（新しい）「壁」＝システムの生む悪――に私たちは敗北してしまうからだ。ここにおいて春樹は能動的なコミットメントのモデル（究極的には「暴力」）のモデルを提示しなければならなくなった、と言えるだろう。連合赤軍にもオウム真理教にもならず、それでいてこうした「悪」に抵抗し得る新しいコミットメントのかたちを、春樹は自ら設定した主題によって要求されることになったのだ。

そして『ねじまき鳥クロニクル』で春樹が提示したモデル——それはこれまでの作品で培ってきたナルシシズムの記述法の、新しい（倫理的な）コミットメントのモデル提示への「応用」である。オカダ・トオルが「夢の中で」ワタヤ・ノボルを殺害したその同刻に彼の失踪中の妻・クミコはオカダ・トオルになり代わり入院中のワタヤ・ノボルを殺害する。ここで試みられているのは、春樹が『世界の終りとハードボイルド・ワンダーランド』『ノルウェイの森』を経て洗練させてきた、セクシャルな回路を用いたナルシシズムの記述法である。欠落を、傷を抱えた女性が「僕」を無条件に求め、その要求に応えることで受動的なコミットメントが成就していくという回路を春樹はこれらの作品で積極的に用いている。これはより具体的には春樹が度々準拠枠として用いたチャンドラーなどのハードボイルド小説の手法の変奏と言える。この文脈に即せば、ハードボイルドとは社会の複雑化と価値の多様化を前に、男性がそのナルシシズムを確保するために内面に抱えるロマンを徹底して自己完結することで維持するという「態度」だと言える。春樹は『世界の終りとハードボイルド・ワンダーランド』以降の作品群でこの自己完結を、男性主体を無条件で肯定してくれる女性を登場させることでより強化した。ハードボイルドでは自己完結することで、すなわち誰にも「承認」を求めないことで維持されていたロマンティシズムが、春樹の小説においては「受動的なコミットメント」に縮退する。この縮退によって生じたナルシシズムの不足は、当然他者からの承認によって補われなければならないが、春樹はそこで予め欠落を抱え、男性主人公を求めるようにプログラミングされた「他者性なき他者」としての女性を登場させ、彼女たちからの積極的な承認を与えることで、「受動的なコミットメント」を維持したまま男性主体がナルシシズムを構築し得る回路を完成させたのだ。

そしてこの「他者性なき他者」を用いたナルシシズムの記述法が、『ねじまき鳥クロニクル』では「倫理的なコミットメント」＝「新しい『悪』への対峙法」として提示されることになる。これが前述の「完璧なスイング」だ。つまり男性主人公のナルシシズムの補完のために導入された「他者性なき他者」としての女性は、ここに来てついに男性主人公に代わって「悪」を誅殺《ちゅうさつ》するに至るのだ。その結果、男性主人公＝オカダ・トオルは「悪」を滅ぼす自己実現を手にし、実際に「手を汚した」妻クミコは闇の世界に失踪したまま帰還しない。ここでは明確にオカダ・トオルのコミットメントの「コスト」をクミコが代わりに負っているのだ。

言い換えれば春樹はここにおいても「受動的な」コミットメントという態度を崩さないことで「倫理」を獲得しようとしていると言えるだろう。だが、それがハードボイルドの変奏によるナルシシズムの記述から、「悪」との対峙＝新しいコミットメントの作法に応用された瞬間に、男性主体の責任転嫁が発生する。ここではつまり、自らを無条件に承認する女性（＝母）が、自らのコミットメントのコストを支払うというモデルが「結果的に」提示されていると言わざるを得ない。もちろん、春樹の主眼は「受動的な」コミットメントの維持をもって「悪」と対峙することにあったと思われる。しかし、その結果この『ねじまき鳥クロニクル』という小説は、春樹がこれまで構築してきた「受動的な」コミットメントが、具体性を帯びた瞬間にその責任転嫁的な新しい暴力性——性暴力的な回路＝ある種のレイプ・ファンタジィ性に支えられていることを露呈させてしまったとも言える。ここで言うレイプ・ファンタジィ的な構造とは、現代的なコミットメントのコストを母＝娘的な女性に転嫁するという性暴力的な構造のことだ。

ここで言うコミットメントの「コスト」とは、春樹がかつて連合赤軍が象徴する60年代末の、あるいは70年代初頭のラディカリズムに見出し、そして再びオウム真理教に見出した（主観的な）「正義」の行使が生む暴力性＝罪に伴って発生するコストに他ならない。そして、ビッグ・ブラザーの壊死した現在、「正義」とは基本的に無根拠な決断でしかなく、責任という名のコストが自動的に発生する。春樹の提示した新しいコミットメントのモデルにおいては、この「正義」の暴力の行使に伴って発生するコストを「〈母〉的な女性」に背負わせ、男性主体はその快楽（セックスが象徴する男性的自己実現、正義の行使）のみを享受するのだ。

前述の通り、春樹の小説を特徴づけるこうしたレイプ・ファンタジィ性はその初期作品から「直子」というキャラクターが体現するかたちで存在し『ノルウェイの森』で前面化したものだ。そしてこの性暴力的な構造は本作『ねじまき鳥クロニクル』でナルシシズムの記述法からコミットメントのモデルに格上げされ、提示されることになった。結論から述べれば、私はここに春樹の躓《つまず》きを見る。断っておくが、私はここで倫理的に春樹の性暴力性を告発するつもりはない。そうではなくて、リトル・ピープルの時代における新しいコミットメントのモデル、あるいは「悪」や「正義」の問題の記述に際して、この単純な責任転嫁的な発想では不充分だと考えているのだ。「母」的な存在がコミットメントのコストを代わりに支払うことで、男性主体のイノセンスが維持される——男性の記述してきたこれまでの歴史でうんざりするほど繰り返されてきた、こんなありふれた発想でこのリトル・ピープルの時代における暴力と、それに対抗する正義の問題にアプローチするのは安易に思えるのだ。想像力が、圧倒的に足りない。[*1]

そして、このレイプ・ファンタジィ的なコミットメントのモデル——責任転嫁的なコミットメントの問題は、その後長編『海辺のカフカ』そして最新作『1Q84』にて前面化することになる。

＊1　付記すると、こうしたレイプ・ファンタジィ的な男性ナルシシズムの記述法は娯楽小説、漫画・アニメ・ゲームなどのサブカルチャーにおいて積極的に吸収され、物語形式として定着している。特に90年代後半からゼロ年代前半にかけては、精神的外傷を持った少女に「受動的コミットメント」を是とする男性主人公が無条件に必要とされることでそのナルシシズムを確認するという物語形式（セカイ系）が一定の流行を見せた。『世界の中心で、愛をさけぶ』（２００１年）、『最終兵器彼女』（２０００年）、『AIR』（２０００年）などがその代表作として挙げられるだろう。春樹の想像力は、国内における男性ナルシシズムの記述法と性暴力的なイデオロギーの発現形態を大きく更新したと言える。そしてその後『海辺のカフカ』、そして最新作『1Q84』でも、このレイプ・ファンタジィ的コミットメントの呪縛が、春樹の小説世界を支配することになるのだ。

7　妊娠と暴力

『1Q84』〈BOOK3〉において、新しい「壁」＝リトル・ピープルの存在は事実上消去される。暴力の隠蔽《いんぺい》の背景にあるのは、そのコストの受け皿の問題だ。母（娘）的な存在にそのコストが転嫁される構造は、男性主体の責任を隠蔽し、ひいては暴力の存在そのものを隠蔽する。かくして、またしても「世界の終り」に「ハードボイルド・ワンダーランド」は敗北したのだ。

この観点を導入すると『海辺のカフカ』は『ねじまき鳥クロニクル』における「ナルシシズムの記述」（「世界の終り」）と「新しいコミットメント＝正義／悪の記述」（「ハードボイルド・ワンダーランド」）の統合を推し進めた作品として位置づけられる。本作もまた、未整理であるが故に数多くの論点を孕《はら》み、ここで論じきることはできない。しかし、本書の文脈に即して要素を抽出すれば、この物語は現代的なアイデンティティ不安——『世界のすべての七月』でオブライエンが描いたビッグ・ブラザーという「敵」の壊死によってむしろ自己記述できなくなってしまった人々の不安——に直面した15歳のカフカ少年が、やはりレイプ・ファンタジィ的な回路によって回復する過程を描いたものである（繰り返すが、これは同作の一側面に過ぎない）。

エディプス神話を「生きさせられている」存在として登場するカフカ少年は、作中で「父を殺し、母と交わる」予言を実行することになる（正確には、カフカが「父を殺す」のはまたしても夢の中であり、実際に殺人＝コミットメントを代行するのはナカタさんという知的障害者の老人である）。

なぜここでエディプス神話なのか。それはエディプス神話が、春樹がこれまで培ってきた文学的「分裂」に符合するからだ。つまり「母と交わる」が「ナルシシズムの記述」＝「世界の終り」の系譜にあたり、「父を殺す」（行為の不可能性）が「新しい正義／悪の記述」＝「ハードボイルド・ワンダーランド」の系譜にあたるのだ。そして前述のようにここでも「父殺し」（春樹の考える「コミットメント」）は「代行」され、カフカは母親（無条件に承認を与える存在の象徴）とセックスし、その快楽（男性的自己実現）を享受する（その結果母は死ぬ＝コストを払う）。

たとえば大塚英志は同作の物語構造を『ねじまき鳥クロニクル』との類似を用いて以下のように指摘する。

一体、父殺しも母殺しもなく、ただ母と近親相姦し、そして母の許にマルコ少年のように戻ったカフカが、いくら象徴的に（つまり、ナカタさんらによって）父殺し、母殺しを行ったと主張してもそれは体の良い胎内回帰でしかないとぼくには思える。だからやることはやっておいて「生きるということの意味が」わからないと眠たいことを言ってのけるのである。

●大塚英志「物語論で読む村上春樹と宮崎駿――構造しかない日本」角川書店／2009年

本書の議論に照らし合わせれば、ここで春樹は『ねじまき鳥クロニクル』の終盤で登場した「新しいコミットメントのモデル」としての「レイプ・ファンタジィ」という発想（「世界の終り」と「ハードボイルド・ワンダーランド」の結合）を、リトル・ピープルの時代に対応した新しい成長物語として提示した、と言えるだろう。

たとえばカフカの殺人を代行するナカタさんは、前作における「データベースとしての歴史」との「蝶番《ちょうつがい》」的存在」であり、同体における彼のエピソードでは歴史を個人の生を意味づける物語としてではなく、大きな物語を失い、ビッグ・ブラザーの壊死した新しい世界における新しいコミットメントの回路として位置づける発想が追求されている。

コミットメントというのは何かというと、人と人とのかかわり合いだと思うのだけれど、これまでにあるような、「あなたの言っていることはわかるわかる、じゃ、手をつなごう」というのではなくて、「井戸」を掘って掘って掘っていくと、そこでまったくつながるはずのない壁を越えてつながる、というコミットメントのありように、ぼくは非常に惹かれたのだと思うのです。

●河合隼雄・村上春樹「村上春樹、河合隼雄に会いにいく」岩波書店／1996年

だがその一方で、この新しいコミットメントが伴うコストの処理について、春樹は同作においても初期作品から存在するレイプ・ファンタジィ的な責任転嫁のモデルで対応し続けている。繰り返すが、春樹にとってコミットメントのコストをどう処理するかという問題は、極めて切実な文学的課題のひとつであるはずだ。たとえば、同作にはこんな台詞がカフカ少年に告げられる。

でもね、田村カフカくん、これだけは覚えておいたほうがいい。結局のところ、

佐伯さんの幼なじみの恋人を殺してしまったのも、そういった連中なんだ。想像力を欠いた狭量さ、非寛容さ。ひとり歩きするテーゼ、空疎な用語、簒奪《さんだつ》された理想、硬直したシステム。僕にとってほんとうに怖いのはそういうものだ。僕はそういうものを心から恐れ憎む。なにが正しいか正しくないか——もちろんそれはとても重要な問題だ。しかしそのような個別的な判断の過ちは、多くの場合、あとになって訂正できなくはない。過ちを進んで認める勇気さえあれば、だいたいの場合取りかえしはつく。しかし想像力を欠いた狭量さや非寛容さは寄生虫と同じなんだ。宿主を変え、かたちを変えてどこまでもつづく。そこには救いはない。

●村上春樹「海辺のカフカ」新潮社／2002年

この怪作が私たちに突きつけるのは、ここで述べられている「暴力」のコストを結局春樹は「母」的な存在に負わせるしかなかったという現実である。性暴力的な回路を用いて問題を回避すること＝「母」にコミットメントのコストを転嫁することは「寄生する」「狭量さや非寛容さ」とのバリエーションに過ぎないのではないか。歴史をデータベースと見做すダイナミックな想像力の行使に比して、春樹の提示したコミットメントの具体像はエディプス神話＋ハードボイルドというユニークなハイブリッドを実現しながらも淡白な責任転嫁モデルに回収されてしまっているように思える。

断っておくが、私はここで「母」的な存在への依存を糾弾し、自立した男性主体を称揚《しょうよう》しているのではない。春樹が「母」的な存在に責任を転嫁「してまでも」あくまで「男性的な」自己実現を「コミットメント」のモデルとして提示していることへの、ある種のアナクロニズムを指摘しているのだ。同作が示すようにレイプ・ファンタジィ的なモデルは「母」的な存在への責任転嫁によって、男性的な主体が確認される（ナルシシズムが記述される）効果をもつ。レイプ・ファンタジィ的な回路がもたらすのは無論、男性性の反省でも解体でも縮退《しゅくたい》でもなく、「強化」なのだ。

そして——議論はここで一周し、ようやく『1Q84』をめぐる問いに回帰する。第2節で論じた通り、『1Q84』は「機能の言葉」を優先させるための三人称の導入を除いて、ほとんど新しい文学的アイデアが投入されていない、半ばパッチワークのような小説だ。たとえば『ねじまき鳥クロニクル』『海辺のカフカ』で登場したデータベースとしての「歴史」というモチーフは大きく後退し、同作における可能世界の背景として存在するものの、これまでのように新しいコミットメントを支援する装置としては機能していない。また『アフターダーク』（2004年）で用いられた街頭の監視カメラを思わせる定点観測の視点と「私たち」という一人称複数の文体＝客観のみが存在する世界の記述も、オーソドックスな三人称の記述に改められ、ごく一部の地の文に挿入される注釈的な文章にその痕跡が残るのみだ。

こうしたデチューンは「機能の言葉」としての小説を春樹が意図していることを考えれば当然の措置だろう。だが、このデチューンの結果、『1Q84』は春樹の構築してきたレイプ・ファンタジィ的コミットメントのモデルのもつ脆弱《ぜいじゃく》さが、もっとも露骨に表れた作品になっている。明確に「リトル・ピープル」という新しい「壁」、システムの生む「悪」に抗うための「強さ」を読者に注入するワクチンとして綴られた「機能の言葉」＝『1Q84』はそれゆえに、春樹の提示した新しいコミットメント＝レイプ・ファンタジィの孕む暴力性がより表面化してしまっているのだ。

『1Q84』で、天吾とふかえりはまさに「ワクチンとしての小説（機能の言葉）」＝『空気さなぎ』を共同執筆する。彼らの目的はワクチン＝いい物語を流布することで、リトル・ピープルの生む小さな檻＝小さな物語に私たちが性急に依存することにより（連合赤軍やオウムのように）暴走してしまうことを回避することだ。しかし、この天吾とふかえりの行為と連合赤軍やオウム真理教のそれを峻別するのは難しい。もちろん、そこには程度の差が存在する。だが春樹が自身の暴力をどう記述するかという難題に向き合わざるを得なかったことからも明らかなように、ふたりのワクチンの流布もまた原理的には「自分の信じる小さな物語」を、共同性を異にする他人に流布する（押し付ける）という点でやはり「小さな物語の暴走」でしかない。そこで春樹はこれまで培ってきた新しいコミットメントのモデルを、ふたりの行為に適応する。

気がついたとき、天吾はふかえりの中にいて、彼女の子宮に向けて射精をしていた。そんなことはしたくなかった。しかしそれを止めることはできなかった。すべては彼の手の届かないところでおこなわれていた。

「しんぱいすることはない」とふかえりは少し後で、いつもの平板な声で言った。「わたしはニンシンしない。わたしにはセイリがないから」

●村上春樹『1Q84〈BOOK2〉』新潮社／2009年

〈BOOK2〉において、ある雷雨の夜ふかえりはそれが「ヒツヨウなこと」であると告げ、天吾に自ら身体を差し出す。ふかえりの妊娠機能はその実父である「さきがけ」のリーダーによる幼少期のレイプによって破壊されており、妊娠の可能性はない。コストを伴わないセックスによって、天吾はその快楽を享受する。

このセックスは男性読者へのサービス・シーンであると同時に、同作で春樹が提示したコミットメントのモデルをイメージ的に表現した場面だと言える。作中ではこの同じ嵐の夜（少なくとも〈BOOK1〉、〈BOOK2〉においては）、リトル・ピープルの作用によって暴力を行使する存在として登場した「さきがけ」のリーダー＝ふかえりの実父である深田保が、青豆によって殺害されている。

このとき青豆は、予知能力をもつリーダーから、彼を殺害すると青豆は（教団の人々から追い詰められて）命を失う運命にあるが、殺害してくれるなら、天吾の命が助かるようにすると告げられる。その結果、青豆はリーダーを殺害し、自らを犠牲に天吾を救う選択をする。ふたりの主人公が、同じ夜に行う決定的な「コミットメント」――これは春樹がセックスと殺人をともに小説内で「コミットメント」のベネフィットとコストとして位置づけていることを表している。そしてベネフィットを得るのは主体的自己である天吾で、コストを払うのはその象徴的「母」である青豆だ。ここに春樹の提示した（レイプ・ファンタジィ的）コミットメントのかたちが結実している。そう、ここでも男性主体の自己実現に伴うコストを、彼を無条件で必要とする運命の女の子＝「母」的存在が代わりに支払い、手を汚しているのだ。天吾の責任を伴わない安全な射精は、作中では倫理的なコミットメントの象徴として描かれる。だが天吾のコミットメント――より具体的には「敵」の記述による自己実現のコストは、青豆がその一身に引き受けているのだ。そして〈BOOK2〉は天吾を救うために青豆が自殺を試みるところで幕を閉じる。天吾の意図を実行して「手を汚し」、そしてその「ツケを払う」のは彼の「初恋の人」であり「運命の恋人」である青豆なのだ。そして天吾にはその成果――自分の信じる物語を流布する権利とその快楽――だけが残される。

ここで重要なのは度々表出する性暴力的な発想ではなく、むしろ淡白な責任転嫁モデルで新しいコミットメントをめぐる問題が処理されてしまっていることである。そのコストを（他者性なき）他者に転嫁するという回路を流布することで、果たしてリトル・ピープルの時代を生きる私たちは「小さな檻（物語）」の生む暴力／悪に対抗できるのだろうか。「母」にそのコストを処理させるだけで、オブライエンの描いた人々は、あるいはオウム真理教の地下鉄サリン事件に加担してしまった人々は救済されるのだろうか。

おそらく春樹自身もそうは考えていないだろう。だからこそ、春樹は「森」が象徴する集合記憶的なイメージや、「井戸」が象徴するデータベースとしての「歴史」への接続など、さまざまな文学的アイデアをこれまでの作品で追求してきたはずなのだが、決定的なコミットメントへ踏み出したこの『1Q84』におけるデチューンの段階でこれらの要素は捨て去られ、もっとも淡白で、そして安易と言わざるを得ないアイデア＝レイプ・ファンタジィがその中核に据えられてしまっている。その結果、『1Q84』は〈BOOK2〉の終盤から〈BOOK3〉にかけて、春樹らしからぬ混乱と破綻を抱えることになる。より正確には、春樹は（少なくとも〈BOOK3〉の段階では）、当初「宣言」されていた暴力の問題をほぼ放棄してしまっているのだ。

この主題の放棄の萌芽は〈BOOK2〉終盤に既に見られる。雷雨の日、青豆は「さきがけ」のリーダーを殺害するが、その過程でリーダーは彼女に告白する。彼の行為は厳密にはレイプではなく、リトル・ピープルによって製造された少女の似姿（ドウタ）と交わることでその超能力を得るための作業に過ぎなかった、と。かくしてリトル・ピープルたちが世界に対して干渉するためのインターフェイスとして機能する存在＝「小さな檻（物語）」へ人々を回収する存在＝悪として登場したリーダーのコミットメントは免罪され、青豆は彼をその苦しみから解放するために殺害することになる。この時点で、同作の世界からは「悪」は事実上消滅している。「悪」が存在しないのだとすると、天吾やふかえりがワクチンを流布する必要性も象徴的なレベルでは消滅してしまう。

もちろん、『1Q84』は正義／悪の記述の不可能性こそを描いているという解釈は十二分に可能で、現時点では正しくすらある。しかし、仮にそうだとしても、いや、そうであるならなおさら、エルサレム演説における「壁」と「卵」の比喩で提示された問題意識を、そして序章で引用した「小さな檻」への抵抗の意志を春樹は本作で大きく後退させたと考えざるを得ない。

そして〈BOOK3〉における「暴力」という主題の後退は著しい。〈BOOK2〉においては青豆を自殺寸前まで追い込んだ「さきがけ」教団は主人公たちに対する敵意を大きく減退させ、リトル・ピープルの力もその凄惨さ――たとえば老婦人の飼い犬を惨殺するようなむごたらしさ――もすっかり影を潜めることになる。その結果〈BOOK3〉は〈BOOK2〉後半で提示された天吾＝男性の主体的自己のナルシシズムの記述法（レイプ・ファンタジィ的コミットメントのモデル）の確認にのみ費やされることになる。

これが意味するものは何か。これは『ねじまき鳥クロニクル』以降春樹が試みてきた、ナルシシズムの記述（「世界の終り」の系譜）と、新しいコミットメントのモデル提示（「ハードボイルド・ワンダーランド」の系譜）の接続が、少なくとも現時点ではほぼ完全に失敗し、ナルシシズムの記述法のみが残ったことを意味する。〈BOOK3〉は青豆との再会によって天吾のナルシシズムが完成される物語としてのみ機能し、そこには他者性なき他者からの承認に基づいた自己肯定の端的な記述のみが存在する。春樹が連合赤軍からオウム真理教までを線で結ぶことによって浮上させた現代的な「悪」の設定は、物語半ばで放棄されたのだ。

〈BOOK3〉に存在する唯一の暴力／悪の痕跡、それは天吾、青豆に加えて〈BOOK3〉で登場した第3の主人公・牛河の存在とその作中における「死」に他ならない。

牛河はそもそも同作において極めて特殊な位置づけのキャラクターだ。牛河はもともと『ねじまき鳥クロニクル』に登場したキャラクターで、同作の敵役ワタヤ・ノボルの秘書として登場する。いわばリトル・ピープルの「手先」の役だ。本作に「再」登場した牛河もまた、当初は『ねじまき鳥クロニクル』と同じ役どころを与えられていた。しかし、〈BOOK3〉で突然3人目の主人公に「昇格」した牛河は、同様に突然「内面」を与えられる。

これまではまるで機械のように、不気味に「機能」するだけだった牛河は、この〈BOOK3〉で突然嫉妬や憧れ、哀しみをその内面に抱く孤独な中年男性として描かれ、挙句の果てには別離した家族との思い出までもが描写される。そして牛河は青豆の仲間であるタマルによって、無残に殺される。

牛河の「人間化」は間違いなく、タマルの暴力を「悪」として強調するために加えられたものだ。そして牛河は天吾のナルシシズムの記述の完成（青豆との再会）のためのキー・パーソン、さらに言えば「生贄」である。〈BOOK3〉では前巻の結末で自殺したはずの青豆が実は自殺に失敗し生きていたことが判明し、天吾との再会を果たす。つまり天吾のレイプ・ファンタジィ的なコミットメントのコストを支払う役は青豆から牛河に変化したのだ。牛河は天吾と青豆を再会させるために（天吾のナルシシズムを記述するために）文字通り殺されているのであり、つまり天吾のナルシシズムのコストは〈BOOK2〉では青豆が、〈BOOK3〉では牛河がそれぞれ支払っていることになる。牛河のむごたらしい最期の描写は、おそらくこの構造を読者に明示するために配置されている。ここに、春樹の倫理への意志を見ることは可能だろう。世界には暴力が存在し、たとえそれがデタッチメントという名の受動的なコミットメントだとしても、そこにはコストが発生し誰かがそれを支払わなければならない。牛河の惨殺はこの（少なくとも現時点では）放棄された問題の存在を極めて強く主張している（しかし、それだけだ）。

そして惨殺された牛河の遺体からはリトル・ピープルが発生する。おそらくは執筆されるであろう続編で、天吾の「母」にはなり得ない真の他者としての牛河が果たしてどう機能するのか——おそらくはここに、春樹がエルサレムで自らに設定したハードルを越えられるかどうかのポイントが集中していると言えるだろう。その一方で、春樹がこの『1Q84』において長く携わってきたふたつの主題の統合を一度放棄し、大きく後退した——『ねじまき鳥クロニクル』以前の分裂状態に立ち戻ったことは疑いようがない。今後の続編でこの分裂が統合されるのか、分裂をもって何かを訴えるのか、あるいは分裂自体が黙殺されるのかは分からない。しかし、この瞬間における春樹の後退劇に、問題の本質が隠れているように私には思える。

8

「父であること」をめぐって

「デタッチメントからコミットメントへ」――それは〈「父」にならない倫理から「父」を引き受ける倫理〉への問題の書き換えである。だが罠はおそらくここに存在する。リトル・ピープルの時代――それはただ存在するだけで貨幣と情報のネットワークに接続され、自動的にコミットメント「してしまう」世界をもたらしたのではないか。私たちは「父になる」のではなく、否応なく「父として機能してしまう」のだ。いかにして「父」になる／ならないかは、既に問題ではない。

〈BOOK3〉で牛河の殺人と同時に描かれる決定的なコミットメントとして、青豆の妊娠が挙げられる。牛河の惨殺がワンポイント・アピールとしてのみ機能し具体的な展開をもたないのに対し、青豆の妊娠は〈BOOK3〉における主題であり天吾のナルシシズムの記述に決定的な役割を果たす。

青豆の妊娠は雷雨の夜の天吾とふかえりのセックスによってもたらされたものだ。ふかえりの子宮に放たれた精液が青豆を妊娠させる――直接対峙した人物と手をつなぐのではなく、抽象的なレベルにおいてまったく位相の異なる存在と自動的に接続されてしまう――という回路は、前節に引用した通り春樹の考える新しいコミットメントの典型例として提示される。ただし、それはリトル・ピープルという新しい内なる暴力に抗うためではなくあくまで天吾のナルシシズムを記述するためのものとしてしか機能しておらず、さらにはそのコストの転嫁の問題は放置されたまま提示される。おそらく春樹はここで「いいコミットメント」と「悪いコミットメント」を峻別するのではなく、「いいコミットメント」、つまり理想のモデルだけを提出しようとしている。自動的に発生する諸問題を先送りにして、積極的にモデルを提示したという解釈も可能だろう。だが、ここで重要なのが、天吾がおそらくは春樹の（長編）作品の中ではじめて「父」になっていることだ。

村上春樹についての批判の多くが、そのハードボイルド的マチズモの変奏によって獲得されたナルシスティックな男性主人公像の類型的な造形と描写に向けられていることは前述した通りだ。

『ノルウェイの森』を恋愛心理小説として読むと、あまりにも不自然な設定が目についてやりきれない気分になる。緑やレイコのような魅力的な女が、なぜワタナベ青年のような無自覚に権力的な――無自覚な権力は最悪の権力である――異性に関心をもち、愛情を抱いたりさえしうるのか。

●笠井潔「村上春樹スタディーズ(05)」若草書房／1999年

小倉　やっぱり吉行淳之介と似たようなものを感じるんです。なんかぬるぬるした、なめくじみたいな男。

富岡　とくに女に対して?

小倉　ええ。酷薄で、すごいエゴイスト。ところがみんなに、やさしい、やさしい、っていわれる。それが私わからない。どこがやさしいの、この主人公、ワタナベ・トオルくん。この子が病院に入ったらいいと思うんだけど(笑)。この子、病んでますよ。

富岡　この子、いわば普通の意味で親切――一見、親切風なのよね。

小倉　そうそう一見、親切に見えるけど、全然親切じゃない。

(中略)

小倉　私は、こういう文章が気にくわないんですよ。〈僕自身は知らない女の子と寝るのはそれほど好きではなかった。〉これは正直に書けば、「僕自身は知らない女の子と寝るのはまったく嫌いというわけではなかった。」（笑）。はっきり言ったらいい。そうでしょう。なんでこんなええかっこして書くの。

富岡　そういうとこはずいぶんあるわね。

小倉　それで、もっといやなのは、朝になって女の子が〈鏡に向って頭が痛いだの化粧がうまくのらないなどとぶつぶつ文句を言いながら、口紅を塗ったりまつ毛をつけたりする。そういうのが僕は嫌だった。〉ありきたりのただの女嫌いじゃないの（笑）。これのどこが新しい男なんですか、上野さん。

上野　（略）

富岡　（略）

上野　そう。だって人間の輪郭とか主体性とかいうのは、ふつうは能動性によって出るものでしょう。ワタナベくんには能動的なアクションが全然ない。彼にとってアクションはすべてまわりから起こってくる。だからワタナベくんという男がもし実在していたとしたら、彼にとっての幸運は、周囲の人間が、それほどおせっかいにも彼に手を出してくれているということ。

●上野千鶴子・小倉千加子・富岡多恵子「男流文学論」筑摩書房／1992年

小説内の登場人物の態度を倫理的に批判することとそれ自体（に留まること）はある意味においては空虚な行為だ。しかしここで重要なのは前述した通り、この種のレイプ・ファンタジィ構造に依存することではじめて春樹が「デタッチメントという名の（事実上の）コミットメント」という小説的回路を完成させていたことだろう。そのコストを性暴力的に「母」的存在に転嫁することで、コミットメントの快楽＝マチズモの密輸入による自己実現の回路を、春樹は極めて強固に築き上げたと言える。このナルシシズムの記述法はそれに共感し得る読者を強力に没入させる一方で、引用部に見られるような拒絶の態度を生む。

しかし繰り返すがここで重要なのは春樹の提示した新しいコミットメントのモデルが、現存する性差別的な社会構造を用いた意外なほど単純な操作によって成立している点だ。ビッグ・ブラザーが次第に壊死していく時代への鋭敏な嗅覚と豊かな想像力に支えられた春樹の小説世界が、その核のひとつをなす没入のシステム（ナルシシズムの記述法）において、驚くほど単純な既存の性差別構造に依存しているのだ。

もちろん、これまではある意味それでも構わなかった。80年代の春樹が描いてきたのは「世界の終り」（ナルシシズムの記述法）と「ハードボイルド・ワンダーランド」（正義／悪の再定義）の分裂だった。そしてこれまで見てきたように後者はどんどん衰微していき、前者が肥大した。そしてこのアンバランスこそが批評性として機能していた。だからこそ、春樹の描く主人公たちは「やれやれ」とナルシシズムを記述していれば良かったのだ。

しかし、地下鉄サリン事件（が象徴する世界の変化）は両者の再統合を要求した。『ねじまき鳥クロニクル』から『1Q84』に至る春樹の文学的格闘は、まさにこの再統合のための格闘だった。そして、そこで綻《ほころ》びが出現した。春樹が構築してきたナルシシズムの記述法を温存したまま、再びコミットメントを試みる（正義／悪を記述する）と、凡庸な性暴力的な回路が前面に出てきてしまうのだ。

そのため、当初は明確に連合赤軍からオウム真理教に至る現代的な――リトル・ピープルの生む「悪」への対抗という主題を強烈に打ち出していたはずの『1Q84』は、気がつけば三人称の文体でより直接的かつ淡白なレイプ・ファンタジィとして、いつもの男性主体のナルシシズムを確認するだけの物語になってしまっている。

その象徴が、本作に登場する「父」というモチーフだろう。春樹は、『1Q84』上梓のプロローグとして位置づけられる件《くだん》のエルサレム演説で実父を亡くしたことについてこう語っている。

> 私の父は昨年、九十歳で亡くなりました。彼は引退した教師であり、パートタイムの僧侶でもありました。（中略）父は亡くなり彼の記憶も共に消え、それを私が

知る事はありません。しかし父に潜んでいた死の存在感は今も私の記憶に残っています。それは父から引き出せた数少ない事のひとつであり、もっとも大切な事のひとつであります。

村上春樹の小説の多くが、少壮の既婚男性を主人公にしながらもまったくと言っていいほど子どもがいない設定を有しており、またこうした男性主人公の「父」が小説内に登場することもほとんどなかった。「父」というのは、まさに「不在の中心」として春樹の小説を強く規定していたと言える。

村上春樹はその後も「父にならない主人公」を描き続けてゆきます。彼の最大の代表作のひとつ『ねじまき鳥クロニクル』の、とつぜん出て行った妻を捜す「僕」を筆頭に、『羊をめぐる冒険』も『スプートニクの恋人』も、もちろん『ノルウェイの森』だって、主人公が子供を持つことはありませんでした。めだった例外は『国境の南、太陽の西』の主人公「始」で、彼は五歳年下の妻とのあいだにふたりの娘を持っています。けれども、その作品が『ねじまき鳥クロニクル』(の、もとになった短編「ねじまき鳥と火曜日の女たち」)から切り離されたスピンオフ的な作品であることが、かえって、子供を持つ主人公の設定が村上春樹にとってきわめて例外的であるのだと、強く証だてているようにも見えます。

●市川真人「芥川賞はなぜ村上春樹に与えられなかったか――擬態するニッポンの小説」幻冬舎／２０１０年

こうした背景のもと、決定的なコミットメントのモデル提示を意図した「機能の言葉」としての小説＝『1Q84』ではついに男性主人公が「父」になることになる。雷雨の夜、ふかえりに誘われたセックスの結果彼女の胎内に放たれた天吾の精子は、空間を超え、同時刻に「さきがけ」のリーダーを殺害した青豆を妊娠させる。そして再会後、青豆に妊娠を告げられた天吾はそれが自分の子であると確信し、「父」になることを受け入れる。

それが何を意味するのか、そのときはわからなかった。今だってその意味が正確に理解できているわけじゃない。でももし君がその夜に受胎したのだとしたら、そしてほかに思い当たる可能性がないのだとしたら、君の中にいるのは間違いなく僕の子供だ。

●村上春樹「1Q84〈BOOK3〉」新潮社／２０１０年

春樹はこれまで象徴的なレベルにおいて「予め妊娠の回避されたセックス」による受動的／責任転嫁的コミットメントにより男性主体のナルシシズムを記述してきた。だが

〈BOOK3〉で青豆が妊娠し、天吾が「父」になることを受け入れたことは、まさに決定的な展開だと言える。たとえばオウム真理教は価値相対主義を前提とし、歴史が個人の生を意味づけない（ビッグ・ブラザーを失った）リトル・ピープルの時代に耐えられない「弱い」若者たちが麻原彰晃という（矮小な）父への性急な依存として成立したものだった。「父」として機能することは春樹の小説においてまさに連合赤軍からオウム真理教に通じる「新しい悪」の象徴だったのだ。

父性というのはつねに大事なテーマでした。現実的な父親というより、一種のシステム、組織みたいなものに対する抗力を確立することは、大事な意味を持つことだった。エルサレム賞を受賞したときの「壁と卵」のスピーチにしても、システムの問題として語っているけれど、同時に父性原理みたいなものについて語っていたつもりです。自分を束縛しようとする力、それも論理的に束縛しようとする力という意味で。母性というのは、もう少し情念的な束縛だけど、父性というのは制度的な束縛であるわけです。それを振り払って自分が個であり自由であることを求めるのは、僕にとっての普遍のテーマです。

●「『考える人』村上春樹ロングインタビュー」新潮社／2010年8月

だからこそ、春樹は「父」になることを拒否していた。リトル・ピープルの時代の新しいコミットメントのモデルを提示できない状態で＝新しい正義／悪を記述できない状態で「父」になることを描くことは、すなわち象徴的に自らが麻原になることを意味するからだ。

そして、『1Q84』において春樹は新しい正義／悪を記述するのではなく、その問題を小説世界から後退させることで「父」になることを可能にしたと言えるだろう。たしかに『1Q84』は〈BOOK2〉から〈BOOK3〉にかけて、「世界の終り」と「ハードボイルド・ワンダーランド」の統合を試みた。〈BOOK3〉で第3の主人公に昇格した牛河とその犠牲による天吾（世界の終り）と青豆（ハードボイルド・ワンダーランド）の統合が、これにあたる。しかし、前者と後者の関係は対等ではない。〈BOOK2〉の結末で示唆された青豆の自殺は未遂に終わり、〈BOOK3〉における彼女の物語はただ天吾の物語に奉仕する存在になったことから明らかなように、この「統合」では「世界の終り」だけが生き残り「ハードボイルド・ワンダーランド」は消失したのだ。春樹はあるレベルにおいては確実に『ねじまき鳥クロニクル』以前に後退したのだ。

その結果「さきがけ」のリーダーは免罪され、リトル・ピープルも小説世界から大きく撤退し、天吾のナルシシズムの問題だけが残されることになった。この主題の後退の空白を埋めるのが、同作に登場する天吾とその「父」の和解だろう。青豆の妊娠に前後して、天吾は認知症を患い、入院中の父のもとを訪ねる。天吾とその父の間には当然対話は成立しない。

しかし春樹の小説では対話できないこと、すなわち自発的な対話ではなくより大きなものの力を借りた接続によるコミットメントこそが本質的なものになり得るのは、これまで見てきた通りだ。天吾の父は、作中にて愚かで、誤った存在として描かれる。NHKの受信料の徴収を生業とする（ビッグ・ブラザーの手先として社会の全体性を維持する）「集金人」だった天吾の父は、幼い天吾を休日に無理矢理集金に伴わせる。天吾はこの父の行為に極めて強い苦痛を覚える。加えて、天吾は乳児期の曖昧な記憶から、この父が本当の父親ではなく、自分は母親と別の男との不倫の結果生まれた子どもだという疑念を抱いている。天吾の父はその機能と設定、二重の意味において「誤った」「矮小な」父なのだ。その「父」を天吾は「許す」ことにより、自らも「父」となっていく。〈BOOK3〉はこの過程を——暴力や悪の問題が大きく後退し、この後退をもって「父」と和解し、自らも「父」となる過程をロマンチックに描き、幕を下ろす。

これが意味するものは何だろうか。これまで春樹は事実上コミットメントに舵を切りながらもその責任を性暴力的に他者性なき他者に転嫁することで回避してきた。つまり、『ねじまき鳥クロニクル』でオカダ・トオルがバットを握り締めた時点で春樹は既に「父」として機能していたと言える。ただ、その責任は回避されていた。そして『1Q84』においてついにその責任を（過剰なまでに）引き受けようとした。しかしその試みは失敗し、その結果春樹はバットで殴打すべき「敵（リトル・ピープル）」の存在自体を世界から消去して（後退させて）しまった。そして、『1Q84』には「世界の終り」＝ナルシシズム記述の問題のみが残されてしまった。この「ハードボイルド・ワンダーランド」の消失（父との和解）は、春樹の小説世界に「安心して父になれる」世界をもたらしたと言えるだろう。言い換えれば『1Q84』は〈BOOK3〉に至る過程でついに、「父になれば」＝コミットすればすなわち「誤った」「矮小な」父（連合赤軍、オウム真理教）として機能する、という春樹の小説世界を律していた「戒め」のようなものを解除してしまったのだ。

こうして60年代末の記憶が生む倫理的主題から解放された『1Q84』では、もはや「やれやれ」というアイロニカルな回路すら必要とされない。そこでは極めて直接的でほとんどサプリメントのような「父」になることの快楽／感動が提示されることになる。

たしかにそこには牛河という生贄の死が露悪的に強調され、そのコストを自覚的に引き受けよというメッセージが存在する。しかし牛河の遺体から出現したリトル・ピープルたちは少なくとも〈BOOK3〉の時点ではただ存在するだけで世界に作用しない。まるで『1Q84』における「悪」「暴力」という主題のように、ただ提示されるだけで展開はされないのだ。おそらく続刊においては、天吾がいかなる「父」として機能するのか、そのモデルが提示されることになるだろうし、牛河の遺体から発生したリトル・ピープル＝唯一残された「ハードボイルド・ワンダーランド」の痕跡の処理が問われることになる。しかし、この

〈BOOK3〉における春樹の(一時)撤退劇に、私はこの『1Q84』という小説そのものの限界を感じる。

春樹は『ねじまき鳥クロニクル』の時点で事実上既に「父」として機能していたのであり、あとは男性主体の自覚の問題(責任を引き受けるか否か)だけが残されていたはずだ。「父との和解」がもたらすのは、この内面における自覚の問題(「世界の終り」の問題)でしかなく、世界に対してその主体がいかに機能するのかという問題＝リトル・ピープルの時代の「悪」(＝矮小な父)と対峙するという問題(「ハードボイルド・ワンダーランド」の問題)には作用しない。春樹はオカダ・トオルにバットを握らせた時点で、その不可能性を引き受けた上でコミットする(「父」になる)道を歩んでいたのであり、本来そこで(春樹にとって)問われるべきは、いかなる「父」として機能するかという問題でしかなかったはずだ。しかし、春樹はこれまで見てきたように、ここで「母」的な存在にその責任を転嫁することで、本質的な問いを回避してきた。春樹は、「誤った」「矮小な」父ではなく、自らがよき「父」としての(コミットメントの)モデルを提示する(「世界の終り」と「ハードボイルド・ワンダーランド」を統合する)と宣言しては、それを回避し、また宣言するという往復を繰り返しているように思えるのだ。

私はここに、春樹の躓きを見る。そもそも連合赤軍もオウム真理教も、リトル・ピープルの時代に耐えられない人々を救済すべく「あえて」「その不可能性を引き受けて」父になることを選んだ存在だったはずだ。「よき父親」「よき物語」を描くことに踏み出したその瞬間に、そのコミットメントの内実は連合赤軍からオウム真理教への系譜に連なることになる。たしかに『空気さなぎ』に埋め込まれたワクチンによって、私たちはサリンを撒かずにはいられない「弱さ」を克服できるのかもしれない。しかし、「父」として『空気さなぎ』を大衆の無意識に埋め込むという行為こそがリトル・ピープル的――オウム的なものに映るのは私だけではあるまい。両者の間には量的な差のみが存在し、その本質は何も変わらない。春樹の躓きはこの困難がもたらしたものだ。それは「父になること」の意味づけをめぐる困難に他ならない。

阪神淡路大震災をモチーフにした連作短編集『神の子どもたちはみな踊る』の最後には『蜂蜜パイ』という短編が収められている。この小説は、主人公――春樹の小説に度々登場する中年男性が、「父」になることを引き受けるまでの物語だ。学生時代の淡い三角関係の結果、主人公の親友同士が結婚する。彼らは娘をもうけた後に別れ、主人公は残された母娘の事実上の新しい「父」として機能し始め、やがて娘が震災によって精神的外傷を負ったことをきっかけに、その立場を受け入れることを決意する。震災＝「みみずくん」という新しい「壁」という暴力に対して、春樹はゆっくりと「父」になることを引き受けることを選んだ。

だが、私はそこに現時点の春樹の文学的想像力の限界のようなものを感じざるを得ない。父性の回復それ自体を、私は一概に否定しようとは思わない。しかし問題は、まったく別のところに渦巻いているのではないか。今、物語が、想像力がなすべきは父性の回復なのだろうか。よき父、よき麻原彰晃になることなのだろうか。


私見ではこの問題については発想の転換が必要だと考える。リトル・ピープルの時代、不可避のコミットメントとその責任を引き受けざるを得ないという点において、私たちは誰もが（男性であっても女性であっても）誤った、矮小な「父」である。

私たちはたとえそれが無根拠であったとしても、何らかの物語にコミットして生きるしかない。『世界のすべての七月』に登場した若者たちはビッグ・ブラザーの解体（デタッチメント＝物語批判）に携わり、その営みが終了した後はその生の意味を見失った。そしてその空白を埋めるべく必要とされたのが再帰的なリトル・ピープルへのアクセス（コミットメント＝物語回帰）だった。春樹のデタッチメントが事実上「デタッチメントという名のコミットメント」だったように、私たちは自動的にコミットメントしてしまうのであり、「父になれない」のでも「父になる」のでもなく、ただそこに存在するだけで「父として機能してしまう」のだ。コミットメントを「父になること」として捉える以上、リトル・ピープルの時代を正確に捉えることは難しいのかもしれない。

グローバル／ネットワーク化は、私たちにとっての「コミットメント」のかたちを書き変えた。貨幣と情報のネットワークは世界をひとつに結んだ。その結果、私たちはただそこに存在するだけで、資本主義経済のゲームをプレイし、ネットワークに情報を吐き出すことになる。

たとえば、あなたが今朝コンビニエンス・ストアでサンドウィッチを買ったとしよう。あるいは、その商品を消費した感想をインターネット上のミニブログに呟《つぶや》いたとしよう。あなたの経済行為はグローバル資本主義のゲームの一部として機能するし、あなたが自分のメディアで発信した情報もまた、その商品と販売元の企業の名誉に関係していくだろう。もはや誰もが経済的主体であり、小さなメディアに成り得るのだ。

私たちは誰もが、老いも若きも男も女も、ただそこに存在しているだけで決定者、すなわち小さな「父」として不可避に「機能してしまう」。貨幣と情報を通じて自動的に世界にコミットしてしまうのだ。リトル・ピープルの時代を生きる私たちは、生まれ落ちたその瞬間から小さな「父」なのだ。

「父」になることはもはや達成ではない。私たちは否応なく「父」にされてしまうのであり、あとはこの不可避の条件にいかに対応するか、という問題だけが残されている。父性の回復は、既に自動的に達成されたものであり、それはもはや想像力の仕事ではない。よって、

「父」になることをロマンチックな自己実現として描いてしまったところに、村上春樹の躓きは存在する。

問題は既に、「いかにして父になるか／ならないか」には存在しない。自動的に発生する（小さな）「父」たち（リトル・ピープルたち）の相互関係にこそ、今、文学が立ち向かうべき問題は存在するのではないだろうか。世界に自動的に溢れかえった、無数の「父」たちのコミュニケーションにこそ、現代に出現した新しい「壁」を考える手がかりは隠されているのではないだろうか。

9　それはもはや、〈想像力〉の仕事ではない

村上春樹は9・11を契機に現代的な「暴力」を主題に小説を書いたという。しかしその試みは失敗している。それは春樹がグローバリゼーション下の暴力を、連合赤軍的、オウム真理教的な「父になれない」不安の産物と位置づけているためだ。現代における暴力とは、それまで出会うことのなかった（小さな）「父」たちが衝突するようになってしまったために発生する。私たちは世界がひとつになり〈外部〉を喪った世界の暴力について考えなければならない。

冒頭の問いに戻ろう。なぜ村上春樹だけが今日の文学的想像力として機能したのか。それは村上春樹が、ビッグ・ブラザーの自動的な壊死という世界史の構造を正しく受け止められ

た存在だったからだ。既に壊死を始めたものを打倒する行為（60年代末のラディカリズム）は新しい時代＝リトル・ピープルの暴力を生み、同様に既に壊死を始めた存在を解体することに意味を見出す態度＝「都市的な逃走線を引く」物語批判もまた、やがて解体の終了とともにその意義を失い空転してしまう。村上春樹は前者に対して倫理としてのデタッチメントという態度を示し、後者に対してはいち早く不可避のコミットメント（物語回帰）という問題を引き受けることで圧倒的な優位を示した。しかし、今やビッグ・ブラザーは完全に壊死し、無数のリトル・ピープルたち「だけ」が残されている。

この新しい世界——リトル・ピープルの時代において「その不可能性を自覚してコミットせよ」「あえて父になることを引き受けよ」という、春樹がロマンチックに演出した解答＝ゴールはむしろ前提＝スタートでしかない。問題は既に、こうして回復された「父」たちが無数にひしめく世界のあり方に移っているからだ。そのため、春樹は少なくとも現時点では——リトル・ピープルの時代の「悪」に、コミットメントに、具体的な像を与えることができていない。

春樹は現代における暴力を、悪を、連合赤軍からオウム真理教への系譜に代表させる。つまりそれは大きな物語が個人の生を意味づけなくなった世界（ビッグ・ブラザーが死んだ世界）に耐えられず、そのアイデンティティ不安を解消するために小さな物語を盲信し、かつそれを大きな物語だと錯覚すること（カルト的な想像力）だと位置づける。それが『1Q84』におけるリトル・ピープルという超自然的な存在が象徴する回路だ。そして春樹は、この暴力を生む回路に対峙すべく物語の力を行使しようとする。

たとえば春樹は2010年8月、ノルウェー・オスロの文化施設「文学の家」での講演で、同作執筆の動機にアメリカ同時多発テロの存在があったことを述べている。

「9・11が無ければ、米国の大統領は違う人になり、イラクも占領しない、今とは違う世界になっていただろう。誰もが持つ、そうした感覚を書きたかった」と話した。

●朝日新聞／2010年8月24日

また、別のインタビューではこうも語っている。

もし9・11が起こっていなかったら、今あるものとはまったく違う世界が進行しているはずですよね。おそらくはもう少しましな、正気な世界が。そしてほとんどの人々にとってはそちらの世界の方がずっと自然なんですよ。ところが現実には9・11が起こって、世界はこんなふうになってしまって、そこで僕らは実際にこうして生きているわけです。生きていかざるを得ないんです。言い換えれば、この今ある実際の世界の方が、架空の世界より、仮説の世界よりリアリティーがないんですよ。言うならば、僕らは間違った世界の中で生きている。それはね、僕らの精神にとってすごく大きい意味を持つことだと思う。

●「『夢を見るために毎朝僕は目覚めるのです』村上春樹インタビュー集（るつぼのような小説を書きたい）」文藝春秋／2010年

春樹は9・11をまるで物語のような「架空の世界より、仮説の世界よりリアリティーがない」出来事だと評した。そして私には、ここに春樹の大きな躓きが存在するように思える。

9・11――アメリカ同時多発テロが代表する現代の、グローバル／ネットワーク化が定着した「リトル・ピープルの時代」の暴力は、連合赤軍やオウム真理教の代表するカルト的な想像力とは明らかに異なっている。9・11的な暴力を規定しているのは、グローバル／ネットワーク化それ自体に対する反作用のようなものだ。世界をひとつにつなげるということは、〈外部〉がなくなるということだ。つながらないはずのものがつながり、分断され、すれ違っていたものが（確率的に）衝突してしまうことを意味する。個人が、カルトな想像力に依存しない強い心をもつことができれば――個人的にそれは大切なことだと考えるが――グローバル資本主義下における文明の衝突は、すなわち世界をひとつにつなげようとする力それ自体に対する反作用は避けられるのだろうか。私はそうは考えない。ここで必要とされているのは、人間個人の内面に対峙する思考ではなく人間と人間の間に存在する構造を分析し、そして考える思考ではないか。「いい父」と「悪い父」を分別する思考ではなく、「父」たちの無数に溢れかえる世界で不可避に発生する衝突を、回避する仕組みを追求する思考ではないか。私には、春樹が述べるように、ひとりひとりが「精神的な囲い込み」に抗い得る「強い心」をもち、「よい父」になれば〈9・11〉的な暴力を回避できるとは思えない。アルカイダのテロリストたちも、その報復者たちも、主観的には「よい父」であるに違いないからだ。

現代において、私たちは誰もが不可避に小さな「父」として機能してしまう。そして、世界は小さな「父」＝リトル・ピープルたちで溢れている。貨幣と情報のネットワークが世界をひとつにつなげた結果、これまでは触れ合うことすらなかった「父」同士が衝突するようになった。〈9・11〉に表れた新しい暴力、グローバル化の反作用の本質はここにある。

分断可能なものは分断し、対話のチャンネルが必要ならばそれを開くことなくしてはこの種の暴力に対峙することは難しい。そして、そのための思考は個人の内面にのみ照準を合わせていては獲得することができない。これは、グローバル／ネットワーク化を進行させる非人格的なシステムそれ自体の構造の問題なのだから。春樹の躓きは〈連合赤軍＝オウム真理教〉のイメージで〈9・11〉的な新しい暴力の問題を捉えてしまったことにある。

この問題は春樹という一作家の文学的想像力に留まらず、おそらく世界的な思想のトレンド、人々がその思考の際に用いる武器の射程距離に大きくかかわっている。

国内では90年代後半から、文芸批評や思想、哲学の社会的な信頼が失墜し、代わりに社会学や心理学、といった相対的に実用的な文科系の知がメディアを席巻したと言われている。

また、世界的には9・11以降、70年代に隆盛したアメリカ系の政治哲学が再び注目を集めている。リベラリズム、リバタリアニズム、コミュニタリアニズム――移民国家であるアメリカで育まれたこれらの知的体系は、ひとつの大きな盤上にまったく異なる価値観をもつ無数の人々（小さな「父」たち）が渦巻く世界における自由と平等とは何かを追求する知だ。言い換えればそれは、小さな「父」たち＝リトル・ピープルたちの関係性を問い、調整する知だ。そして、今、世界がまさに情報と貨幣のネットワークで結ばれ、無数の「小さな父」たちがひとつの盤上で渦巻く世界を実現しつつある、グローバリゼーションの時代を迎えている。世界中がアメリカ的な状況下に置かれた今、これらの政治哲学はひとつにつなげられてしまった世界の盤上で確率的に発生し得る衝突――まさに現代における暴力の問題に対峙し得る思想として再召喚されたのだ。

私見では、これは知的ジャンルのトレンドの問題に留まらず、より大きな問題の部分出力に過ぎないのではないかと考えている。ビッグ・ブラザーの壊死が物語批判の有効性を消滅させたと同時に、大陸系の権力論を中心として展開されていた知的な枠組みそれ自体がその有効性を縮退させていったのではないか。

哲学者の東浩紀は、このトレンドの推移を批判的に論じながらも20世紀後半に培われた大陸系の「現代思想」の射程距離の限界についても繰り返し指摘している。そのメルクマールのひとつを9・11に置く東は、たとえば社会学者・大澤真幸との対談で、同事件に対するラカン派の思想家スラヴォイ・ジジェクの混乱した対応を念頭に以下のように発言している。

> この一〇年間、日本では文学や思想の言葉はどんどん影響力をなくしていっているわけです。そしてその凋落《ちょうらく》を埋め合わすように、心理学や社会学のレトリックが急速に整備されている。この現象の背景にあるのが、まさに「動物化」なわけです。
>
> 二〇世紀の思想は、生物的身体が政治的身体に、つまり動物が人間になった後の社会のことばかり考えてきた。その果てがシミュラークル化であり、ポストモダン化だったわけだけれど、ところが今や時代の針はぐるりと回って、秩序編成の焦点は、シミュラークルどころか、剝き出しの生の管理（セキュリティ）になってしまった。これはもはや哲学の領分ではない。こちらについて語るのは、哲学の洗練された言葉よりも、フィールドワークやカウンセリングの言葉の方が適している。
>
> ●東浩紀・大澤真幸「自由を考える 9・11以降の現代思想」NHK出版／2003年

これは、決して抽象的な思考の場所の消失を意味するものではない。たとえば東は右記の発言にこう続けている。

データベース的な領域と言ってもいいし、情報管理的な領域と言ってもいいし、生物的身体の領域と言ってもいいんですが、こちらの秩序の様態について、多少とも思想的で抽象的な用語で語る用意はしておいたほうがいいと思う。

（同前）

より踏み込んで、私はこう考える。リトル・ピープルの時代とは、かつて「壁」と呼ばれたものを人格のイメージで表現し、そして物語としてその正当性を説明することが難しくなった、共有できなくなった世界が到来した時代のことだ。そんな世界において、私たちは自己と向き合い、内面に問いかけ続ける思考を維持するために「こそ」非人格的なシステムと化した巨大なものについて、「壁」について考えなければならない。なぜならば、「壁」と「卵」の関係を決定していた装置＝ビッグ・ブラザーの語る大きな物語が失効してしまった今、私たちはこれまでとは異なるかたちで「壁」＝巨大なものについて考えることで内面を獲得するしかないからだ。「壁」との関係を考えない「卵」の思考は、ほんとうの意味で自己に向き合うことを意味しない。それはどこまで行っても、鏡に向かってポーズをつけているだけにしかならないだろう。そして「壁」について考える新しい方法として召喚されたものが、前述した人間の内面よりも、人と人の間の構造に注目するタイプの思考に他ならない。私たちはこの新しい「壁」、非人格化された巨大なもの＝システムについて考える言葉と、そこにアプローチするための想像力を手に入れるためにこそ、それを分析するための新しい言葉、人と人の間の構造に注目するタイプの思考を通過する必要があるのではないか。

そして「父になること／ならないこと」に拘泥し続ける現時点での春樹には、この想像力が足りないのではないか。9・11を、誰もが自動的に小さな「父」として「機能してしまう」世界を現実として受け止め、それを書き換えていく想像力が、小さな「父」たちの関係性に働きかける想像力が、今の春樹には足りないように思えるのだ。

グローバル／ネットワーク化によって完成されたリトル・ピープルの時代において、私たちはもはや「父になる／ならない」といった問いに突き当たることはない。私たちは誰もが小さな父（リトル・ピープル）として、生まれ落ちたその瞬間からただ存在しているだけで自動的に「機能してしまう」のだから。

そんな世界において、「デタッチメントからコミットメントへ」はもはや現代に機能する命題にはなり得ない。現代は既に「コミットメントしかない時代」なのだから。『世界のすべての七月』の登場人物たちがダートン・ホール大学で過ごした反戦運動の日々、あるいは「直子」が自らその命を絶った日から40年の月日が経った現在——春樹自身が述べるように「もうビッグ・ブラザーの出てくる幕はない」。ビッグ・ブラザーは完全に壊死し、大きな物語は消失した。あとはリトル・ピープル——小さな物語へのコミットメントの問題「だけ」が残されているのだ。しかし「父になること」をロマンチックに問題化し続ける春樹は、リトル・ピープルの時代の手前で立ち止まっていると言わざるを得ない。この新しい世界＝リトル・ピープルの時代、私たちは貨幣と情報のネットワークに不可避に接続されてしまい、誰もが小さな「父」（決定者）として無条件に「コミットメント」させられてしまうのだから。問題は既に、小さな「父」たちのコミュニケーションに移っているのだから。

翻訳することによって、作家としての勉強をするんだということ。昔の人が写本写経するみたいに、英語を一語一語日本語に移しかえて、言葉の使いかた、文章のリズムのとりかた、どんなふうに小説を書くかということを、そこから学びとる。僕にはとくに文章の先生もいないし、ものを書く仲間もいないし、小説の書きかたもろくに知らなかった。そのかわりに、翻訳することで、小説の構造を細かく実地に学んできたところが多いです。僕にとっての学校みたいなものです。

三つめは言語的な問題です。僕が小説のなかで何かをパラフレーズする、つまり書き換えることをどのようにやっているかは一日目にもお話ししましたけど、翻訳は言語対言語でその置き換えをやっているわけです。つまり、小説のパラフレーズと一種の呼応関係にある。この英語を日本語に置き換えたらどうなるか、というのは頭のなかでパズルをやっているのにも近くて、だからいくらやってもあきないし、その置き換えはひとつひとつできるだけ正確にやらなくちゃならない。

●『考える人』村上春樹ロングインタビュー」新潮社／2010年8月

村上春樹は引用文のように、常に言語の二重性をもってその文学を構築してきた。春樹はその二重性をもって、文体的にも、そして物語面でも強い表現を構築する回路として用いていたことが窺える。そして両者は、たとえば戦後的な政治性——冷戦下のサンフランシスコ体制という大きな物語的装置＝ビッグ・ブラザーによって密接に関連づけられ、連動していたとも言える。たとえば文芸評論家の市川真人は下記のように春樹の小説を形成する回路について解説する。

（村上春樹は）「複数言語による思考の分割がなかったら」自分にとっての小説はうまく書けなかっただろうと語っていますが、その「複数」とは、標準語と関西弁であるとともに、英語でした。（中略）そのために彼は、あの『風の歌を聴け』の冒頭数頁、つまり「村上春樹」の小説のいちばんはじめの数頁を、英語で書いたといいます。

そのとき書かれたのは、「僕」が書くことについての記述であるとともに、先にも記した通りデレク・ハートフィールドについてのくだりなのですから、まさにそれは「擬態」である自分を何重にも意識する「数頁」（架空の作家について書くという擬態、英語で書くという擬態……）でした。そこでは、彼にとって通底するふたつの「論理的束縛」、つまり自分たちが考え書くことの基盤としての言語と、自分たちが生きる社会そのものの根底にある「アメリカ」とが、ねじれたかたちで相互に照らしあうことになります。日本語でアメリカの架空の作家について書くことは日本語という言語の拘束について思考させ、英語で書くことが近代日本社会の〝根っこ〟にあるアメリカ性を思い浮かばせる……。

●市川真人「芥川賞はなぜ村上春樹に与えられなかったか――擬態するニッポンの小説」幻冬舎／2010年

しかし冷戦が終結し、グローバリゼーションが世界を覆う現代、市川の指摘する回路は大きく変質し、後退したと言わざるを得ない。少なくとも物語面においては、リトル・ピープルの時代＝グローバリゼーションとネットワーク化の時代においては、国家という制度を利用した回路の機能が決定的に低下することを意味する。グローバル資本主義というシステムが国民国家の上位に存在する現代、もはや国家を疑似人格＝ビッグ・ブラザーとして捉え、精神分析にかけるような作業は意味をなさない。かつて日本という文化空間を去勢し、永遠の12歳の少年に留めていた（と、される）サンフランシスコ体制の意味づけは冷戦終結によって決定的に変化した。それは日本が「普通の国」に「成熟」したことを意味するのではない。国家＝人格と見做す行為に意味がなくなったのだ。

たとえば日本にとっての「アメリカ」というアイコンは、もはや母を寝取り、息子を去勢する「父」ではない。「基地の街」「黒人兵のペニス」というモチーフは物語的想像力から消え去った。かつて「アメリカ」という国家＝疑似人格としてこの国の文化空間を規定していた存在は、スターバックスやマクドナルド、あるいはウインドウズ・マシンといった価値中立的な「環境」として、より決定的に私たちの生を規定している。しかしこれらの環境＝グローバリゼーションにアメリカという国家の「顔」を見ることは難しい。グローバル資本主義を体現するシステムは常に国家の上位にあり、複数のプレイヤーによって自動更新されるその巨大な存在に、特定の歴史＝物語を継承した疑似人格としての国家を読み込むことは極めて難しい。もはや、こうして国家を精神分析にかけるような行為には意味がない。それでは「巨大なもの」への想像力を取り戻すことはできないのだ。

大きなものにもはや人格は存在しない。不可避の環境として存在する非人格的な巨大なもの＝資本主義ネットワークの上で、無数の小さなものたちのコミュニケーションが展開しているのだ。私たちは、その意味においても誰もが自動的に（小さな）「父」として機能してしまう世界について、考えなければならない。

村上春樹はビッグ・ブラザーがゆっくりと壊死する時代に私たちの生が直面する二重性を、その鋭敏な嗅覚で察知し、小説として再構成し数々の豊かな想像力を発揮した。しかし、完全にビッグ・ブラザーが死に絶え、リトル・ピープルだけが存在する新しい世界を、新しい時代の私たちと世界との関係を、「巨大なもの」のイメージを、彼は多くの手がかりを提示しながらもまだ捉え切れていない。

内外で圧倒的な存在感をもつあの村上春樹の想像力ですら、加速度的に進行するこのリトル・ピープルの時代に追いつくだけで精一杯なのが現状だ。これはある種の――かつて「文学」と呼ばれた想像力の敗北でもあるだろう。

しかし、幸いにも私たちの身近には春樹の小説以外にも豊かな想像力が数多く存在する。それは冒頭に述べた通り、春樹に置き去りにされて久しい日本の現代文学たちではあり得ない。その国内における市場的評価と国外における文化的評価において、春樹と比肩し得るのは市場の無意識と常に対峙してきたポップカルチャー群に他ならない。

私たちは、これらのポップカルチャー群を参照することによって、春樹の想像力をもってしてもイメージ化できなかった新しい世界について考えることができる。

それは思考の場所を人間の内面から人間たちの間へ、作家の自意識から市場とネットワークに渦巻く消費者たちの無意識へ拡大することでもある。私たちはもはや、想像力について個人の内面や自意識に還元して考えるべきではないのだ。人と人との間に存在する構造について、市場とネットワークに溢れる消費（者）の無意識を思考の射程に収めることではじめて、私たちはリトル・ピープルの時代の「壁」と「卵」の関係を捉え、書き換えていくための想像力に近づくことができる。そのためにも、私たちはここで改めて、市場とネットワークの無意識と結託し続ける想像力＝ポップカルチャーについて考えることが必要だ。

ビッグ・ブラザーからリトル・ピープルへ。春樹をその入り口で立ち往生させるこの決定的な世界の変化について、次章ではこれまでとはまったく異なるポップカルチャーの固有名詞群を導入することで再検討してみたい。

私が今から述べることは冗談のように聞こえるかもしれない。しかしそれで構わない。文学がそうであるように、批評にもまた想像力が必要だ。冗談のように聞こえない批評には何の力もない。もちろんこれは比喩だが、本気の比喩だ。この比喩を用いることで、私たちはリトル・ピープルの時代により深く〈潜る〉ことができるはずだ。私が今から導入する固有名詞群は、たぶん一般的には春樹からとてつもなく遠く離れた存在だと考えられている。しかし、だからこそ可能性を秘めている。こうして遠く離れたもの、つながらないはずのものをつなげることこそが、春樹の言う「井戸」を掘って掘って掘っていくと、そこでまったくつながるはずのない壁を越えてつながる、というコミットメントに他ならないからだ。では、さっそく「壁抜け」のための思考を始めよう。

ビッグ・ブラザーとはウルトラマンであり、リトル・ピープルとは仮面ライダーである。

第二章　ヒーローと公共性

1　ヒーローという回路

ビッグ・ブラザーとはウルトラマンであり、リトル・ピープルとは仮面ライダーである――。本章では春樹が書き続けた1968年から現在までの歴史――ビッグ・ブラザーが徐々に壊死し、リトル・ピープルの時代を迎えるまでの時間をウルトラマンと仮面ライダー、日本を代表するふたつのヒーロー（番組）の分析を経由して振り返る。まさに60年代の「政治の季節」に誕生したウルトラマンと、70年代の「政治の季節」の終わりに誕生した仮面ライダー――商業的に「正義」を記述「させられてしまう」ヒーロー番組が社会現象化したとき、そこにはまさに市場に点在する人々＝リトル・ピープルたちの無意識が獲得した想像力が描き出す「正義」の像を結ぶのだ。そしてこの「正義」は春樹が模索した「コミットメント」の問題と相似形をなす。

ビッグ・ブラザーとはウルトラマンであり、リトル・ピープルとは仮面ライダーである——本章では村上春樹が（少なくとも現時点では）積み残している問題について、国内のヒーロー番組の分析を通じてアプローチする。

なぜウルトラマンと仮面ライダーなのか。

第1に、これらの作品群は前述のように村上春樹にある程度匹敵する国内市場による存在感と海外における文化的評価を保持しているからだ。この点においては少なくとも、現代の春樹以外の純文学作家を挙げるよりは圧倒的に妥当性があるだろう。

また、ウルトラマン／仮面ライダーは、それぞれ60年代／70年代に社会現象化することで国内のポップカルチャー全般に決定的な影響を与えている。両作品ともに諸外国のヒーロー作品には見られないいくつかの明確な特徴を有しており、ウルトラマン／仮面ライダーの出現によって「日本的ヒーロー」とも言うべき雛形＝想像力のルールが確立されたと言っても過言ではない。両作品（両シリーズ）がともに戦後の高度成長から消費社会への移行期に出現しその影響力を行使していったことを考えれば、これら「日本的ヒーロー」の分析が日本の消費社会受容を考える上で大きな示唆を与えてくれることは想像に難くない。日本的ヒーローとは、現代の消費大国日本における「日本的なるもの」を象徴する存在なのだ。

第2にこのふたつのシリーズの軌跡が、村上春樹のそれと時間的に一致することが挙げられる。それぞれのシリーズの端緒となる『ウルトラQ』『ウルトラマン』の放映開始は1966年、『仮面ライダー』の放映開始は1971年であり、両シリーズはともに40年前後の歴史を有している。この40年という時間は、春樹があの「60年代末のラディカリズム」と「直子」の死（が象徴するもの）を体験してから現代に至るまでの時間であり、『世界のすべての七月』に登場したダートン・ホール大学の学生たちが年老いた「リトル・ピープル」になるまでの時間でもある。ウルトラマン／仮面ライダーの軌跡を追うことは、春樹が格闘してきた時代を別の視点からなぞることになるのだ。春樹の40年は、ヒーローたちの40年でもあり、そしてウルトラマンと仮面ライダーはともにこの長くて短い時間を戦ってきたのだ。それも、現代においては原理的に不成立のはずの「正義」の執行者として、その不可能性に対峙しながら。

そう、これが私がヒーロー番組を取り上げる3つ目の、そして最大の理由だ。

国内における代表的なヒーロー番組であるウルトラマンと仮面ライダーは、60年代の「政治の季節」の極相、あるいは70年代初頭に訪れたその「終わり」の季節に登場し、社会現象の担い手となった。それは同時にこれらのヒーローたちが正義なき時代を前提として引き受けることを意味した。言い換えれば、「68年の記憶」から出発した村上春樹が直面した新しい正義／悪の問題を自動的に内包することを意味した。なぜならばヒーローたちはその商業的な制約ゆえに正義なき時代の正義を追求「せざるを得なかった」からだ。そんな宿命を背負ったヒーローたちはそして、春樹を動揺せしめた1995年の衝撃――オウム真理教による地下鉄サリン事件が象徴する社会の変化、「戦後」的社会の終わり、グローバル／ネットワーク化時代の到来＝リトル・ピープルの時代の到来といった時代の変化にも、敏感に反応「せざるを得なかった」のだ。

皮肉にも、男子幼児の成長願望とナルシシズムを「正義」という回路によって記述することを商業的に宿命づけられたヒーロー番組は、作家たちの自意識とは別のレベルで、コミットメントの問題に他の何者よりも深く、あるいは過剰に追求せざるを得なかったのだ。市場に渦巻く消費者たちの無意識に対峙せざるを得ない、その商業的な制約こそが、ヒーロー番組に過剰なもの――たとえば春樹が追求してきたふたつの物語＝「世界の終り」（ナルシシズムの記述）と「ハードボイルド・ワンダーランド」（新しい正義／悪の記述）への対峙――を宿命的に要求したのだ。

ヒーロー番組は（すべての物語がそうであるように）子どもだましで、嘘つきだ。私はそこで描かれる「正義」に直接的に共感もしなければそこに「新しいコミットメント」の具体的なモデルが存在するとも思わない。しかし、これらの想像力が結果的に肉薄している地点に立ち、提示したイメージを受け止めることから、私たちがこのリトル・ピープルの時代を考える上で得られる示唆は途方もなく大きいのだ。

では、さっそく始めよう。とりあえず次節では、春樹が学生時代を過ごしダートン・ホール大学の学生たちが反戦運動を通じ輝ける生を手にしていたあの頃へ——60年代後半、「政治の季節」の極相、ビッグ・ブラザーの臨界点だったあの頃へさかのぼろうと思う。

	ビッグ・ブラザーの時代	（ビッグ・ブラザーの解体期）	リトル・ピープルの時代
年代	～１９６８	１９６８～１９９５（日本）／２００１（世界）	１９９５／２００１～
国際秩序	冷戦	冷戦↓グローバリゼーション	グローバリゼーション
壁（世界構造）	国家権力	国家権力↓ネットワーク	（貨幣と情報の）ネットワーク
壁のイメージ	ビッグ・ブラザー（疑似人格） オーウェル『一九八四年』	ビッグ・ブラザーからリトル・ピープルへ （ビッグ・ブラザーの捏造）	リトル・ピープル（非人格的システム） オブライエン『世界のすべての七月』
戦争	国民国家間の総力戦	冷戦下の代理戦争	テロの連鎖
悪	ファシズム、スターリニズム	連合赤軍、オウム真理教	原理主義など
悪の原因	権力への意思（大きな物語の強制）	アイデンティティ不安小さな物語の暴走）	システム化の反作用（小さな物語間の衝突）
悪のイメージ	？？？	？？？	？？？
ヒーロー	？？？	？？？	？？？
ロボット	？？？	？？？	？？？
卵	（ビッグ・ブラザーからの）デタッチメント	デタッチメントからコミットメントへ	（リトル・ピープルへの）コミットメント
アメリカ	黒人兵のペニス		環境（Google, Amazon, マクドナルド）
問題	大きな〈父〉の解体		小さな〈父〉たちの調整

2　怪獣たちの〈戦後〉

戦後を代表するヒーロー番組『ウルトラマン』は、戦後の文化空間において「安保体制の寓話」として機能した。戦時下の戦意高揚映画をそのルーツにもつ円谷怪獣映画は、怪獣＝軍隊という比喩的な想像力を戦後の文化空間に定着させたのだ。そしてそのひとつの到達点である『ウルトラマン』『ウルトラセブン』は、第1次怪獣ブームを担いながらも国民国家的なイデオロギーそれ自体の仮構性に正面から対峙し、その矛盾を孕む物語と「ならざるを得なかった」のだ。

1966年に放映された『ウルトラマン』は国内におけるヒーロー番組のエポックメイキングであり、そして代名詞と言える存在だ。同作は放映開始と同時に社会現象と言える人気を博し、類似企画が当時のテレビ番組編成を席巻し、関連商品の売り上げを含め「怪獣ブーム」をかたちづくった。

舞台は近未来、国連傘下の機関「科学特捜隊」が巨大怪獣の暴走や宇宙人の侵略から市民社会を守るべく、その科学技術の粋を凝らした装備を駆使して戦う。しかし、怪獣や宇宙人の脅威に彼らのみで対抗することは難しい。そこで登場するのが「光の巨人」ウルトラマンだ。ウルトラマンは外宇宙に存在するM78星雲から飛来した宇宙人で、身長数十メートルの巨体を有し数々の超能力を操る。番組は毎回、怪獣や宇宙人の出現で始まり、科学特捜隊の対応とその苦戦を経て、ウルトラマンによる怪獣／宇宙人の撃退というフォーマットに従って展開される。

巨大怪獣／宇宙人の都市破壊と、それに対応し得ない地球人類による対抗組織、そして事態の解決のために登場する超越的な巨大ヒーロー――この物語構造＝フォーマットは、その後『ウルトラセブン』に始まる（事実上の）続編企画やシリーズの亜流にも、現在に至るまで概ね踏襲されている。『ウルトラマン』は国内におけるいわゆる「巨大ヒーロー」のフォーマットを整備したという点においてエポックメイキングなのだ。

そしてここで重要なのは、巨大怪獣／宇宙人あるいはウルトラマンが代表する巨大ヒーローとは、事実上「軍隊」の比喩として機能していたことだ。

なかでも放射能を大量にあびることによって怪獣となってしまった生命体という発想はしばしばあった。なかには直接、広島・長崎における被爆者たちにたいして、また被爆二世にたいして差別的である発想すらもがあらわれた。それらは核兵器の人類にあたえる悲惨についての、科学的・実証的な認識に立たぬことにおいて、根本的に差別的であった。しかもなお被爆ということについて、いいかげんにタカをくくった妄想をくりひろげることにおいて、むしろ悲惨の拡大を望みもとめるような想像力のたてかたにおいて、細部の発想のすみずみまで差別的であった。現実に根づかず原理にそくしていない「被爆」のつたえかたにおいて、広島・長崎の経験の子供たちへの伝承の、まともなかたちをおしつぶす可能性を考えれば、それは未来にわたっても差別的であった。そしてこの差別的な性格は、直接に被爆者をあつかっているのではない発想においても、放射能と怪獣というむすびつきが考えられているあらゆる怪獣映画において、あらためて検討されねばならぬであろう。

●大江健三郎「『状況へ』（破壊者ウルトラマン）」岩波書店／1974年

異者《エイリアン》の侵略に対して、とりあえず地球防衛軍で対処する。そして、力が及ばない時に、それがほとんどいつものなのだが、ウルトラマンが登場する。地球防衛軍は〝ウルトラマンの傘〟の下にあるのだ。思えば、防衛軍の隊員が〝胸につけてるマークは流星、というのも、星条旗の星の一つを連想させるし、ウルトラセブンという名前もアメリカ第七艦隊を想起させる。

●呉智英「怪獣の名前には、なぜ『ラ行音』が多いか？ 神学としてのウルトラマン研究」「怪獣学・入門！」（別冊宝島 映画宝島VOL.2）」JICC出版局／1992年

ウルトラマンの敵は概ねふたつのパターンに分類される。第1のパターンは何らかの理由で都市部に出現した凶暴な巨大怪獣の類であり、都市を破壊から守るためウルトラマンは怪獣を排除しようとする。第2のパターンは明確に侵略の意図をもった宇宙人であり、この場合はより具体的に異星国家からの侵略に対抗するためにウルトラマンは戦うことになる。いずれにせよウルトラマンは社会体制を破壊から守るために戦っているのであり、事実上「軍隊」としての役割を果たしている。

巨大怪獣／宇宙人とはソビエト連邦、中国といった「東側諸国」の軍隊であり、科学特捜隊やウルトラ警備隊といった人類による防衛組織が自衛隊、そしてウルトラマン、ウルトラセブンといった超越的な巨大ヒーローはアメリカ軍――「ウルトラ」シリーズの初期作品『ウルトラマン』（1966年）、『ウルトラセブン』（1967～68年）の2作をサンフランシスコ体制の比喩として位置づける試みは80年代～90年代のポップカルチャー批評において呉智英、佐藤健志などよって繰り返されてきた。両作品が制作、放映されたのはちょうど

『世界のすべての七月』の登場人物たちがベトナム反戦運動にコミットし、そして村上春樹の小説に登場する「僕」が心に深い傷を負った頃——つまり、冷戦下の、それも60年代のラディカリズム、政治の季節の頃だ。そんな中、高度成長期の日本の街並みを襲う怪獣や宇宙人はいわば東側諸国の侵攻軍のようなものであり、それを撃退すべく組織されながらも見るからに戦力不足の「科学特捜隊」や「ウルトラ警備隊」といった防衛組織は日本の自衛隊、そして防衛組織に代わって侵略者を退治してくれる友好的な宇宙人＝ウルトラマンやウルトラセブンは在日米軍、という見立てが成立する。

この物語構造は演出上ウルトラマンやウルトラセブンが、都市を破壊から守ることを直接的な目的として戦っているように見えることによって結果的により強調されることになる。つまり『ウルトラマン』シリーズは、ウルトラマンが身長数十メートルの巨人であり、その「敵」が街並みを破壊する巨大怪獣に設定されている時点で否応なく国家の暴力＝軍隊の比喩として機能してしまう宿命を抱えていたと言えるだろう。ウルトラマンとはビッグ・ブラザー的なヒーローなのだ。

この比喩関係は『ウルトラマン』の制作会社である円谷プロダクションの来歴を考えればより鮮明に浮かび上がる。同社は「ゴジラ」シリーズを中心に、「ウルトラ」シリーズ（『ウルトラQ』『ウルトラマン』シリーズなど）の原型となった東宝怪獣映画の多くを担当しており、日本の特撮映画／テレビ番組の中核をなす存在だ。創業者である円谷英二は独自の特撮技術を開発し、戦前から映画界で活躍していたが、その技術を政府に評価され戦時中は当時所属していた東宝の社員として数多くの戦意高揚映画の制作にかかわった。後に円谷が怪獣映画などで駆使する特撮技術の多くがこの時期の戦意高揚映画の作成の中で培われたと言われている。そして終戦後、公職追放で一時期東宝を追われるが後に復帰、戦争映画などの特技監督を務める傍ら、日本初の本格特撮映画『ゴジラ』を発表し、国内に「怪獣映画」というジャンルを確立することになる。

広く知られているように同作に登場する怪獣ゴジラはアメリカの核実験によって怪獣に変異した古代生物であり、１９５４年の公開当時、東京を焼け野原に変えるゴジラの襲撃は空襲の再来を想起させるイメージとして機能した。円谷的な想像力とはその来歴から明らかなように、少なくとも60年代までは国家や軍隊といった大文字の「政治」性と密接な関係をもち、そこで描かれる巨大なもの（怪獣など）による都市破壊は、国家による暴力――つまり戦争による社会破壊が重ね合わされてきた。

国内における怪獣映画とは、否応なく国家の――ビッグ・ブラザーの暴力という主題をその表現に内包させてしまう回路だった。そして、その刻印を否応なく背負わされてしまった円谷怪獣映画のテレビ版として出発した「ウルトラ」シリーズは、第1作『ウルトラQ』から第2作『ウルトラマン』への移行期に「正義の味方」＝ヒーローの導入という商業的要請によって、より決定的にこの主題の前面化から逃れられなくなったのだ。アメリカという父親の介入なくしては、自立し得ない永遠の「12歳の少年」である（良くも悪くも）「未成熟」な国家としての日本という回路が社会／文化に与える「ねじれ」が、構造的に『ウルトラマン』という表現を強く規定することになったと言える。

誤解しないでほしいが、これは決して『ウルトラマン』や『ウルトラセブン』という番組が、たとえばかつての戦意高揚映画のようなアジテーション性が前面化した作品であることを意味しない。むしろ逆でこの2作の脚本にはいずれもサンフランシスコ体制的な、つまり戦後日本がその根本から抱えた「ねじれ」に通じる問いに正面から突き当たり、そして迷い、立ち往生するその課程を描いているエピソードが頻出している。たとえば評論家の佐藤健志はこれらの作品にまさに「アメリカの傘に隠れ」「自立できない」戦後日本の欺瞞を読み込み、そのイデオロギー性が脚本を破綻させていると批判し（『ゴジラとヤマトとぼくらの民主主義』）、同じく評論家の切通理作は金城哲夫以下、初期「ウルトラ」シリーズを支えた脚本家たちの評伝という形式を取りながら、戦後社会が抱えた「正義」をめぐる問題に彼らがどう向かってきたかを考察している。

彼らの書いた物語は、けっして勧善懲悪でも明朗快活でもなかった。〈ウルトラマン〉が作られたのは六〇年代の日本。東京オリンピック、新幹線、首都高速道路開通、所得倍増……敗戦後の暗さ貧しさを吹っきり、世の中すべてが明るい未来を夢見ていた高度経済成長の時代だ。そうした風潮と彼らシナリオ作家たちの書いた物語はズレていた。

●切通理作「怪獣使いと少年」宝島社／1993年

当時が世界的な学生反乱の時代、「政治の季節」であったことを考えれば、「世の中のすべてが明るい未来を夢見ていた」というのはコインの裏表と言える状況の一側面のみを捉えた表現のように思える。しかしこの切通の指摘で重要なのは、金城以下の作家たちが社会的な回路――ここではサンフランシスコ体制のもたらした「ねじれ」を用いて（「ねじれ」に向き合うことで）その表現を深化させていたことである。

つまり正義のヒーローが悪を倒すという物語を番組上強制され、かつその構造がサンフランシスコ体制のそれに酷似していたがゆえに、番組の制作者たち――特に脚本家たちはそこに存在する矛盾や欺瞞といった問題を引き受けざるを得なくなったのだ。番組としての制約上、否応なく対峙せざるを得なかった社会的な回路が脚本を深化させたのだ。

たとえば前述の切通は、『ウルトラマン』において強く主張されるコスモポリタニズムに沖縄人としてのアイデンティティの問題に対峙し続けてきた金城の理想主義を、「故郷は地球」「空の贈り物」といったエピソードからは脚本を担当した佐々木守の戦後民主主義へのアイロニカルな態度を指摘する。これらの表現を支える回路は、いずれもウルトラマンという物語構造そのものが自動的に読み込む大文字の政治性にこそ支えられていた。

このサンフランシスコ体制下の寓話に「ならざるを得なかった」『ウルトラマン』という作品は、いわばビッグ・ブラザーという「壁」に支えられた想像力の産物だった。だからこそ『ウルトラマン』はその結末において、人類のウルトラマンからの自立を、希望に満ちたものとして描き、幕を閉じることになる。「政治的なもの」との緊張関係は『ウルトラマン』という物語に自己言及性を常にもたらしたのだ。戦後という「近代」の偽装が生んだ「ねじれ」こそが金城たちの戦後民主主義への拘泥をアイロニカルに作用させたと言えるだろう。

そしてそれは同時に、「ウルトラ」シリーズが世界史的なビッグ・ブラザーの壊死——1968年に始まる60年代末の（70年代の）ラディカリズムの衝撃を作家たちの自意識とは異なった、より深層に近いレベルで受け止めざるを得ないことを意味した。奇しくも1967〜68年に放映された『ウルトラセブン』は、まさに「政治の季節」の臨界点に始まったビッグ・ブラザーの壊死を体現する作品として登場したのだ。具体的には『ウルトラセブン』においてはこのサンフランシスコ体制の比喩としての物語構造が前面化することになる。

まず『セブン』の敵は、すべて異星人（とそれに操られる宇宙怪獣）に統一された。

（中略）

そこで人類は自衛のために地球防衛軍を設立する。そして、地球防衛軍の精鋭を集めたウルトラ警備隊の物語が『ウルトラセブン』だ。

ここでいう「人類」とは「日本人」のことであり、「地球」というのは、軍事的大国のなかで翻弄される「日本」のことだ。金城（引用者註：金城哲夫、『ウルトラマン』『ウルトラセブン』などの脚本を担当）がこの状況設定に、当時、ベトナムやキューバで繰り広げられていた植民地戦争や大国間の代理戦争を暗喩していたのは間違いない。

（同前）

あるいは『ウルトラセブン』に参加した脚本家の市川森一は当時を振り返りこう語っている。

『ウルトラセブン』の作品群を振り返ってみると、ハッピーエンドが一本もないことに気がつく。子ども向け番組にしては珍しいことだ。その理由は、あのベトナム戦争に起因していたと、私は思っている。侵略者対人類の『セブン』のシチュエーションは、侵略戦争という、現実下で行使される虚構の正義との同一性を問いかけられ、セブンの若き作者たちは、そのたびに、『地球防衛軍』とそれに加担するウルトラセブンの『正義』に疑惑を抱かざるをえなかった。このたびのドラマの最大の虚構は、セブンの仲間たちが、アメリカ兵の脱走兵を匿い、ロケ隊がこぞって米兵の脱走を手伝うというくだりだが、実は、この大ウソの部分こそが、当時のセブンの仲間たちが、酔っぱらっては『やってみたい』と口走っていた願望であり、同じ世代のべ平連やJATECの若者たちに対する潜在的なコンプレックスでもあったのだ。

●「月刊ドラマ」映人社／1993年2月

呉智英が指摘するように、ウルトラセブンが在日米軍どころかより生々しくアメリカ第七艦隊に相当するとしたら、自動的にその活躍を描く物語は（もちろん比喩だが）その「正義」の行使がベトナムを焼け野原にする可能性を前提にすることになる。

これが意味するところは何か。『ウルトラマン』においてヒーローであるウルトラマンはあくまで超越者として描かれていた。驚異的な長命と数々の超能力を有するのみならず、その故郷であるM78星雲は恒久平和を実現した「光の国」と設定され、ウルトラマンは「人間」のレベルをその内面においても超越した存在として君臨していた。作中でウルトラマンは科学特捜隊のハヤタ隊員に憑依《ひょうい》することになり、ハヤタ隊員は必要に応じてウルトラマンに変化する。だがこの変化時にハヤタ隊員の人格はまるでスイッチが切り替わるように「オフ」になる。そして変化と同時に浮上するのはウルトラマンの人格だ。そして超越者＝光の巨人であるウルトラマンの内面は基本的には描かれない。ウルトラマンは基本的にはあくまで人間的な苦悩を超越した絶対正義の体現者なのだ。だからこそ「故郷は地球」「空の贈り物」「さらばウルトラマン」といったエピソードではクリティカルな問題が発生したときに、その例外性を強調すべく通常では描かれないウルトラマン自身の葛藤が描かれることになる。

対して『ウルトラセブン』におけるウルトラセブン＝モロボシ・ダンは、そもそも超越者としての権利を半ば剝奪された存在として登場する。ウルトラマンが地球人のハヤタ隊員の身体に憑依した存在として設定され、そのためハヤタ隊員という人間の内面は少なくとも超越者としてのウルトラマンのそれとは分離されていたのに対し、ウルトラ警備隊のモロボシ・ダン隊員はウルトラセブンその人が地球人に変装した姿にすぎない。『ウルトラマン』がハヤタとウルトラマン、人間と超越者ふたつの人格に主人公を分離することで、現実と理想を同時に描き得る／またはその構造の欺瞞を問う物語だったとすると、『ウルトラセブン』はあくまでモロボシ・ダン＝ウルトラセブンという超越者でもあり、人間でもあるという複雑な内面をもつ主人公が現実を――ビッグ・ブラザーの壊死が始まろうとしていた当時の世界状況を――受け止める物語になったのだ。その結果『ウルトラセブン』では、『ウルトラマン』においてはあくまで例外的措置として位置づけられていた超越者の苦悩こそが物語の基調となった。モロボシ・ダンという人類を偽装する光の巨人＝ウルトラセブンは、ここで文字通り神のレベルから人間のレベルに引きずりおろされることになり、物語は基本的にその欺瞞を自覚しながらも地球人類を守るためにその手を汚す主人公の苦悩を前面に押し出すことになる。具体的には第6話「ダーク・ゾーン」、第14、15話の前後編「ウルトラ警備隊西へ」、第26話「超兵器R1号」、第37話「盗まれたウルトラ・アイ」、第42話「ノンマルトの使者」などは、その具体的な出力こそ違えどいずれも人間であると同時に光の巨人でもあるという矛盾を孕んだ存在＝つくられた超越者＝ビッグ・ブラザーとしてのウルトラセブンという存在の不可能性を用いた表現として結実していると言えるだろう。

たとえば「ノンマルトの使者」では、地球の先住民であるノンマルトを侵略者として一方的に敵視し、滅ぼしてしまう地球人類にモロボシ・ダン＝ウルトラセブンが心ならずも加担してしまうという物語が描かれる。このエピソードは前述の切通をはじめ、概ね沖縄出身者である金城のアイデンティティの問題と結びつけられ、伝記的な視点から論じられることが多い。だが、これは同時に極めて直接的にウルトラマン／セブンといった光の巨人＝超越者を、近代的な国民国家という物語が捏造した権力＝偽りの超越者＝ビッグ・ブラザーという欺瞞を孕んだ存在に引きずりおろす物語だとも言える。そして、超越者として振る舞う／演じる人間はやがてその内部の矛盾から徐々に壊死を始めることになる。

これはオーウェルの描いたビッグ・ブラザーという装置＝国民国家を支える大きな物語が、そもそも国家統合のために仮構されたものであったことを考えれば必然的な壊死だった。近代とはそもそも大きな物語を仮構することで疑似的にツリー的な秩序、価値体系を維持する構造（たとえば国民国家）が支配的になった時代なのだから。そして、政治の季節の終わりとは近代の終わり（のはじまり）でもあるのだから、そこに出現したビッグ・ブラザー的なヒーローであるウルトラセブンが、その仮構性に直面し壊死していったのはほとんど宿命的なことだった。

『ウルトラセブン』の結末はモロボシ・ダン＝ウルトラセブンのある種の挫折を描いて幕を閉じる。異星における長期に及ぶ戦闘でウルトラセブンの身体は深刻なダメージを受け、ついに母星からはその生命維持を理由に帰還命令が下る。だが当時地球はゴース星人による最大級の侵略攻撃に晒されており、ウルトラセブンの助力なしに状況の打開は困難となる。モロボシ・ダン＝ウルトラセブンはウルトラ警備隊の同僚たちにその正体を明かして決死の覚悟で最後の変身を遂げ、ゴース星人の侵略軍を退ける。そして傷ついた身体を引きずるように、母星に帰還していく。このセブンの帰還はある種の敗北のように描かれる。

「ダンは死んで帰っていくのだろうか…。もしそうなら、ダンを殺したのは俺たち地球人だ…」「…奴は傷ついた身体で最後の最後まで、人類のために闘ってくれたんだ！　ダンを殺したのは俺たちなんだ……。あんないいやつを…」

●ウルトラセブン第49話「史上最大の侵略（後編）」

前述の「ノンマルトの使者」がそうであるように、同作は基本的にビッグ・ブラザーの不可能性を引き受けざるを得ないヒーローとしてのウルトラセブンの苦悩を描くことによって成立している。その物語は半ば自動的に、自らの体現する「正義」の不可能性を引き受けた結果壊死していくヒーローを描くものになったと言えるだろう。セブンの帰還には死のイメージに重ね合わされ、そして主題歌とともに在りし日のモロボシ・ダンの笑顔がフラッシュバックする。『ウルトラセブン』の結末はその基底をなすビッグ・ブラザー的超越者の欺瞞とその不可能性を追認するのだ。

同作の最終回が放映されたのは1968年9月8日——世界的に若者の反乱が広がり、「政治の季節」がその極相を迎えると同時に衰微を始めようとしていた「終わりのはじまり」が迫っていた。村上春樹が「個人的であること」が難しい時代に抵抗し、『世界のすべての七月』に登場したダートン・ホール大学の若者たちの「夏」が過ぎ去ろうとしていたときに、ゆっくりとその身体を壊死させていった「正義」のビッグ・ブラザー＝ウルトラセブンは、まるで彼らに追われるようにぼろぼろになって退場していったのだ。

3　1971年のヒーローショー

「政治の季節」の終わりはヒーローたちを超越者から人間に引きずりおろした。スポーツ漫画の主人公のように努力する凡人として生きるウルトラマンたちの苦悩が、70年代の怪獣映画／番組を彩っていく。ビッグ・ブラザーの壊死はサンフランシスコ体制の比喩として成立した「怪獣」という表象、そしてビッグ・ブラザー的なヒーローとしてのウルトラマンをも道連れに殺し始めたのだ。

『ウルトラセブン』は『ウルトラQ』（1966年）が巻き起こした（第1次）怪獣ブームの終わりを象徴する作品でもあった。同作の放映に前後して、ブームを担った多くの怪獣番組が終了していった。「ウルトラ」シリーズの原型となった円谷プロダクション制作／東宝配給の怪獣映画シリーズも1968年の『怪獣総進撃』を最後に、一旦その幕を下ろすことになった。ブームを支えた児童誌、少年誌の誌面は70年代が近づくにつれ、「怪獣」から「スポーツ」へとその主力を変化させていった。『巨人の星』『あしたのジョー』など梶原一騎（高森朝雄）原作作品が象徴する「スポ根」漫画・アニメブームがこれにあたる。「政治の季節」の終焉《しゅうえん》のもたらすビッグ・ブラザーの衰微は国内の文化空間において怪獣という表象の力をも衰微させ、その隙間を大文字の政治に支えられない近代的な自己実現の物語としての「スポーツ」が埋めたのだ。

そして国内における「ヒーロー番組」は、この「スポ根」ブームの吸収として第2の展開を見せる。

第1次怪獣ブームの終了後、「ウルトラ」シリーズは意外な形で復活を遂げる。『ウルトラセブン』終了から2年を経た1970年、円谷プロダクションは『ウルトラマン』『ウルトラセブン』の戦闘シーンのみを再編集し、プロレス風の実況をつけた番組を手がけることになる。怪獣玩具の販促番組として放映されたこの『ウルトラファイト』は視聴者の強い支持を受け、怪獣番組復活の機運が高まることになる。物語（サンフランシスコ体制の比喩が象徴するビッグ・ブラザーの不可能性の問題）を失うことによって、皮肉にも「怪獣」という表象は復活を遂げたのだ。その年の春にはよど号ハイジャック事件が起こり、あの「直子」がその命を自ら絶っていた。そして番組が始まる直前の、1970年の夏を、傷を抱える「僕」は「鼠」と過ごしていた。世界はビッグ・ブラザーが壊死を始めた世界を、巨大な喪失感とともに少しずつ受け入れ始めていた。同番組の事実上の主人公であるウルトラセブンは、もはやモロボシ・ダンとしての内面の葛藤はもたず、ただ5分間の放映時間一杯にプロレスを演じる淡白なスポーツマンとして登場した。そして同番組は高評価を得て放映延長し、円谷プロダクションは既存の番組の再編集ではなく、使い古した着ぐるみ同士の格闘シーンのみを低予算で新撮することで対応した。ウルトラマンはここにおいて、完全に物語を喪失したのだ。だが、物語を失うことによって、ウルトラマンは「帰ってくる」ことになる。同番組の高評価が、商業的に「ウルトラ」シリーズの完全新作を要求することになったのだ。

そして、「政治の季節」の終わりが明白になっていた1971年4月2日、待望の「ウルトラ」シリーズの新作『帰ってきたウルトラマン』の放映が開始された。同作は放映期間中に何度かの路線変更を行っており、これまでの「ウルトラ」シリーズのようにその表現の構造を要約するのは難しい。だが番組に通底しているのは、同作が最初から超越者（ウルトラマン）でも、超越者を演じる人間（ウルトラセブン）でもなく、人間が成長して超越者となる物語を志向していたことだろう。

主人公の郷秀樹＝新ウルトラマンは、ハヤタ＝初代ウルトラマンのような（比較的）内面の葛藤をもたない「超人」とも、超人としての能力をいかに人間社会に駆使すべきかという問題に悩み続けた（超人であるがゆえに悩み続けた）モロボシ・ダン＝ウルトラセブンとも明らかに異なった内面を与えられていた。郷は若さゆえの未熟さが目立つ青年として描かれ、劇中では郷が当時少年誌を賑わしていた『巨人の星』や『あしたのジョー』など「スポ根」漫画の主人公のように、その未熟さを努力と反省によって乗り越えていく姿が繰り返し描かれた。ここにおいてウルトラマンははじめて成長物語としての側面をもつことになる。『帰ってきたウルトラマン』においてビッグ・ブラザー＝超越者の不可能性は前提化し、リトル・ピープル＝人間としての郷がウルトラマンを「目指す」という物語構造を採用することになったのだ。そして郷が対峙する怪獣の多くが侵略者ではなく、公害によって目覚め都市部に出現するようになった存在と設定された。60年代には怪獣＝外国の軍隊から市民生活を守っていたヒーローたちが、スポーツというゲーム上での自己実現に撤退したように、70年代のウルトラマンは自分たちの豊かな都市生活の負債を処理する存在に撤退したのだ。大文字の政治は、ビッグ・ブラザーの壊死と同時にヒーロー番組からも急速に撤退していったのだ。

同作はこの1971年から数年間に及ぶ第2次怪獣ブームの火つけ役を果たした作品のひとつとなり、また以降『ウルトラマンA《エース》』（1972〜73年）、『ウルトラマンタロウ』

（1973〜74年）、『ウルトラマンレオ』（1974〜75年）と続く第2期「ウルトラ」シリーズの端緒となっている。同作の「人間」としての自意識を強調された主人公が、超越者であるウルトラマンを目指して（スポーツ的に）努力するという物語構造は、これらの続編群にも基本的に踏襲され、シリーズの新しいフォーマットになった。しかしその反面これら第2期「ウルトラ」シリーズは、いずれも社会現象となった第1期のそれと比べ商業的には厳しい成績を、作品的には低い評価を与えられ続けることになった。そのため、ほとんどの作品がその番組コンセプトを度々放映中に変更し、事実上「迷走」したとすら言えるだろう。

たとえば『帰ってきたウルトラマン』後半では「公害の影響で目覚めた怪獣たちと戦う」という当初の設定が放棄され『ウルトラセブン』同様に侵略宇宙人と戦うエピソードが目立つことになった。『ウルトラマンA』では男女ペアの主人公が「合体変身」するという設定がやはり中盤で放棄されている。『ウルトラマンタロウ』は大きな路線変更は行われなかったものの、ハードなSFドラマとしてのシリーズを通した側面をほぼ捨て去り、番組の想定視聴者を大幅に低年齢化させ、第2期最終作となった『ウルトラマンレオ』では内容を徹底して「スポ根」化することで差別化を図るもやはり後半に修正されている。

つまり「ウルトラマン」という表象を支える回路は、ビッグ・ブラザーが壊死を始めたその瞬間に、基本的には機能不全を起こしていたのだ。そのため、特に70年代における第2期の各作品は大枠においては撤退戦を強いられることになったという構造的な問題がここには指摘できる。

怪獣／ウルトラマンという大文字の政治性／大きな物語が支えていた表象は、その衰微とともに機能を低下させていったのだ。そのため、上原正三、市川森一といった第2期を支えた脚本家たちの多くが、その不可避の撤退戦を逆手に取ることを余儀なくされる。彼らの脚本には異邦人としての宇宙人というモチーフが頻出する。これは第2期「ウルトラ」シリーズにおいては超越者や大文字の政治性の比喩が機能しなくなり、リトル・ピープル＝等身大の人間の世界の悪を描かざるを得なかったことの影響を指摘できる。たとえば高度成長を経てもなお、いや経たからこそ部分的に再強化された日本の土着性の生む差別の問題を前面に押し出した『帰ってきたウルトラマン』第33話「怪獣使いと少年」（上原正三）はその典型例だろう。同話でウルトラマンは差別という内なる「悪」に対し、自身がまったく無力であるという現実に直面する。

あるいは視聴者の分身であるウルトラマンに憧れる「子どもたち」の間に潜む大衆社会的な暴力性にウルトラマンが追い詰められる『ウルトラマンA』第52話（最終話）「明日のエースは君だ！」（市川森一）は、ウルトラマン＝ヒーローが対峙すべき悪＝暴力性の在り処が大きく変貌してしまい、そのためウルトラマンという回路自体が機能不全に陥っていることを端的に示している。同話に登場する「子どもたち」は大好きなウルトラマンのお面を被って級友をいじめ、簡単に宇宙人に騙されて主人公を集団で糾弾する。主人公の北斗星司＝ウルトラマンAはこの「子どもたち」に理解を求めることを断念し、ひとり自分の信じる正義を執行し地球を去っていく。どちらも、例外的に「ウルトラマン」という表現が構造的に成立しなくなり始めていることを自ら吐露するアクロバティックなエピソードだ。これらのエピソードは第2期「ウルトラ」シリーズが直面した困難を逆手に取った優れた表現として評価できるが、同時にシリーズの行き詰まりを自ら証明しているようにも思える。

70年代前半は「ウルトラマン」という表現の回路がビッグ・ブラザーの壊死に伴い大きく衰微していく時代だった。しかし、同時にこの時代は国内におけるヒーローという表象がもっとも支持された数年間でもあるのだ。

この『帰ってきたウルトラマン』が放映された1971年から数年間は第2次怪獣ブーム（変身ブーム）と呼ばれ、日本の特撮ヒーロー番組がもっとも盛んに放映された時期にあたる。だがブームの主役は『帰ってきたウルトラマン』ではなく、その翌日に放映が開始されたもうひとつの番組のほうだった。この第2次怪獣ブーム、いや変身ブームの中核を担ったのは、1971年4月3日から放映開始された『仮面ライダー』だったのだ。

4

東映のリトル・ピープル

第2次怪獣ブーム、別名「変身ブーム」の真の主役は『帰ってきたウルトラマン』の翌日に放映がスタートした『仮面ライダー』だった。仮面ライダーとは何か。それはリトル・ピープルとしてのヒーローである。世界に内在し、「悪」に「悪」の力をもって立ち向かう新しいヒーロー、「戦後」的な政治性に縛られていた『ウルトラマン』とは異なる脱政治的なヒーローが演じる痛快娯楽劇が「変身ブーム」を牽引していく。

仮面ライダー本郷猛は改造人間である。彼を改造したショッカーは世界征覇を企む悪の秘密結社である。仮面ライダーは人間の自由の為にショッカーと戦うのだ！

●「仮面ライダー」オープニングナレーション

1971年4月3日、奇しくも『帰ってきたウルトラマン』放映開始の翌日、日本を代表するもうひとつのヒーロー番組『仮面ライダー』の放映が始まった。

ウルトラマンとはビッグ・ブラザーであり、仮面ライダーとはリトル・ピープルである――もちろん、これは両者の物語上の設定を用いた比喩だ。身長数十メートルの巨人であるウルトラマンとはビッグ・ブラザーで、等身大のヒーローである仮面ライダーは文字通りリトル・ピープルである。そして、両者の違いはその外見に留まらない。ヒーローという存在を成立させている回路そのものが、両者では決定的に異なる。ウルトラマンはビッグ・ブラザーつまり近代的なヒーローであり、仮面ライダーはリトル・ピープルつまりポストモダン的なヒーローなのだ。

引用部のナレーションで語られる通り、仮面ライダーの「敵」は世界征覇を企む悪の秘密結社「ショッカー」だ。ショッカーに拉致《らち》された青年科学者・本郷猛はその尖兵となるべく改造手術を受け、超人的な能力をもつ改造人間（サイボーグ）となる。しかし改造の最終段階である洗脳が完了する前に、本郷は内通者の協力を得てショッカー基地を脱走する。以降、本郷は「仮面ライダー」を名乗りその能力を駆使して、ショッカーの改造人間（怪人）たちとの死闘を繰り広げていくことになる。

これは現代においては、およそ40年の間に何度となく模倣され、反復されてきた物語だ。しかし、このありふれた構造にこそ仮面ライダーという内在的なヒーローのアドバンテージは存在する。

『ウルトラマン』において怪獣／宇宙人とウルトラマンの間には絶対的な境界線が引かれていた。しかし、怪人と仮面ライダーとの間にはそれが存在しない。「光の国」という外宇宙のユートピアから来訪した超越者だったウルトラマンとは違い、仮面ライダーはショッカーの一改造人間が脱走して反旗を翻した存在に過ぎないのだ。


これは言い換えれば絶対的な〈外部〉＝「光の国」から揺るぎない正義を人類社会にもち込むことができた『ウルトラマン』とは異なり、『仮面ライダー』の世界には〈外部〉が存在しないことを意味する。それゆえに仮面ライダーは「悪」の力をもって「悪」と戦うことになったのだ。かくして、この世界の外側から来訪した存在ではなく、内側から生成した存在として仮面ライダーという新しいヒーローは出現することになった。『仮面ライダー』は超越者による状況介入ではなく、同格の存在同士の抗争として「ヒーロー」の戦いを再定義したのだ。言い換えれば、奇しくも、同年に結成された連合赤軍がそうであったように、『仮面ライダー』は「内ゲバ」としての――無数の「小さき者たち」の相互関係としての暴力（正義／悪）というイメージを提出したとも言えるだろう。
しかし、『仮面ライダー』は連合赤軍の末路のような陰惨な物語を歩むことはなかった。また、リトル・ピープルの時代に誕生した新しい政治性に対峙して、正義／悪の再記述を試みることも「この時点では」なかった。それどころか、その骨がらみの政治性ゆえにハードなSFドラマとしての展開を半ば余儀なくされた『ウルトラマン』とは対照的に、『仮面ライダー』は脱政治化された、文字通りの痛快娯楽劇として送り出されることになったのだ。ビッグ・ブラザーがゆっくりと壊死を始めていった時代が求めていたのは、まずはデタッチメント＝非政治化だったのだ。

原作者・石森章太郎（1985年に石ノ森章太郎と改名）によって少年漫画誌に連載された漫画版『仮面ライダー』ではショッカーの「誤った科学」とバッタの改造人間である仮面ライダーが象徴する「正しい自然」の対立といった文明批評的なモチーフが前面に押し出されており、またこの原作とテレビ版第1クール初期には異形の存在に改造されてしまった主人公の孤独な生をめぐる葛藤が物語を牽引していた。しかし、主演俳優藤岡弘（現・藤岡弘、）のオートバイ事故による一時降板を機会に東映、毎日放送など制作陣はこの物語性に富んだシリアス路線を放映1クール目で早々と放棄する。そして、新主人公・一文字隼人（仮面ライダー2号）を迎えた第2クール以降は、勧善懲悪の娯楽劇が全面展開することになる。それは明確に物語よりもアクションを全面的に押し出した番組への路線変更だった。
おそらく、前節で「ウルトラ」シリーズで試みたように当時放映された『仮面ライダー』シリーズの物語性を吟味する行為にはほとんど意味はないだろう。たとえば第16、17話の前後編（「悪魔のレスラー　ピラザウルス」「リングの死闘　倒せ！　ピラザウルス」）では、人気プロレスラーを怪人に改造、洗脳し、プロレス観戦に訪れた政府要人を暗殺しようとするショッカーの陰謀と、計画を阻止すべく奮戦する仮面ライダーの活躍が描かれる。思わず真面目に書いてしまったが、はっきり言って馬鹿馬鹿しい。これは明らかにクライマックスで正体を現した怪人の前に、対戦相手として仮面ライダーが現れリングの上で死闘を演じるというシチュエーションのために逆算されて与えられた設定と物語である。それくらい、仮面ライダーにとって物語とは「添え物」であり、アクションシーンに奉仕するための一要素に過ぎなかったのだ。*1

しかしビッグ・ブラザー＝超越者（の偽装）が不可能になり始めた時代、ヒーローという回路がその物語性を後退させることができるというのは巨大なアドバンテージだったことは間違いない。『ウルトラファイト』が結果的に獲得した非物語性を『仮面ライダー』は当初から内包していたと言える。『仮面ライダー』は、その非物語性ゆえにビッグ・ブラザーとしてのヒーローに成長する義務から、そしてその「正義」の不可能性に直面し破綻する宿命から解放され、リトル・ピープルのままでいられたのだ。

そしてこのビッグ・ブラザーの呪縛から解き放たれた新しいヒーローである『仮面ライダー』は、ライバルである『帰ってきたウルトラマン』を圧倒し、関連商品の展開を通じて社会現象に成長していく。特にカルビー「仮面ライダースナック」付属カードのブームは国内におけるトレーディング・カード普及の嚆矢《こうし》となり、玩具「変身ベルト」のヒットはキャラクター・マーチャンダイジングの嚆矢となり、後に日本のキャラクター文化の発達の基盤となった。また、東映を中心に本作は70年代前半に多数の続編と亜流を生み、「変身ブーム」の中核となっていく。

内在的、リトル・ピープル的ヒーローである仮面ライダーは「政治の時代」の終わりに出現し、そして徹底してその世界から政治性を、ひいては物語性を排除した。政治の時代と同時に、ヒーローの政治性も消失したのだ。

＊1　同格の存在同士の抗争として「ヒーロー番組」を再定義する——このリトル・ピープルの時代に対応した新しい想像力は『仮面ライダー』という番組を強く規定した。だが、70年代における『仮面ライダー』というテレビ番組でこの新しい想像力が物語として全面的に展開されることはなかった。ビッグ・ブラザー

——ここでは大文字の政治性——が壊死を始めたとはいえまだ機能していた当時、やはり仮面ライダーはリトル・ピープル的な存在でありながらビッグ・ブラザー的な建前——「人間の自由のため」に戦うことを引き受けなければならなかったのだ。

この矛盾の担い手となったのは、むしろ石森章太郎による原作漫画だと言えるだろう。石森原作において、仮面ライダーに苦戦するショッカーは、本郷猛と同型のバッタ型改造人間を量産しこれに対抗しようとする。自らと同性能をもつ改造人間13体の前に仮面ライダー＝本郷猛は敗死し、その13体の改造人間のうち戦いの中で改心した一文字隼人が本郷の遺志を継いで新たな仮面ライダーとなる。超越者としてのヒーローという回路の不可能性に直面した石森原作は、最終的にショッカー＝日本政府そのものであるという事実——ヒーローが守るべきものなどもはや存在しないという現実——が露見するという展開を見せ、比較的短期で終了する。ここで石森原作は、第2期「ウルトラ」シリーズ同様に、超越性を失ったヒーローという回路の不可能性に直面したと言える。リトル・ピープルの時代に対応した内在的なヒーローでありながら、石森原作における仮面ライダー＝本郷猛は日本という国家を守ろうとした。それは第2期「ウルトラ」シリーズの主人公たちと同じようにその不可能性を引き受けることでリトル・ピープルからビッグ・ブラザーへと成長することを意味する。しかし、仮面ライダーという表象の根幹をなす新しい現実認識と想像力は、本郷猛を横死させ、徹底して、その不可能性を確認することになったのだ。

だがその一方で、テレビ版の『仮面ライダー』はこの矛盾がもたらす罠を回避することに成功した。なぜならば、テレビ版『仮面ライダー』はその表現から大きく政治性を、そして物語性を決定的に後退させることで成立していたからだ。

また、この同格のプレイヤー同士のバトルロワイヤルというモチーフは、約30年の時間を経て平成「仮面ライダー」シリーズに結実する。

5

戦争映画とチャンバラ映画

同じヒーロー番組でありながらも、『ウルトラマン』と『仮面ライダー』はその政治性においてまったく異なっている。そしてこの政治性の差異は両者の表現としてのルーツに強く起因している。戦意高揚映画をルーツにもつ『ウルトラマン』とは異なり、『仮面ライダー』のルーツは浅草東映が代表する娯楽時代劇にあった。円谷プロダクションによる特撮ではなく大野剣友会の殺陣《たて》によるアクションを、金城哲夫らによるメッセージ性の強い脚本ではなく伊上勝らの非物語的な脚本を採用した『仮面ライダー』は、その表現のルーツと手法によって非政治的な作品として結実したのだ。

『ウルトラマン』から『仮面ライダー』へ、70年代という新しい時代のはじまりはヒーローという回路から大きくその大文字の政治性と物語性を後退させた。この両者の表現を生む回路の違いはその番組構造とスタッフワーク、何より番組それ自体のルーツからも明確に見て取れる。

戦争映画——それも戦時下の戦意高揚映画をそのルーツにもつ『ウルトラマン』に対し、『仮面ライダー』という番組のルーツは時代劇、それも浅草東映が代表する娯楽時代劇にあった。

丸の内東映でもない、新宿東映でもない、浅草東映の子供たちを見据えて作った娯楽時代劇。テレビの観客はまさに浅草東映のお客さんそのものだったのだ。浅草東映のお客さんは、働きづめに働いて、ストレス解消の娯楽を求めて映画を見るのだ。そういう時は東映時代劇調が最高なのだ。それだったら、自信がある。そういう意味でだったら、確かに世界一と言っても良いほどのノウハウを持っている。これなら自信を持って教えてあげる事も出来ると思った。

●平山亨「仮面ライダー名人列伝」風塵社／1998年

テレビ番組『仮面ライダー』の事実上の生みの親と言われる平山亨は、当時東映のプロデューサーとして数々のヒット番組を手がけてきた。

水木しげるの原作漫画を映像化した怪奇アクション『悪魔くん』、忍者劇に当時の怪獣ブームの要素を取り入れた『仮面の忍者　赤影』、そして柔道を題材にした「スポ根」ドラマに時代劇で培ったアクション要素を導入することでヒットした『柔道一直線』——平山の手がける番組はいずれも浅草東映が蓄積してきた時代劇アクションのノウハウをまったく異なるジャンルに投入することで新しい表現を獲得したものだった。特に『柔道一直線』は殺陣集団大野剣友会が参加し、スタッフワーク的には『仮面ライダー』の事実上の前身とすら言える。

『仮面ライダー』に平山が投入したノウハウのポイントはふたつある。それは第一に短い尺でアクションに物語を奉仕させる脚本術であり、第2に映画からテレビへとその主戦場を移してきた「殺陣」だった。

前者を象徴するのが『仮面ライダー』の脚本陣の主力（メインライター）を務めた脚本家の伊上勝だろう。伊上は広告代理店「宣弘社」出身の脚本家だった。同社はテレビ黎明期に『月光仮面』などのヒーロー番組の制作を担当しており、児童向けの時代劇ヒーロー番組、またはそれを現代劇に置き換えた番組などを多数手がけ、日本のテレビ番組における時代劇からヒーロー番組への進化に大きな役割を果たしている。伊上自身は『遊星王子』『怪傑ハリマオ』などを担当、中でも『隠密剣士』のヒットは「忍者ブーム」を巻き起こした（この過程は井上敏樹・竹中清著『伊上勝評伝　昭和ヒーロー像を作った男』（徳間書店）に詳しい）。宣弘社を退社した伊上は『悪魔くん』『仮面の忍者　赤影』など平山とのコンビで東映の児童番組も多く手がけるようになり、これが『仮面ライダー』に結実する。

伊上がこの時代に開発した脚本術のうち、特に基本的なプロットのパターンは『仮面ライダー』を経て現在も多くの作品に継承されている。「秘宝（の争奪戦）」ものや「抜け忍もの」といった定番のパターンに加え、ライターの岩佐陽一は「主人公の必殺技にリスクがあり、敵がそこを攻めてくる」「敵が裏切りを偽装して主人公に接近するが、それをきっかけに改心し任務と心情の狭間で苦悩する」「リタイアした歴戦の勇士が悪の組織に人質を取られ、心ならずも主人公に戦いを挑む」といったヒーロー番組に頻出するプロットを伊上の「発明」だと指摘している（前掲書）。『仮面ライダー』及びその影響下にある「変身ブーム」期の作品に多く確認できるこれらのプロットは、物語面から視聴者の感情の起伏を操作することでクライマックスのアクションに集中させる手法として定着していった。

そして後者を象徴する存在が、番組のクライマックスを担った大野剣友会による「殺陣」だったのだ。

『ウルトラマン』及びその続編群のほとんどのエピソードにおいて、正味20分強の放映時間のクライマックスにあたる終盤の数分間に怪獣とウルトラマンとの格闘シーンが集中している。この数分間には「特撮の神様」と呼ばれた円谷英二が開発した高度な技術が惜しみなく投入され、番組の贅沢なメインディッシュとして機能した。対して『仮面ライダー』は大半のエピソードにおいて、中盤のコマーシャルを挟み前半と後半に1回ずつ主人公が「変身」し怪人とアクションシーンを演じる。仮面ライダーや怪人のコスチュームはウルトラマンの「着ぐるみ」とは違い比較的低予算で製作可能な「スーツ」に過ぎない。『ウルトラマン』のアクションシーンのような巨人と怪獣の対決ではなく、等身大のサイボーグ同士の格闘戦なので「特撮」もほとんど存在しない。言ってみればスーツを着たアクション俳優同士が殴り合っているだけなのだ（同じ「特撮」ヒーロー作品と位置づけられながらも、『ウルトラマン』とは異なり『仮面ライダー』の初期にはほとんど特撮の予算がついていなかったと言われる）。だからこそ『仮面ライダー』はコマーシャルの前と後に1回ずつ変身することができ、物語を添え物にすることができたのだ。

戦意高揚映画をルーツにもつ『ウルトラマン』は、宿命的に政治性を強く孕みビッグ・ブラザー＝近代的な表象として成立していたと言える。対して、時代劇——それも浅草東映のチャンバラ映画をルーツにもつ『仮面ライダー』は同様に宿命的に非政治的かつ非物語的な存在であり結果的に（プレ・モダン的であるがゆえに）リトル・ピープル＝ポストモダン的な表象として機能したと言えるだろう。『ウルトラマン』がその制作会社である円谷プロダクションの出自的に、大文字の政治性を孕まざるを得なかったのとは対照的に、『仮面ライダー』はその制作スタッフの出自的に、非政治的・脱政治的な表現にならざるを得なかったからだ。

事実、この『柔道一直線』から引き継いだ平山以下の『仮面ライダー』のスタッフたちは務めて非政治的であった。

そして、撮影が始まろうとする日。大野剣友会の最初の仕事は生田スタジオの整備であった。当時、東映東京撮影所にはストライキの動きがあり、内田勇作制作担当は、新番組である『仮面ライダー』に影響があると困ると考えていた。そんな中、生田スタジオで撮影するという方針は「スト破り」であり、極秘事項であった。そのためスタジオの整備を東映の人間に頼むわけにはいかず、信頼のおける大野剣友会にお鉢が回ったというわけである。大野幸太郎に命じられて、瀬島達佳、大久保利雅ら五名ほどが生田スタジオに出向くと、しばらく使われたことのないスタジオであったため荒れており、裸電球が一つ灯っているような状態だった。

そんな環境でも現場は燃えていた。カメラマンから照明から、すべてのスタッフが視聴率を上げようと、同じく昭和四十六年四月放映開始の『帰ってきたウルトラマン』を目標に知恵を絞った。

●岡田勝（監修）「大野剣友会伝――アクションヒーローを生んだ達人たち」風塵社／1999年

社内の労組に反発し、いわゆる「スト破り」を敢行して秘密裏に集結したスタッフが立ち上げたのが、「変身ブーム」の震源地となる東映生田スタジオである。「直子」がその命を絶った頃、リトル・ピープルの時代の足音はそのすぐそばまで迫っていたのだ。円谷英二を心の師として仰いでいたという平山によって、敬意をもって明確に『帰ってきたウルトラマン』の対抗番組として企画された『仮面ライダー』は、まず制作レベルにおいて比較的低予算でアクションシーンを撮影できる等身大ヒーローという表現を、浅草東映的な時代劇のノウハウを投入することで実現した。この制作上のルーツ的な非政治性は等身大ヒーローという物語上のコンセプトにも影響を与え、仮面ライダーというリトル・ピープル的なヒーローを成立させたのだ。

仮面ライダーがリトル・ピープル／ポストモダン的ヒーローでありながら、「絶対悪」＝ショッカーと戦うことができたのは、「人間」でありながら悩むことが要らなかったのは、この非政治性がもたらす物語性の希薄さゆえのものだ。

その証拠に、この仮面ライダーと70年代の「変身」ブームにおけるその続編群（『仮面ライダーV3』（1973〜74年）、『仮面ライダーX』（1974年）、『仮面ライダーアマゾン』（1974〜75年）、『仮面ライダーストロンガー』（1975年））に登場する仮面ライダーたちの多くが番組初期でこそ改造人間になった苦悩を描写されるが、数話で「身体のことはあきらめて、この力を利用して悪と戦う」と開き直ってしまう。
しかし、これらの作品で描かれた「ショッカー」（及びその後継組織）という「悪」の存在は先取的だった。後の1995年のオウム真理教による地下鉄サリン事件の際にこうしたカルトな妄信に基づき、事実上暴力行為自体が目的化した犯罪は、「ショッカー型犯罪」と形容されることになる。こうした暴力それ自体が目的化した犯罪は、やがて消費社会が加速する中で村上春樹が、そしてティム・オブライエンが描いたリトル・ピープル的な「悪」――大きな物語を失い、アイデンティティを見失った人々の暴走のかたちのひとつとして捉えられていく。そして、このビッグ・ブラザー＝国家権力の悪とは異なった内在的な「悪」に対抗する「正義」の問題は、現代まで――具体的にはその30年後に展開する平成の「仮面ライダー」シリーズまでもち越されることになる。

ともに日本を代表するヒーローであり、そして同じ「特撮番組」にカテゴライズされながらも、『ウルトラマン』と『仮面ライダー』はまったく異なる回路から生み出された表現だった。そしてウルトラマンから仮面ライダーへの「主役交替」は奇しくも、いや必然的にビッグ・ブラザーの時代の終わりとリトル・ピープルの時代のはじまり、つまり「政治の季節」の終わりと「消費社会」の到来と呼吸を同じくしていた。村上春樹の描く「僕」は、ウルトラセブンの挫折とほぼ同時期に自殺した「直子」の記憶にまどろみながら、新しい世界を肯定しようとしていた。「気持ちがよくって何が悪い」――そう語る「僕」に「鼠」が「金持ちなんて・みんな・糞くらえさ」と毒づいていた頃だった。まるで「僕」がたどり着いた新しい世界への肯定観に同調するように、痛快娯楽劇としてのヒーロー番組がお茶の間の支持を獲得していったのだ。

6　ロボットと消費社会

70年代後半から80年代にかけて大きく発展したロボットアニメは機械の身体を「人工知能の夢」の担い手から、男子児童の成長願望の受け皿としての、拡張された身体＝依代《よりしろ》としてのキャラクターとして位置づけ、進化させていく。それは失効しつつある大きな物語を虚構の中に求めつつある時代の精神の結晶でもあっただろう。架空歴史年表上で戦う機械の身体は、壊死しつつあったビッグ・ブラザーの似姿でもあったのだ。

『仮面ライダー』の社会現象化に端を発した第2次怪獣ブーム＝変身ブームは70年代前半の児童文化を席巻した。ブームは『仮面ライダー』の続編群のみならず、膨大な亜流企画を生み出し、石森章太郎が原作を手がけたものだけでも『人造人間キカイダー』『イナズマン』『ロボット刑事』『変身忍者　嵐』などが挙げられる。また東映生田スタジオがさいとうたかをを原作に迎えて制作した『超人バロム・1』や、また制作会社ピー・プロダクションが時代劇のテイストを前面に押し出した『怪傑ライオン丸』なども人気を博した。これら等身大ヒーローは数年にわたってブームの中核を担うことになる。

また、『帰ってきたウルトラマン』以降、「怪獣」映画／テレビ番組も息を吹き返し「ゴジラ」シリーズの続編が公開され、またそのバリエーションとして巨大ロボットを主役に据えた特撮番組『ジャンボーグA』『スーパーロボット　レッドバロン』『スーパーロボット　マッハバロン』などが放映されている。これらの作品の源流には1967〜68年放映の『ジャイアントロボ』が存在する。これは『ウルトラセブン』と同時期に放映された作品であり、巨大ロボット特撮番組も、怪獣番組同様ブームの再来によって復活したことが窺える。

しかし、この第2次怪獣ブーム＝変身ブームは70年代半ばに差し掛かると徐々に下火になっていく。その理由としては第1に『仮面ライダー』放映中の1972年に放映が開始されたロボットアニメ『マジンガーZ』に端を発する巨大ロボットアニメのブームが徐々に拡大し、児童誌の主役の座を奪っていったこと、第2に1973年末のオイルショックで制作費が高騰したことが挙げられる。

「ロボット」は日本のアニメーションにおいて、特異な発展を遂げたイメージのひとつだ。本来、人工知能の夢の結晶として物語の中に誕生した「ロボット」は、国内においてもまさに「科学の作る明るい未来」という物語を背負って登場した。たとえば手塚治虫による『鉄腕アトム』がそうであった。だからこそ、同作は逆に科学の生むディストピアの可能性を描くこともできたのだ。

しかしその対抗的な作品として登場した横山光輝による『鉄人28号』は、ロボットをリモート・コントロールによって善にも悪にもなる存在として描き、そしてこの「鉄人」を主人公の少年が「操縦」することで、つまり巨大な身体を獲得することで成長する（悪と戦い、大人社会の仲間入りを果たす）という物語構造を提示した。

そして永井豪原作による『マジンガーZ』は「ロボット」を明確に主人公の少年が操縦する「乗り物」（依代）として位置づけた。『マジンガーZ』はこの流れの上で人間の「依代」＝拡張された身体としてのロボットという回路を確立したのだ。これまでの国内のアニメーション／特撮番組においては、人間に生み出されながらも独立した存在——一種の人工生命として描かれてきたロボットというモチーフは、ここで道具として描かれ始めたのだ。しかしマジンガーZは完全な「道具」ではない。人間の、それも強く男性性を想起させる「顔」とマッチョな身体を有するマジンガーZは、主人公の少年（兜甲児）に与えられた拡張された身体——よりはっきりと言えば大人のペニス——を仮構するコスチュームだったと言える。祖父からこの拡張された身体（ペニス）を仮構する依代＝コスチュームを与えられることで、少年は大人の（男性の）身体を獲得し、社会的自己実現（悪と戦うこと）を獲得する。その後、国内のアニメーションにおいて「ロボット」という回路を拡張された身体（ペニス）として機能させる表現が大きな流れを生むことになる。80年代初頭の第2次アニメブームを牽引した『機動戦士ガンダム』（1979～80年）や、第3次アニメブームの主役である『新世紀エヴァンゲリオン』（1995～96年）はまさに国内ポップカルチャーの中核をなすビッグタイトルだが、これらの作品はいずれも主人公の少年が「父親」（軍事関係者と設定されている）からロボットを与えられ、社会的自己実現の機会を得るという表現の構造を踏襲している。[*1]

　これが意味するところは何か。それはビッグ・ブラザーが緩慢に壊死していったこの時代において、解体されつつある大きな物語を仮構することで補おうとする欲望が市場に溢れ出し、「ロボット」というイメージがアニメの中でその受け皿になっていったということだ。ビッグ・ブラザーという近代的な装置は神に見放された個人が社会を維持するために仮構したものだ。そしてその壊死が始まると人々は虚構の世界に近代を撤退させることで新しい世界への恐怖からその身を守り、アイデンティティをつなぎとめようとする欲望が台頭してきたのだ。

その意味において、日本的「ロボット」とは奇形のようなものだ。一般には（あるいは世界的には）、ロボットとは人が乗り込むものではない。自律し、行動し、そして苦悩するそれは人工知能の夢そのものだったはずだ。アメリカにおいては『A．I．』から『トランスフォーマー』まで、「ロボット」はあくまで（人工）知能をもつ機械の身体であるという定義がほぼ維持されていると言っていい。しかし日本においてロボットとは、いつの間にか拡張された身体となった。

日本のロボットアニメの歴史とは、男性器的なものの軟着陸の歴史でもある。『鉄人28号』も『マジンガーZ』も（祖）父から子への伝言として登場した。国内アニメーションにおける「ロボット」は男の子が「父」から与えられて獲得する巨大な身体として設定され、彼等はその巨大な身体を用いて敵と戦っていった＝大人社会に参加していった。こうして、日本的「ロボット」は父親（または祖父）から与えられた機械の身体＝成熟の仮構装置として、戦後日本（＝12歳の少年）が迎えた消費社会下の男子児童に強く支持されていくことになる。少年に父親（科学者、もしくは軍事組織の司令官として描かれる）が与える拡張された身体。それが日本的「ロボット」だ。

『機動戦士ガンダム』で80年代前半のアニメブームの立役者となった富野由悠季はその「ロボット」というイメージに対しもっともラディカルな批評的介入を行った作家だと言える。同作は「宇宙世紀」という架空年表（もうひとつの現実）を設定することで、近代的なイデオロギー対立が機能していた時代の青春群像劇とビルドゥングスロマンを高い密度で展開することに成功した作品である。つまり、ファンタジィに退避することでビッグ・ブラザーが大きな物語を語り得た世界を維持しているのだ。

しかし、見落とされがちだが同作が日本のポップカルチャーに与えた決定的な影響はむしろ、「ガンダム」登場以前から奇形的進化を見せていた「ロボット」というイメージに、極めて批評的な介入を行ったことだろう。

富野は同作において主人公の少年兵アムロが乗り込むロボット（ガンダム）を、その父（軍事技術者）から与えられた拡張された身体として描くと同時に、近代国家が生産した軍事兵器＝工業製品（モビルスーツ）として描いた。ロボットを道具＝兵器として描くことは、男性器が「道具」でしかなくなったことを意味する。「ガンダム」の社会現象化以降、日本における「ロボット」という表現は常に男性性の仮構とその不可能性を同時に孕んだものとして位置づけられることになった。そして富野自身は「ガンダム」シリーズの続編を宇宙世紀という作品の舞台＝架空年表を延長しながら生み出し続けることになる。そしてこの富野自身による続編群の多くは、過剰にセクシャルな物語を展開することになる。ララァ（『機動戦士ガンダム』）やシャクティ（『機動戦士Vガンダム』）といった「母」的な魔力をもつ少女たちが、これらの物語の中心に常に存在し、彼女たちに魅入られた男たちのひとり相撲のような殺し合いで宇宙世紀の歴史は埋められていくのだ。富野という作家が80年代、90年代を通して行ったのは、「ロボットアニメ」というセクシャルな装置に対する過剰な介入と攪《かく》乱《らん》だったと言える。

ロボットアニメという表現が70年代から80年代にかけて台頭した背景に、時代が生み出した「仮構すること」への欲望を読み込むことは容易《たやす》い。つまりロボットという装置は男性性の虚構化（拡張）による疑似的な獲得であると同時に（「宇宙世紀」の存在が象徴するように）、壊死を始めたビッグ・ブラザー（の語る大きな物語＝歴史）を代替するものとして機能したと言える。『帰ってきたウルトラマン』以降の「ウルトラ」シリーズは、リトル・ピープル的な存在（人間）がビッグ・ブラザー的な存在（超越者）を目指すという物語構造を維持し続けたために挫折を余儀なくされた。『仮面ライダー』は脱物語化によってこれらの矛盾を隠蔽することで新時代のヒーローとして成立した。そして『マジンガーZ』以降のロボットアニメはリトル・ピープル的な存在（主人公の少年）が、ロボットという「依代」を与えられることでリトル・ピープルのままビッグ・ブラザーを「演じる」ことを可能にしたと言えるだろう。その結実と言える『機動戦士ガンダム』から『新世紀エヴァンゲリオン』に至るアニメブームの中核を担った作品群は、こうしたビッグ・ブラザーの仮構と男性性の軟着陸という二重のねじれを孕んだ「ロボット」という表現を自己言及的に解体していくことで、密度の高い物語を批評的に展開していった作品だと言える。これらの作品は「ロボット」という極めて商業的なモチーフを与えられた「からこそ」、そのねじれを引き受け、自己批評的にならざるを得なかったのだ。

では70年代後半から80年代前半のアニメブームと同時期の（特撮）ヒーロー番組の推移を簡単に振り返ろう。この時期の国内ヒーロー番組『仮面ライダー』を生んだ東映による「スーパー戦隊」シリーズと「メタルヒーロー」シリーズがその中核を担うことになる。両者とも、リトル・ピープル的な等身大のヒーローを描きながら、壊死を始めながらもまだ健在だったビッグ・ブラザー的な正義／悪の概念に支えられているという「ねじれ」を孕んでおり、その「ねじれ」を脱物語化によって——徹底した児童向けの番組として形式化することで——「基本的には」回避してきたと言える。これらの作品群は70年代のような社会現象には結びつくことはなく、ヒーロー番組にとって80年代は安定期ではあるものの相対的にはやや低調な時代だと位置づけることができる。

『秘密戦隊ゴレンジャー』（1975～77年）から始まり、現代も継続中の「スーパー戦隊」シリーズは3色あるいは5色などに塗り分けられた強化スーツに身を包んだ主人公たちがチームを組んで「怪人」と戦うというフォーマットを備えている。第3作『バトルフィーバーJ』からは、一度倒された怪人が巨大化して再生し（つまり怪獣になり）主人公たちは所有する巨大ロボットを操縦してこれを撃退するという展開がフォーマットに加わる。[*2]
こうした「スーパー戦隊」シリーズの表現は、いわば『ウルトラマン』と『仮面ライダー』の折衷となっている。前半では強化スーツに身を包み「怪人」と戦い、後半は巨大ロボットを操縦して「怪獣」と戦うという構造が象徴的だ。そして「戦隊」という呼称もまた同様にシリーズの性格を端的に表現している。「戦隊」という呼称はシリーズがいわばリトル・ピープル＝仮面ライダーとビッグ・ブラザー＝ウルトラマンとの中間の存在であることを示し、その存在は「科学特捜隊」程度の大文字の政治性（が規定する公共性）への信頼に規定されている。つまり、ウルトラマン＝軍隊のような政治性を引き受けることはないが、仮面ライダーのようなアナーキーな存在ではない。そしてその中程度の政治性への意志は、『仮面ライダー』的な脱物語化を踏襲することで少なくとも第1期「ウルトラ」シリーズのようには追求されない。具体的には「スーパー戦隊」シリーズにおける物語性は『仮面ライダー』的な脱物語化によって処理されるか、チームの中での承認獲得という小さな公共性に規定された成長譚という形式で処理されることが多い。その中間性を裏付けるようにこの時期の「戦隊」の設定は軍隊（『秘密戦隊ゴレンジャー』『太陽戦隊サンバルカン』『電撃戦隊チェンジマン』など）を基本としながらも、徐々に宇宙人や異次元人といった人類社会のマイノリティが組織した地下団体という設定が増えていく（『超電子バイオマン』『超新星フラッシュマン』『高速戦隊ターボレンジャー』）。

また、「スーパー戦隊」シリーズと並んで80年代におけるヒーロー番組の中核を担ったのが1982年に放映が開始された『宇宙刑事ギャバン』から始まる「メタルヒーロー」シリーズだ。同じく東映による「仮面ライダー」シリーズの後継として登場した同シリーズのコンセプトは、その現代化にあった。同シリーズはアクション俳優による殺陣を基本としてきた「仮面ライダー」シリーズの演出を踏襲しつつも、「変身」後のアクションシーンには合成などによる画面効果を基本とした特撮を前面に押し出した派手な演出に切り替えることでイメージの刷新を図ったと言える。

物語面ではシリーズの端緒たる『宇宙刑事ギャバン』『宇宙刑事シャリバン』『宇宙刑事シャイダー』の「宇宙刑事」シリーズが宇宙規模の警察組織(端的に「国連」の比喩)から派遣された主人公が異次元からの侵略者と戦うという設定を採用している。ギャバンやシャリバンといった主人公たちは国家権力というビッグ・ブラザー的な背景をもちながら、やはりかつての「ウルトラ」シリーズのようにその根拠が問われることはない。彼らに与えられた物語は常にその家族や血脈の問題を通じた個人のアイデンティティの問題である。たとえば『宇宙刑事シャリバン』には脚本に参加した上原正三がかつて「ウルトラ」シリーズで追求したマイノリティの問題がアレンジされて再話されている。上原がかつて執筆した『帰ってきたウルトラマン』第33話では高度成長による社会のフラット化(消費社会化)が逆説的に浮き彫りにする日本的共同体のもつ前近代性が、異星人である郷秀樹＝ウルトラマンの視点から社会の問題として描かれていた。しかし、上原が同様の主題を用いた『宇宙刑事シャリバン』では、異星人との間に生まれた主人公のアイデンティティの問題が前面化している。社会に残存する封建的な制度の告発ではなく、それが半ば解消されたゆえのアイデンティティ不安に力点が移ったのだ。これらは「仮面ライダー」的、東映的、リトル・ピープル的な想像力を基盤に、「ウルトラマン」的、円谷的、ビッグ・ブラザー的な想像力を部分導入する作業だったと言える。この「メタルヒーロー」シリーズは90年代後半まで東映特撮の定番枠として継続していくことになる。

この時期、「ウルトラ」シリーズも、「仮面ライダー」シリーズも断続的に続編が制作されているが、70年代のようなブームには至っていない。当時流行していた『3年B組金八先生』などの学園ドラマの要素を取り入れた『ウルトラマン80』（1980年）はその高い特撮技術を評価されながらもやはり第2期の各番組同様にコンセプトが二転、三転し内容的にも商業的にも「ウルトラマン」という回路を再生したとは言い難い。原点回帰を謳い、初代『仮面ライダー』第1クールの怪奇路線を踏襲した『（新）仮面ライダー』（1979～80年）も同様に初期のコンセプトを放棄し、歴代仮面ライダーの客演で話題を持続させる第2期「ウルトラ」シリーズの手法を採用する。次作『仮面ライダースーパー1』は宇宙開発

（ファンタジックな公共性）に奉仕すべく自ら改造人間となった主人公を設定し、メカニカルな意匠とアクションシーンにおける事実上の武器（ファイブハンド）、そして当時流行だったカンフー映画風の殺陣の導入によって、物語／映像の双方にわたってイメージの刷新を図った。同作は前述の「宇宙刑事」シリーズの直接的原型であり、実際後番組となったのが『宇宙刑事ギャバン』である。

いずれにせよ、70年代から80年代にかけて国内における「ヒーロー」という表象は仮面ライダー／東映的な回路にウルトラマン／円谷的な回路を部分導入することで、撤退戦的に物語を語る器として機能しようとしていたと言えるだろう。

平山亨と大野剣友会による「仮面ライダー」シリーズは80年代前半に『仮面ライダーZX』で幕を下ろす。これは児童誌での特写スチールとストーリー紹介を中心に展開された特殊な作品で、一連のプロジェクトの集大成として1984年に特別番組というかたちで単発枠での映像化が行われている。前述の『ウルトラファイト』がそうであったように、玩具販売が制作動機の中で大きな位置を占めるヒーロー番組は、こうした作品それ自体とキャラクターとの主従関係の逆転が、かなり早い時期から確認できる。この逆転現象は、本作がやがてゼロ年代に漫画『仮面ライダーSPIRITS』として事実上再話されていることが象徴的だが、後のヒーロー番組の、ひいては国内におけるキャラクター文化それ自体に大きな影響を与えていく。

1987年『仮面ライダーBLACK』は、平山が去り、新しい制作陣の手による新しいシリーズの端緒となるべく「仮面ライダー0号」と位置づけられた企画であり、最終戦争(ハルマゲドン)のモチーフを取り入れ、コンセプトの刷新を図った。

最終戦争(ハルマゲドン)は80年代に消費社会が浸透していく中で、漫画/アニメといったポップカルチャーの中で多用されたモチーフである。序章で紹介した通り、大きな物語を失い、(歴史が意味づける)生の実感を失った「終わりなき日常」を生きる若者たちが、自分たちの日常がすべてリセットされた世界を描く虚構を支持する——最終戦争という物語形式はそんな欲望に駆動されていたと言える。

同作の主人公である南光太郎=仮面ライダーBLACKは、超古代から人類を陰で支配する宗教結社を束ねる王族の末裔《まつえい》と設定され、王の座をめぐり、親友であり同じく王位継承権をもつ秋月信彦=シャドームーンと争うことになる。

80年代は主にアニメーションによって、凋落《ちょうらく》した大きな物語の代替物としてのファンタジィが強く機能した時代だった。『風の谷のナウシカ』『AKIRA』『北斗の拳』——その中でも「最終戦争」のイメージは、未だ継続されていた東西冷戦を背景に、『機動戦士ガンダム』的な「架空歴史」のイメージと並ぶもうひとつの歴史(仮想現実)として機能する虚構のパターンとなった。ここでは「仮面ライダー」がハルマゲドンというモチーフを得ることで、大きな物語を「捏造」するという当時の想像力に求められた役割を果たしたと言える（同作の終了後には放映枠をそのままに続編『仮面ライダー BLACK RX』が制作された。事実上の放映延長だが、これは前述で紹介した設定の大半を変更し、ほとんど「メタルヒーロー」シリーズのコンセプトで演出された仮面ライダーとなっている）。

社会学者の大澤真幸はこのビッグ・ブラザーが壊死していく過程における近代の虚構化への欲望が台頭する時代を「虚構の時代」と位置づけて論じている。「虚構の時代」とは、正確には大澤の師匠筋にあたる社会学者の見田宗介の提唱した概念だ。見田は社会を規定するものは「現実」という概念と対になる〈反現実〉のイメージであると主張し、さらにその〈反現実〉のイメージが戦後の日本社会においては20年から30年の感覚で変化してきたと主張した。そして見田によれば、その〈反現実〉のイメージは、「理想」（アメリカン・デモクラシーとソビエト・コミュニズム）→「夢」（「政治の季節」のラディカルな社会変革）→「虚構」へと変化した。「〈理想〉（と現実）の時代」（戦後復興期）、「〈夢〉（と現実）の時代」（政治の季節）に続くのが70年代に出現した消費社会＝「〈虚構〉（と現実）の時代」になる。

大澤はこの見田の議論を整理し、80年代のオカルト・ブーム、架空年代記的なファンタジィの隆盛を「虚構の時代」の象徴として位置づけた。ここで重要なのが、大澤が「虚構」に退避した（大きな）物語への消費者たちの回帰の帰着点＝虚構の時代の「果て」に、アイロニカルなナルシシズムの記述法の発達を見出していることだろう。大澤は、「虚構の時代」における物語回帰を「アイロニカルな没入」という言葉で説明している。

> 人が虚構に準拠して行為するのは、その当人が、問題の虚構を（現実と）信じているからではない。そうではなくて、その虚構を現実として認知しているような他者の存在を想定することができるからなのである。当人自身は必ずしもその虚構を信じてはいない。信じているのは、私ではなく他者の方だ、というわけだ。ここに、意識において、アイロニカルな距離が張られる余地が生ずる。（中略）人々の行為を規定しているのは、何を信じているかではなくて、何を信じている他者を想定しているかである。自らは虚構を信じていなくても、その虚構を信じている他者を想定して行動してしまえば、虚構を信じている者と結果的には同じことをやってしまう。

●大澤真幸「増補 虚構の時代の果て」筑摩書房／1996年

「虚構の時代」の帰着点、それはその無根拠を自覚しながら、その欺瞞を引き受けながら〈あえて〉特定の物語にコミットするというメタ的な自意識、あるいは（自分は異なるが）世界にはそれを本当に信じている人々が存在するのだからそれは無価値ではないのだ、という論理で、物語回帰が支援されるという態度が一般化することである（アイロニカルな没入）。「空位の玉座を守る」という自意識は、それが空位であることを（自分は）知っているという自意識が、逆説的に玉座を守るという物語への没入を先制防御的に強化していく。「虚構の時代」＝ビッグ・ブラザーの壊死に人々がファンタジィによって抗おうとしていた時代は、このアイロニカルな没入という態度をもって最終戦争という虚構それ自体を現実に実行しようとしたカルト教団のテロが世界を震撼させたあの１９９５年に、終わりを告げることになる。

＊1　付記するなら富野由悠季監督『機動戦士ガンダム』から庵野秀明監督『新世紀エヴァンゲリオン』に連なる系譜が「ロボット」という回路を巨大なペニスの仮構装置と見做していたとするのなら、高橋良輔監督『装甲騎兵ボトムズ』、押井守監督『機動警察パトレイバー』などの作品はこの系譜のオルタナティブとして、徹底してペニスであることを拒否したシステムとしての「ロボット」に拘泥した表現を模索していたと言える。その結果、高橋作品においてはロボットに乗り込む主人公は過剰に男性的な身体を引き受けざるを得なくなり、押井守は終始ロボットという過剰に人像に近い意匠をもてあましていた、とひとまずは言えるだろう。

＊2　「スーパー戦隊」シリーズに巨大ロボットが導入されたのは直接的には『スパイダーマン』（１９７７～78年）の踏襲である。東映とアメリカのマーベル・コミック社の提携により制作された同作は、同名の有名アメリカン・コミックを日本風にアレンジした特撮ヒーロー番組である。これは日本版制作スタッフが、

アメリカ産のヒーローを日本に対応させるべく付加した要素である。つまりここにはその強靭な身体を獲得することによってビッグ・ブラザーたり得るアメコミ・ヒーローと、巨大ロボットという依代を必要とする「虚構の時代」下の日本産ヒーローの差異が端的に現れていると言える。そしてこの巨大ロボットというモチーフは商業的成功を経て東映・マーベル提携作品第2弾としての側面をもつ『バトルフィーバーJ』に踏襲されることになる。

7　〈戦後〉の終わりと〈環境〉としての暴力

1995年——春樹をも「転向」させたこの時代、怪獣映画／ウルトラマンは息を吹き返す。ただし、それはビッグ・ブラザー的ヒーローの復活ではなく、その死を確認する想像力を発揮することになった。その担い手となった平成「ガメラ」シリーズ、平成「ウルトラマン」シリーズ、そして『エヴァンゲリオン』は、その不可能性を自ら体現しながらも、リトル・ピープルの時代の想像力の萌芽を残していく。

1995年は虚構の時代、すなわちビッグ・ブラザーの壊死が進行していく時代の臨界点だった。第一章で紹介したように、阪神淡路大震災とオウム真理教による地下鉄サリン事件は村上春樹の小説群において象徴的な事件として扱われている。この直前には国際的には半世紀近く継続した冷戦構造が解体し、国内的にはバブル経済が崩壊することで冷戦下の戦後レジームが崩壊している。そしてこの前後には規制緩和による日本的企業社会の解体が始まる一方でウインドウズ95のリリースによりインターネットが普及し始めている。国内的にこの1995年は冷戦下の戦後レジームからグローバル／ネットワーク化の21世紀的な世界へのターニング・ポイントとして扱われることが多い。そして、神戸市に壊滅的な打撃をもたらした震災と、カルト的な結社の毒ガステロといったまさに70年代から80年代にかけてのファンタジィ的想像力を現実に行使したような事件と言える地下鉄サリン事件は、ともにひとつの時代の「終わり」の象徴として位置づけられたのだ。これらの事件が世界を変えたのではなく、世界が変わったことの象徴としてふたつの事件は国内の文化空間に位置づけられたのだ。

そして文学の世界における春樹がそうであったように、児童向けのポップカルチャーも1995年的なものに大きな影響を受ける。具体的には、60年代末の「政治の季節」の終わりから、基本的にはリトル・ピープルの時代の消費社会の浸透の中でその機能を失いつつあったビッグ・ブラザー的な想像力、すなわち怪獣映画と「ウルトラマン」シリーズが一時的に息を吹き返すのだ。ただし、それはビッグ・ブラザーの時代が再来し、世界に支援されてかつての想像力が復活したことを意味しない。むしろその逆で、この時期の怪獣映画／ウルトラマンのルネサンスはむしろ、この二十余年徐々に進行していったその死を確認し、葬送するためにこそこのタイミングで呼び出されたと言っていい。それは言い換えれば昭和期のウルトラマンのような超越者を想定せずにいかに国家を、社会を守るためのヒーローを設定するかという挑戦でもあった。大戦期のような力はもはやもたない国民国家亡きあとの公共性がここでは問われていた、とすら言えるだろう。その担い手となったのは『ガメラ　大怪獣空中決戦』（1995年）から始まる平成「ガメラ」シリーズと、『ウルトラマンティガ』（1996年）から始まる平成「ウルトラマン」シリーズだ。

これらの作品は80年代に発達した高年齢向けのアニメ作品から得た作劇上の手法と最新の特撮技術を盛り込むことで、怪獣／ウルトラマンという表現の更新を図ったものだ。たとえば前者については、その組織戦の描写にアニメ「機動警察パトレイバー」シリーズの影響が強く見られる。『機動警察パトレイバー』は現存する官僚組織としての警察機構の細部を描写することによって、SF的ガジェットに支えられたパニック映画にある種のリアリズムを導入することに成功した作品として位置づけることができる。「ガメラ」シリーズは東宝の「ゴジラ」に対抗した大映株式会社が怪獣ブーム期に立ち上げた怪獣映画シリーズで、断続的に続編の制作されていた「ゴジラ」シリーズとは異なり、シリーズは長く中断していた。しかし脚本に「機動警察パトレイバー」シリーズを手がけた伊藤和典を起用した点が象徴的だが、平成「ガメラ」シリーズはこの手法を導入することで、これまでの怪獣映画にはないリアリティを獲得したと言える。

だがここで私が注目したいのは『機動警察パトレイバー』から平成「ガメラ」シリーズへの流れの中で、新しい公共性という主題が結果的に浮上することになったことだ。平成「ガメラ」シリーズは、主役怪獣ガメラを「地球の守護神」として定義し、「敵」となる怪獣たち——暴走を始めた古代の生物兵器や、その繁殖の過程で地球環境を破壊してしまう宇宙生物と設定される——を「環境」的なもの＝天災と設定した。ガメラは人類を脅かす生物兵器や宇宙怪獣に対抗して戦うがそれは結果的に人類と共闘しているだけに過ぎず、ガメラの目的はあくまで地球とその生態系の保守に過ぎない。これは、かつて国民国家の語る（大きな）物語に支配された「軍隊」の比喩であったヒーローや怪獣を、「環境」の比喩に置き換える行為だったと言えるだろう。つまりビッグ・ブラザーの壊死によって巨大なものを疑似人格にたとえることができなくなった時代に、怪獣たちは「環境」という非人格的なシステムとして、自意識をもたず物語を語らないものとして再設定されたと言えるだろう。

そのため同シリーズにおいてヒロイックな物語を担うのは、ガメラを支援する自衛隊員や科学者たちに設定される。彼らはナショナリズムや民族意識ではなく個人的に抱える職業倫理を主に動機として状況にコミットし、人類に利する「環境」であるガメラを支援していく。この物語構造は、パニック映画としての災害シミュレーションの側面を重視するという映画の演出コンセプトとも合致し、同シリーズは新しい怪獣映画のイメージを提出することに成功した。

だがその一方で、同シリーズはそのコンセプトの新しさゆえに多くの困難にも衝突することになった。

その代表的なものは、職業倫理を動機に状況にコミットする主人公たちと、巨大な「環境」であるガメラとが接続する想像力についての困難だ。たとえば同シリーズにはガメラと「交信」可能な、ある種の超能力を備えた少女たちが登場する。彼女たちは、ガメラを支援することはできても「怪獣映画」というジャンルの制約上、大状況それ自体にコミットできない（自衛隊が敵怪獣を駆除してしまう怪獣映画は成立しない）主人公たちと、非人格的存在であるガメラとを接続し、物語に支援された感情移入をガメラにもたらす役割を負っている。だが、こうした人類とガメラの「交信」によるガメラの人格化は、同シリーズのコンセプトと決定的に矛盾する。そもそもヒーロー怪獣を非人格的な環境として捉えることで、ビッグ・ブラザー亡きあとの怪獣映画——戦争映画ではなくパニック映画のファンタジィ化としての怪獣映画——を成立させるというのが、平成「ガメラ」シリーズのコンセプトだったからだ。

この問題が端的に露呈しているのが『ガメラ2　レギオン襲来』の終盤の展開だろう。地球の守護神ガメラは宇宙怪獣レギオンとの戦いに敗れ、仮死状態に追い込まれる。レギオンによって人類は滅亡の危機に瀕する。そこで人々はガメラの復活を「祈る」。彼らの「祈り」によって奇跡が起こり、ガメラは復活し、レギオンを撃破する。平成「ガメラ」シリーズのリアリズムの基準は、ここで振幅する。同シリーズのリアリティは、怪獣のようなイメージでひとつの公共性（たとえば国家）やその破壊者（他国）を比喩できなくなった時代＝リトル・ピープルの時代を背景に、それでも社会の全体性を志向する／しなければならない人々が直面するものを丁寧に拾うことで成立していたと言える。しかし誰もがガメラに「祈った」その瞬間、世界は一気にビッグ・ブラザーの時代に巻き戻ってしまう。ガメラがこの瞬間に、「国家」に戻ってしまうのだ。同シーンは、平成「ガメラ」シリーズの提出した新しい怪獣映画のイメージのアドバンテージと、それゆえに発生した公共性にまつわる戸惑いを象徴していると言える。個人的な動機、たとえば個人の考える職業倫理に基づいて状況にコミットする人々の群像劇と、状況を決定的に作用する巨大なもの＝環境のレベルの事象とをつなぐ想像力がここには存在せず、そしてそれを性急に求めたその結果としてガメラはビッグ・ブラザーの時代に巻き戻り人間化、人格化してしまったように思える。そして、平成「ガメラ」シリーズ3部作の末尾にあたる『ガメラ3 邪神《イリス》覚醒』では、ガメラと交信可能な少女をヒロインとして明確に設定し、その過去の精神的外傷とその回復が、ガメラと敵怪獣との戦いに重ね合わされる。この物語構造によって同作はもっとも主人公たちの感情の起伏と物語的／演出的な運動が連動した映画として結実しているが、その反面前2作を貫いていたコンセプトはほぼ失われている。

この構造をほぼ真逆に裏返すことで反復したのが、平成「ウルトラマン」シリーズ第1作『ウルトラマンティガ』だ。同作は『ウルトラセブン』のアップデート版として、極めて意識的に1995年以降の――リトル・ピープルの時代のウルトラマンの成立条件を問うものだった。

ウルトラマンは外宇宙に存在する理想郷「光の国」から来訪した絶対正義の体現者である――『ウルトラマンティガ』は昭和ウルトラマンに存在したこの前提を捨て去ることからスタートした。同作におけるウルトラマンとは古代人類の決戦兵器（？）のようなものであり、特定の遺伝子をもつ人類が融合することで数々の超能力を有する光の巨人＝ウルトラマンへの変身が可能となるシステムのことだ。この設定は、番組開始からテレビシリーズの終了、そして続編映画の制作を経て前面化していくのだが、これは同作がシリーズの中で明確にウルトラマンを「人間」として定義していったことを意味する（前述の切通理作は著書『特撮黙示録 1995－2001』で、この過程を主要エピソードの紹介を交えつつ、精密に紹介している）。かつてモロボシ・ダン＝ウルトラセブンは、超越者としての身体と人間の精神の狭間で苦悩することで、ビッグ・ブラザーの不可能性を体現していった。そして平成のウルトラセブンとして登場したダイゴ隊員＝ウルトラマンティガは、明確に人間としての自意識をもち、ティガの力を人類のために行使することに躊躇《ためら》いがない。なぜならば、冷戦をその背景にした『ウルトラセブン』とは異なり『ウルトラマンティガ』の敵は平成「ガメラ」と同じく「環境」的な存在として位置づけられているからだ。そしてこれは同時に、同作がウルトラマンという表現自体を成立させていた超越性を、自ら放棄したことを意味した。ウルトラマンを明確に「人間」と位置づけ、主たる敵を非人格的な「環境」として位置づけた『ウルトラマンティガ』は、いわばガメラ（非人格的な、「環境」としての巨大ヒーロー）が存在せず、自衛隊員がスーパーロボットに登場して戦う平成「ガメラ」シリーズのようなものだ。

『ウルトラマンティガ』の第52話（最終話）「輝けるものたちへ」にて、やはり最大の危機に瀕し仮死状態に追い込まれたウルトラマンティガは、「テレビ」でその危機を報じるニュース番組を見ている子どもたちの「祈り」で復活を遂げる。このとき、テレビの前でティガに祈る子どもたちは光に包まれ、ティガと一体化していく。そしてティガは困難を打破し物語はハッピーエンドを迎える。だが、同作の結末はふたつの意味でむしろウルトラマンの「死」を、ビッグ・ブラザー的なヒーローの不可能性を決定的に確認している。

第1に「テレビの前の子どもたち」とウルトラマンが同化するという演出は、徹底してウルトラマンをあくまで人間として描き続けた同作のコンセプトの最終形でもあるが、それは同時にウルトラマンという超越的な存在の否定に他ならない。物語のエピローグでウルトラマンへの変身能力を失ったダイゴ隊員は「人間は自分の力でウルトラマンになれるんだ」ともはや光の巨人が人類に必要ないという見解を示す。切通は前掲書で、これをウルトラマンの自己否定と解釈している。[*1]

また切通は前述の子どもたちの「祈り」でウルトラマンが復活するシーンを、『ガメラ2』の終盤の展開と重ね合わせ「黙示録的共生感」と形容している。人間同士の争いではなく、人類の存亡をかけたような大災害＝「環境」という「敵」の襲来に際したとき、人類は国民国家的なイデオロギーのような装置（物語）がなくても公共性を発揮し、連帯する。この連帯を促すものを切通は「黙示録的共生感」と呼んでいる。

だが私見では、この「黙示録的共生感」とナショナリズムは、それが「テレビ」という装置に媒介されていることが象徴するように、決定的に異なるものとは言えない。その意味においで同作の結末は、改めて「ウルトラマン」というイメージがビッグ・ブラザーの時代にしか成立しないことを自ら告白しているように思える。仮にこの「黙示録的共生感」がナショナリズムを超えたものであったとしても、そのひとりひとりの「祈り」が結集して（集合知的に）大きな力を動かすというイメージと、偶然に巨大な力を得た個人の自意識の拡張（ウルトラマンティガ）というイメージは大きく矛盾する。黙示録的共生感のもたらした集合知的な公共性を「人間としてのウルトラマン」（ダイゴ隊員の自意識）が代表することは本来なら不可能だ。「黙示録的共生感」のもつ集合知的イメージと、ダイゴという「人間」の自意識をもつウルトラマンという本作のモチーフは相容れない。だからこそ、ウルトラマンティガは物語の結末で消滅する以外にはなかった。『ウルトラマンティガ』は平成「ウルトラマン」シリーズの端緒となる作品でありながら、ウルトラマンという表現自体の限界を露呈し、終わりを告げた作品でもあった（それゆえに極めて批評的なイメージを多数提出した）と言えるだろう。

平成「ウルトラマン」シリーズは同作以降、2作が放映されている。『ウルトラマンダイナ』（1997〜98年）では、外宇宙に進出していく人類とその守護者としてのウルトラマンの活躍が描かれる。フロンティアを開拓し、科学の作る明るい未来を模索するという基本設定から窺い知れるように本作は物語面、演出面ともに昭和期のウルトラマンへの回帰が志向されており、その結果、やはり結末はウルトラマンの（事実上の）死が描かれる。ビッグ・ブラザー的なヒーローはもはや成立しないことが、昭和回帰とその自己反省的結末によって、結果的に示されているとすら言えるだろう。

続いて放映された『ウルトラマンガイア』（1998〜99年）は、『ウルトラマンティガ』のコンセプトをより徹底した番組だと言える。ウルトラマンを超越者としてもはや描けない同作は徹底して群像劇の手法を採用し、怪獣の脅威に対抗する軍人たちの物語が前面に押し出される。また、主役のウルトラマンも人類を含む地球環境の守護者＝ウルトラマンガイアと、地球環境保護のためには人類の粛清も辞さないウルトラマンアグルのふたりが登場し、その対立が物語のもうひとつの主軸をなすことになる。ガイアとアグル――異なる思想をもつふたりのウルトラマンという設定は、もはやウルトラマン＝超越者という解釈を完全に放棄している。『ウルトラマンガイア』は徹頭徹尾、人間たちの物語であり、そこにウルトラマンや怪獣といったビッグ・ブラザーの時代の遺産が商業的制約のために残存するという奇妙な空間を描くことになった。物語的にはリトル・ピープルの時代を生きる人間たちの世界を描きながらも、そのガジェットはビッグ・ブラザーの時代のものを借用しなければならなかった同作は、これらの矛盾する要素の混在が、まるで化学反応を起こすようにしてユニークな概念を提出したとも言えるだろう。その代表的なものは同作における「根源的破滅招来体」という概念だ。

「根源的破滅招来体」という概念はこの時期のウルトラマンがその自己矛盾によって物語内に常に混乱を抱えており、かつそのポイントが公共性にあったことを象徴するものだ。「根源的破滅招来体」とは地球の破滅を意図する異次元の存在とその走狗である一部の怪獣と定義されるが、その実態は作中で明示されない。

設定を紹介していても仕方がないので、意味論的な分析を行おう。平成「ウルトラマン」シリーズは「敵」を「環境」的なものとして捉えることで、怪獣を「災害」の比喩と捉えることでビッグ・ブラザー的なヒーローであるウルトラマンの延命を図ってきた（そしてその自己矛盾が常に内省的に問われてきた）と言える。このとき問題となるのはどこまでを同じ環境を有益とする「味方」とするか、という公共性の問題だ。つまり、地球人類の死滅は他生物にとって有益かもしれず、あるいは地球そのものの滅亡はある宇宙生物にとっては有益かもしれない。「環境」という視点からの正義／悪という概念を突き詰めるためには、本来は存在しない友敵の間に線を引くことが必要とされてしまい、そして線を引いた瞬間にそれは事実上「国家」と変わらなくなる。たとえば、平成「ガメラ」シリーズでは英雄的に自衛隊が描かれることに左派勢力から批判を浴びていた。この点、平成「ガメラ」は半ば確信犯的に、ビッグ・ブラザー的な「正義」に回帰していたと言えるだろう。一方で平成「ウルトラマン」シリーズは、あくまで「環境」を価値中立的なものとして描き、その「外部」から「根源的破滅招来体」なる正体不明の存在が来襲するという抽象的な概念を用いた設定を提出した。だがその結果、同作は「根源的破滅招来体」の走狗である怪獣は排除し、そうではない怪獣とは共闘するという描写に帰結し、結局は友敵理論に規定されるナショナリズムと選ぶところがなくなってしまった。「根源的破滅招来体」という新概念は、結局世界の外側に「敵国」を設ける発想に留まってしまったと言わざるを得ない。

平成「ガメラ」シリーズと平成「ウルトラマン」シリーズが追求したのは、従来のビッグ・ブラザー的な回路に拠《よ》らない巨大なヒーローのイメージだった。それはいわば「怪獣」を敵国軍隊ではないものとして再設定しようとする試みだった。しかしその試みは十二分に達成されたとは言い難く、むしろウルトラマン的なヒーローがビッグ・ブラザー的な回路から離脱できないことを、ウルトラマンの死こそを確認したと言える。しかし、その「環境」

として新しい「敵」を想定するという発想、誰もがウルトラマンになれる＝人間としてのヒーローの可能性、そして「根源的破滅招来体」という「国家」とは異なる巨大な「悪」のイメージ化への挑戦など、この時期に培われた想像力は後の国内ポップカルチャーの想像力に受け継がれていくことになる。

この時期の怪獣映画／ウルトラマンの苦闘は、70年代以降後退した「巨大なもの」への意思——大文字の政治性、大文字の正義への回復の意思だと言えるだろう。

ここで、村上春樹のことを思い出してもらいたい。『ねじまき鳥クロニクル』の第3巻が発表され、オカダ・トオルがバットを片手に「悪」＝ワタヤ・ノボルを（間接的に）殺害する姿が描かれたのは、やはり1995年だった。同作で主人公オカダ・トオルはその妻クミコにレイプ・ファンタジィ的にコミットメント＝究極的には無根拠な正義の執行のコストを転嫁した。このとき春樹が転嫁したコストを、同時期の怪獣映画／ウルトラマンはその結末で唐突に過ぎ去った世界——ビッグ・ブラザーの健在だった時代に巻き戻すことで隠蔽しようとした、とも言えるだろう。そしてこれはあえてネガティブな表現を用いれば、いよいよビッグ・ブラザーが完全に壊死を迎え、リトル・ピープルのみが存在する世界を迎えつつあった日本社会における、一種のアレルギー反応のようにも映る。だがこれは同時に平成「ガメラ」「ウルトラマン」両シリーズが、結果的に新しい「壁」、国民国家のようなビッグ・ブラザーとは異なる新しい「大きなもの」のイメージの構築という、問題の本質に迫っていたことも意味するだろう。

ビッグ・ブラザーの時代からリトル・ピープルの時代への移行期＝虚構の時代の終わりとしての1995年——このターニング・ポイントをもっとも体現する作品が、同年10月から放映開始された庵野秀明によるテレビアニメ『新世紀エヴァンゲリオン』だろう。70年代半ばから80年代にかけて、ロボットアニメはアニメブームの中核を担い、「拡張された身体」＝依代としてのロボットという特異なイメージを発展させていった。前述の『機動戦士ガンダム』の極めて直接的な影響下にある同作には、これまでのロボットアニメがそうであったように、巨大なペニスを仮構する装置としてのロボットが登場する。しかし、『機動戦士ガンダム』を通過した本作はその不可能性を織り込まざるを得ない。

主人公の少年碇シンジは、図式的なまでにポストモダン的アイデンティティ不安を抱えている。そんな彼に父親がロボットの操縦者として「敵」＝使徒と呼ばれる正体不明の存在（環境）と戦うという自己実現の回路を与える。『機動戦士ガンダム』に登場するロボット＝モビルスーツは兵器＝道具として、半ばリトル・ピープル的に描かれていたものだったが、シンジの乗るエヴァンゲリオン初号機は世界の創生の秘密を握る唯一無二の存在＝ビッグ・ブラザー的な超越性を孕んだ存在だ。しかし、シンジ少年もそしてこの物語それ自体も、そんなビッグ・ブラザー的存在を受容できない。シンジはこの父親（が背負う組織＝社会）が信じられず、何度かの往復の果てに最後はロボットに乗ることを拒否し、世界は終わりを迎える。そう、同作は『ウルトラマンティガ』や『ガメラ2』のように、ビッグ・ブラザーの復活を支持しなかった。むしろその死を徹底的に突きつけて、幕を閉じるのだ。

このビッグ・ブラザーの死を確認して幕を閉じる結末は、エヴァンゲリオンというロボットの設定から考えても必然的なものだったように思える。シンジが搭乗するエヴァンゲリオン初号機には、事故死したシンジの母親の精神が憑依している。ロボットにむしろ母胎のイメージを重ねるという想像力は、富野由悠季から庵野が継承したものだ。『機動戦士ガンダムF91』（1991年）、『機動戦士Vガンダム』（1993〜94年）で富野はロボットを母権的なものの象徴として描き、主人公の少年の全能感を保証するものとして読み替える想像力を行使した。そしてそのことで、ロボットという男根を仮構する回路の不可能性を執拗に抉《えぐ》り出していった。これを引き継ぎ、作品の中核に据えたのが『新世紀エヴァンゲリオン』だった。

「父権によって与えられた身体＝ロボット」を得ることで少年が社会化しようとする力と、その身体＝ロボットに宿った母権に守られて胎内的な全能感に留まり続ける力との両義性に引き裂かれているのがエヴァンゲリオンというロボットであり、本作の本質だった。

父権による社会化ではなく、母権による全能感を根拠にロボットと同一化し、それをもって世界と対峙すれば（ビッグ・ブラザーならぬグレート・マザーを仮構すれば）、それは村上春樹がこの時期に選んだものと同質な想像力に結びついたかもしれない。それは「母」的な異性にコミットメントのコストを転嫁する想像力に等しいからだ。しかし、同作はそれすらも拒否した。物語は、世界が終わりを迎えたあとにヒロインとふたり残されたシンジ少年が、彼女に「気持ち悪い」と拒絶されることで幕を閉じる。父権による社会化も、母権による承認も機能せず、同作においてはもはやビッグ・ブラザー的なヒーロー＝近代的・男性的な自己実現の可能性を延命できないのだ。

「ロボット」という回路を終わらせた同作は、同時に最終戦争（ハルマゲドン）の世界や架空歴史（宇宙世紀）といった「もうひとつの現実」に大きな物語を退避させる想像力（「虚構の時代」の想像力）の終着点でもある。同作で描かれる黙示録的な「世界の終り」（架空歴史）は、物語後半で主人公の少年少女の自意識の問題に確信犯的に矮小化されていく。前述の通り、同作で最終的に描かれるのは主人公の少年に与えられる母権的承認をめぐる物語であり、ここにおいて「ロボットアニメ」という虚構の時代の寵児は、「世界の終り」「架空歴史」を描くことを放棄し、その役目を終えたとも言える。それはビッグ・ブラザー＝ウルトラマン的なものの延命装置がついにその機能を停止したことを意味する。

その意味において『ガメラ2』『ウルトラマンティガ』がその結末で、世界を逆行させることであえて隠蔽したものを、または村上春樹がレイプ・ファンタジィという回路でアクセスしたものを、本作はただ端的に受け止め、提示して終わる。「虚構の時代」を担ってきたロボットという回路は、ここでひとまず臨界点を迎え、解体したと言っていい。そして「虚構の時代」をずるずると生き延びてきたビッグ・ブラザー＝ウルトラマンは、ここでついに完全に死に絶えたのだ。私たちはもはや世界の外部から来訪した大文字の正義（ウルトラマン）を信じることはできないし、それを「あえて」仮構する装置（ロボット）も信じられない。

ビッグ・ブラザー＝ウルトラマンの死を明言することで、『新世紀エヴァンゲリオン』は社会現象となり、第3次アニメブームを牽引し、文学、ポピュラーミュージックなど他ジャンルにも広く影響を与えていく。またこの時期にインターネットの普及に伴い拡大していった現代のオタク系文化の消費者コミュニティの下地が整えられていく。

一方でその後――ゼロ年代を迎えると怪獣映画は再び低調になっていき、制作会社円谷プロダクションの経営不振もあり、「ウルトラマン」シリーズもまた断続的に継続されるもヒット作品に恵まれず停滞期を迎えていく。

もうビッグ・ブラザーの出てくる幕はない。しかし、ビッグ・ブラザーが（完全に）死んだからといって、世界がそこで終わるわけはない。そしてあとには、大きな物語を喪った私たち——リトル・ピープルたちの生が、確実に残されている。かくして、ビッグ・ブラザーが完全に死滅した新しい世界＝リトル・ピープルの時代は始まったのだ。

そしてビッグ・ブラザーからリトル・ピープルへ。この変化がほぼ完了したとき、国内における「ヒーロー番組」は意外なかたちで再び復活を遂げる。仮面ライダー＝リトル・ピープルの復活として。

＊1　たとえば『ウルトラマンネクサス』（2004〜05年）では、ウルトラマンへの変身能力をもつ登場人物が複数登場した。これは『ウルトラマンティガ』の最終話が提示したイメージの継承であり、後述する平成「仮面ライダー」シリーズの直接的な影響の下に採用された設定であると思われる。これは同作に高い現代性を与えると同時に、「ティガ」以上にウルトラマンという超越的なヒーローそれ自体の説得力低下を自ら証明してしまったと言える。

	ビッグ・ブラザーの時代	（ビッグ・ブラザーの解体期）	リトル・ピープルの時代
年代	～1968	1968～1995（日本）／2001（世界）	1995／2001～
国際秩序	冷戦	冷戦→グローバリゼーション	グローバリゼーション
壁（世界構造）	国家権力	国家権力→ネットワーク	（貨幣と情報の）ネットワーク
壁のイメージ	ビッグ・ブラザー（疑似人格） オーウェル『一九八四年』	ビッグ・ブラザーからリトル・ピープルへ （ビッグ・ブラザーの捏造）	リトル・ピープル（非人格的システム） オブライエン『世界のすべての七月』
戦争	国民国家間の総力戦	冷戦下の代理戦争	テロの連鎖
悪	ファシズム、スターリニズム	連合赤軍、オウム真理教	原理主義など
悪の原因	権力への意思（大きな物語の強制）	アイデンティティ不安小さな物語の暴走）	システム化の反作用（小さな物語間の衝突）
悪のイメージ	怪獣	怪人	？？？
ヒーロー	（第一期）ウルトラマン	（第二期）ウルトラマン、（昭和）仮面ライダー	？？？
ロボット	鉄腕アトム、鉄人28号（科学の夢）	マジンガーZ、ガンダム、エヴァンゲリオン（男性性の仮構）	？？？
卵	（ビッグ・ブラザーからの）デタッチメント	デタッチメントからコミットメントへ	（リトル・ピープルへの）コミットメント
アメリカ	黒人兵のペニス		環境（Google，Amazon，マクドナルド）
問題	大きな〈父〉の解体		小さな〈父〉たちの調整

8 「終わらない世界」のはじまり

1995年からゼロ年代にかけて――世界はグローバル／ネットワーク化によって新秩序＝リトル・ピープルの時代を迎える。ビッグ・ブラザーの死は世界の終りではなく、新しい時代のはじまりだったのだ。そしてビッグ・ブラザーの壊死が始まったときにその生を享《う》けた仮面ライダーは、リトル・ピープルの時代にこそそのポテンシャルを発揮していくことになる。

「もうビッグ・ブラザーの出てくる幕はない」――しかし、世界は終わらなかった。ビッグ・ブラザーという巨大な装置の壊死はひとつの時代の終りではあっても、世界の終りを意味しなかったのだ。

ここで議論を整理しよう――国内における「怪獣」という想像力は近代国家とその権力＝ビッグ・ブラザーの極めて直接的な比喩だった。その誕生秘話が第五福竜丸の被爆と重ね合わされて設定されたゴジラは、まさに戦後的な（サンフランシスコ体制的な）「ねじれ」の象徴として町々を破壊したのだ。だが、この「ねじれ」がやがて未曽有の経済成長と安定した生活、そして前近代的な村落共同体からの解放を日本国民にもたらしていったように、ゴジラもまたやがて正義の味方として宇宙怪獣や侵略宇宙人という「外敵」から市民を守る存在として描かれていった。

その延長線上に誕生したウルトラマンはまさに戦後的「ねじれ」の光の側面を体現するビッグ・ブラザーの時代の、あるいはビッグ・ブラザーとしてのヒーローだった。そう、ビッグ・ブラザーの時代のヒーローは、ビッグ・ブラザーという「悪」なくしては成立しない。そしてそれゆえに、戦後的「ねじれ」の欺瞞をその全身に引き受けることになり、政治の季節が終焉を迎えるとビッグ・ブラザーと共に徐々に壊死していくことになった。ウルトラセブンがその自己矛盾に引き裂かれ、ほとんど廃人になって西の空に明けの明星が輝く頃、宇宙へ飛び去ったときに、国内におけるヒーローという想像力は巨大な暗礁に乗り上げ始めたと言っていい。

その後、70年代から90年代までの間（虚構の時代）――それはかつてウルトラマンが依拠していた「戦後」的なものが分解していく時代でもあったのだが——私たちはビッグ・ブラザー（の時代のヒーロー）をロボット＝拡張された機械の身体という装置で補う道を選んだ。マジンガーZ、ガンダム、エヴァンゲリオン——父親的な存在が少年に拡張された身体を与え、そして少年はその巨大な偽者の身体を用いて社会的自己実現を果たす。だが、このロボットという回路はガンダムからエヴァンゲリオンへの流れの中で徐々に自己言及的に解体されていった。「戦後」的なものが完全に退潮していく時代に現れたエヴァンゲリオンとは、まさにこのロボットという回路の不可能性、ひいてはビッグ・ブラザーとしてのヒーローの不可能性＝ウルトラマンの死を描いた想像力だとすら言えるだろう。

私たちはまずビッグ・ブラザーを喪った。近代とはそもそもビッグ・ブラザー的な疑似人格、物語装置を仮構し、耐用年数を迎えてはそれを解体し作り直す動的スパイラルの時代だが、さらにこの時期にはビッグ・ブラザーという回路自体が機能しなくなっていったと考えるべきだろう。

この軌跡は奇しくも村上春樹のそれと一致する。

前述のように、村上春樹もまたこの政治の季節の終焉＝68年の記憶から出発した作家だった。春樹はビッグ・ブラザーの壊死を他の誰よりも敏感に、そして深く察知することで自身の文学を組み立てていった。そのひとつの到達点が、『世界の終りとハードボイルド・ワンダーランド』で提示された二層構造だろう。

二層構造が代表するのは、いわばふたつの態度（正義）だ。

ひとつはビッグ・ブラザーが自動的に壊死し「悪」が消滅しかけた今、「正義」もまた消滅する。そうなった以上は、現実へのコミットメント（正義の執行）を断念し、内面に引きこもる（ナルシシズムを記述する）ことだけがかろうじて「正義」らしきもの――春樹は「責任を取る」ことだと表現した――だとする立場（「世界の終り」）である。

そしてもうひとつは、ビッグ・ブラザーの壊死の後に出現する新しい「悪」を仮定し、現実にコミットメントするという立場（「ハードボイルド・ワンダーランド」）である。ただし、この「悪」の仮定は究極的には無根拠な独断であり、決して自分以外の誰かには共有してもらえない。かくして、主人公はその空虚さにタフな精神をもって耐える（自己完結）ことになる（それゆえに「ハードボイルド」なのだ）。ロボットアニメという回路は、この後者のバリエーションであると考えていい。80年代に富野由悠季が『機動戦士ガンダム』という架空の年代記の上でロボットを「兵器」＝大量生産される工業製品として描いたとき、同作はそれ（ロボット、架空年代記）が仮構されたビッグ・ブラザーであることを明示する効果を発揮したと言える。もちろん、ビッグ・ブラザーとはそもそも仮構された存在だ。だが、誰もがそれを前提に行動する時代はもはやビッグ・ブラザーの時代とは言えない。

一見、対立関係にあるかのように見える「世界の終り」と「ハードボイルド・ワンダーランド」は（春樹がそれをひとつの小説として書かなければならなかったことからも明らかなように）実は共犯関係にある。「ハードボイルド・ワンダーランド」的な自己完結したコミットメント＝ビッグ・ブラザーを仮構した上での正義／悪の記述を可能とするのは、その自己完結性を保証するナルシシズム（「世界の終り」）に他ならない。

逆方向から表現すれば、デタッチメントという立場が成立するためにはその対象がまず規定されなければならない。何からデタッチメントすべきなのか、具体的には「悪」がまず記述されなければならないのだ。そしてその「悪」を規定する「正義」はハードボイルド的な自己完結した正義に他ならない。デタッチメントという態度が成立するためにはビッグ・ブラザーの仮構が必要であり、そのためにはコミットメントが必要になる。「世界の終り」と「ハードボイルド・ワンダーランド」はそれ単体では成立できないのだ。だからこそ、春樹は「やれやれ」とデタッチメントする主人公を描くと同時に、彼の「悪」――羊や、やみくろや、あるいはワタヤ・ノボル――へのコミットメントを描いてきたのだ。

だが、前述のように春樹の描く「悪」はその像が一定しなかった。もっと言ってしまえば、どこか的外れだった。たとえば2011年の今、バブル景気を背景に消費社会に過剰適応した存在として描かれる五反田君や、ワタヤ・ノボルという巧みにメディアを操る保守政治家を、抽象的なレベルで現代の「悪」の象徴として扱うことに説得力があるだろうか。ロボットアニメがそうであったように、春樹もまたビッグ・ブラザー＝巨大な悪の仮構を試みては、その原理的な不可能性に報復されていったのだ。

旧い時代の終わり――壊死を続けるビッグ・ブラザーを人工的に仮構していった虚構の時代の終わりと、新しい時代――リトル・ピープルたちだけが存在する時代の幕開け――。1995年に私たちを震撼させた『新世紀エヴァンゲリオン』とオウム真理教による地下鉄サリン事件はともに象徴的な存在となった。ただし、前者は旧い時代の終わりとして、後者は新しい時代の幕開けとして。

オウム真理教はビッグ・ブラザーが壊死したから「こそ」出現した「悪」だった。それは巨大なものとの関係性が喪失し、誰もが寄る辺《よるべ》なき個として生きざるを得ない時代の不安が生んだ新しい悪＝リトル・ピープル的な「悪」だったのだ。そして、春樹は前章で確認したように――『1Q84』において明白にこの新しい暴力を捉えようとしていながらも、それに少なくとも現時点では失敗している。それは、春樹がオウム真理教以降の新しい暴力の問題――たとえば9・11のアメリカ同時多発テロとその報復戦争――のような問題を扱う際に投入される想像力が、いまだにどこか虚構の時代のもの（世界の終りノハードボイルド・ワンダーランド的二層構造）に引きずられているからに他ならない。

いみじくも春樹自身が述べるように「もうビッグ・ブラザーの出てくる幕はない」。だとすると、ビッグ・ブラザーの壊死に自覚的であれというメッセージも、デタッチメントからコミットメントへというキャッチフレーズも既に無効だろう。なぜならばもはや世界には無数のリトル・ピープルたちだけが存在し、無根拠なコミットメントだけが存在しているのだから。

新しい暴力について考えること、新しい正義／悪について考えること。それは大きなものがひとつあるのではなく、小さなものが無数に存在する世界を考えることだ。「もうビッグ・ブラザーの出てくる幕はない」と宣言することも、「ウルトラマンは死んだ」と宣言することも、もはや前提でしかない。私たちはその後を考える段階に入っているのだ。

村上春樹からエヴァンゲリオンまで――1968年から1995年までの約30年の間、この国の文化空間ではビッグ・ブラザー＝ウルトラマンの死に敏感であれというメッセージを確認／強調することが極めて強力な回路として表現を生んできた。

だがビッグ・ブラザーの完全な死――国内においては1995年前後における「戦後」レジームの解体――はビッグ・ブラザーを仮構する想像力（虚構の時代の想像力）をも無効化した。

多くの人々にとって、ビッグ・ブラザーの死とはすなわち世界の終りだった。だからこそ、1995年というあの時代にオウム真理教は最終戦争を自己演出し、『新世紀エヴァンゲリオン』はビッグ・ブラザー（ここでは国内アニメーション史における「ロボット」という回路）の不可能性を描くことによって、世界それ自体の破滅を描いた。
だが現実は彼らを裏切った。世界は（当たり前の話だが）、終わらなかった。村上春樹が（ビッグ・ブラザーからの）デタッチメントから（リトル・ピープルへの）コミットメントへ舵を切らざるを得なかったように、大きなものの解体（非人格化／脱物語化）は「世界の終り」では「なかった」。あとには小さなものたちだけが無限連鎖するリトル・ピープルたちの世界が残されたのだ。

ここで浮上するのが仮面ライダーという、国内を代表するもうひとりのヒーローだ。70年代初頭――政治の季節の終わり＝ビッグ・ブラザーの壊死が始まったその瞬間に生まれた仮面ライダーはあらゆる意味においてリトル・ピープル的なヒーローだった。外宇宙（外部）から飛来した超越者だったウルトラマンとは違い、同型の改造人間たちのひとりに過ぎず、いわばショッカーの脱走兵に過ぎない仮面ライダーはこの世界に内在するヒーローだった。戦意高揚映画をそのルーツにもち、サンフランシスコ体制のもたらした戦後的「ねじれ」を正面から引き受けた／引き受けざるを得なかったウルトラマンに対し、浅草東映的な娯楽時代劇をルーツにもち、石森章太郎の原作版に存在するアングラ・カルチャー的な政治性すらも剥奪した仮面ライダーというヒーロー、いや表現の回路が、リトル・ピープルの時代に息を吹き返す、いや本来のポテンシャルを発揮することになるのだ。

かくして、昭和の時代は脱物語化することでその姿を隠蔽していた、「本来の」姿を獲得して、仮面ライダーは再登場する。リトル・ピープルの時代に対応した新しいヒーローとして、仮面ライダーたちは生まれ変わったのだ。

それは問われるべきものそれ自体の変化を意味する。村上春樹も、そして昭和のヒーローたちもいかにして「父(正義の執行者)になる/ならない」かを問うことでその表現を成立させていた。だが、生まれ変わった仮面ライダーたちが直面したのは、自動的かつ不可避に世界に溢れかえっている「父」たちの世界だった。そこで問われるのは「父」たちの関係性、いかにして「父」同士がかかわるか、だった。

そして登場したのが、2000年『仮面ライダークウガ』に始まり、2011年現在放映中の第12作『仮面ライダーオーズ/OOO』まで続く平成「仮面ライダー」シリーズである。同シリーズはまさにこのリトル・ピープルの時代に対応することで、日本的想像力におけるヒーローという回路を決定的に書き換えた。同シリーズの特徴は概ね以下の3点に集約される。(1)「正義」の複数化、(2)「変身」の再定義、(3)超越/内在図式の解体——こうした特徴は、市場に渦巻くさまざまな欲望と結託したその結果、半ば自動的に備わっていった特徴と言えるだろう。市場に渦巻く欲望と結託するエンターテインメントだからこそ到達できる表現が、ここには結実している。では、具体的に作品を紹介しながら分析していこう。

9　物語回帰と内在的ヒーロー

世紀の変わり目に再び現れた「仮面ライダー」——このリトル・ピープル的ヒーローは、その商業的要請に応える中で奇形的進化を見せる。その「敵」は非人格的な「環境」そのものとなり、物語はこの「環境」下を生き延びていく仮面ライダー「たち」にフォーカスした。まさに自動発生する小さな「父」たちの関係性を、ヒーロー番組は描き始めたのだ。

2000年、平成「仮面ライダー」シリーズ第1作『仮面ライダークウガ』の放映が始まる。「からっぽの星／時代をゼロから始めよう」という主題歌の宣言通り、同作は東映プロデューサー髙寺成紀の主導のもと、原作者石森章太郎の没後はじめて制作される『仮面ライダー』のテレビシリーズとして、その表現の回路を大きく更新することになる。

具体的にそれは平成「ガメラ」「ウルトラマン」両シリーズが取り入れた組織戦のリアリズムを踏襲することから始まった。『機動警察パトレイバー』から平成「ガメラ」「ウルトラマン」両シリーズ、そしてテレビドラマ『踊る大捜査線』（1997年）を経由して洗練されていった、官僚機構としての警察を描く新しい刑事ドラマの手法を、同作は「仮面ライダー」に取り入れたのだ。たとえば、同作は刑事ドラマとしての側面が非常に強い。主人公の仮面ライダーは警察と協力して敵勢力の排除を行い、その際の警察組織の対応やマスコミによる報道がある程度精密にシミュレーションされる。物語的には、警察官たちが職業倫理を通じてアイデンティティを獲得していく物語が配置されており、その点についても平成「ガメラ」「ウルトラマン」両シリーズの強い影響が窺える。

そしてこれは同時に平成「ガメラ」「ウルトラマン」シリーズの影響下にある『仮面ライダークウガ』が物語面においてもこれらのシリーズが孕んでいた再帰的な物語回帰としての「正義」（勧善懲悪）を踏襲していることも意味した。それだけではなく、同作は平成「ガメラ」「ウルトラマン」が抱えた困難を、より強引にメッセージ性を押し出すことで突破しようとした作品として位置づけることができるだろう。

前節までで紹介したように、平成「ガメラ」「ウルトラマン」両シリーズはいわばビッグ・ブラザーの死を「認めない」というファンタジィに徹することで、現実に対して批判力を獲得しようとしたという側面がある。こんな時代だからこそ〈あえて〉（かつての、大文字の政治性に依存した）「正義」というファンタジィが必要なのだという再帰的な物語回帰としての「正義」は平成「ガメラ」「ウルトラマン」にも確認できる態度ではある。[*1] そして『仮面ライダークウガ』はこの物語回帰的な態度を前面化した作品に他ならない。

『仮面ライダークウガ』における「敵」はグロンギと呼ばれる超古代から蘇った怪人＝異民族たちだ。彼らは東京近郊を舞台に、人類の虐殺ゲームを催す。古代文明の遺した力で変身能力を身につけた主人公五代雄介＝仮面ライダークウガはこのゲームを進める怪人たちと対決することになる。ここで描かれているのは市民社会を守るためにテロを繰り返す異民族勢力を武力で排除するという、まさにポスト冷戦後に繰り返されてきた現実の反復だ。「みんなの笑顔を守る」という口癖をもつ五代雄介は、その暴力のもつ欺瞞を〈あえて〉引き受けながら警察組織と協力しグロンギに対抗していく。「みんな」とそうではないものの境界線を引き、その欺瞞を引き受けながら正義を行使していく仮面ライダークウガは平成「ガメラ」、平成「ウルトラマン」の両シリーズよりも自覚的に物語（事実上のナショナリズム）回帰を打ち出している。五代雄介＝クウガは劇中で理想の青年として描かれ正義を執行して「敵」を排除するだけではなく、周囲の若者たち――家出した小学生から、仕事一辺倒の母親を許せない少女まで――の教師的な役割を負うことになる。仮面ライダーはその手を汚し、暴力を引き受ける高潔さをもつだけではなく、それゆえに制作者の考える市民道徳の体現者として描かれることになる。『仮面ライダークウガ』はまるでオーウェルが描いた『一九八四年』に登場した独裁者＝ビッグ・ブラザーのように市民たちの道徳にまでその正義を及ぼすヒーローに回帰したのだ。

この自覚的な態度表明にはおそらく髙寺が60年代、70年代のヒーロー番組ファンコミュニティの出身であることが影響している。当時のファンコミュニティには、幼児から児童を主要な消費者とするヒーロー番組こそが消費社会下で前提化した相対主義に対するアンチテーゼを打ち出すべきであり、あえて勧善懲悪のファンタジィに徹するべきであるというイデオロギーがある程度の存在感を放っていた。『仮面ライダークウガ』のメッセージ性の前面化は、当時のヒーロー番組がポストモダン化が逆接的に促す物語回帰の期待が集中したジャンルであることを示していると言えるだろう。

「正義なき時代」のヒーロー番組は、概ね勧善懲悪というファンタジィを「あえて」訴える物語を語りがちである。そしてこの種の物語回帰は『ウルトラマンティガ』と『ガメラ2 レギオン襲来』の結末に現れているように、国民国家という大きな物語に支えられた公共性＝ビッグ・ブラザー的なものが未だに健在であるかのように「あえて」振る舞うという、もうひとつのファンタジィを要求する。ヒーロー番組がファンタジィであるのは当然のことだ。だがそのファンタジィが、世界を覆う不可避の変化——ビッグ・ブラザーからリトル・ピープルへ――を否定するためのアレルギー反応として用いられてしまうのだとしたら、それは想像力の敗北のようにも思える。

だが平成「仮面ライダー」シリーズが特筆すべきは、まさにこうして再帰的な物語回帰の器としてしかもはやヒーロー番組が機能しなくなっていた時代に、この正義なき世界を引き受けるからこそ成立する新しい表現を獲得した点にあるのだ。そして、平成「仮面ライダー」シリーズがこうしたヒーロー番組を縛る磁場から離陸していくのはシリーズ第2作『仮面ライダーアギト』（2001〜02年）からだ。

『クウガ』の商業的成功を背景に制作された『アギト』は前作に補助的に参加した若いクリエイターたちを番組の中核に据えて出発した。東映プロデューサーを高寺成紀からその後輩の白倉伸一郎に代替わりし、脚本にはあの伊上勝の長男である井上敏樹、演出には田﨑竜太が登板、現在に至るまで平成「仮面ライダー」を支え続けてきたメンバーが本作で出揃っている。本作から平成「仮面ライダー」はある方向へ確実に舵を切ることになる。

『仮面ライダーアギト』が描いているのは、いわば「敵」（悪）のいない世界だ。本作における「敵」＝アンノウンは（潜在的）超能力者を滅ぼすべく、人類の進化を望まない「神」的存在が放った怪人だ。本作における「敵」とは、人類がその進化と生存のために超えなければならない環境＝自然のようなものなのだ。そして本作における「仮面ライダー」＝（小さな）父とは、「神」的な存在がその発生を恐れる進化した人類（超能力者）のことに他ならない。作中における「アギト」は超能力者の総称であり、すべての人類は進化を経て「アギト」と化す可能性を秘めている。そう、本作において「仮面ライダー（アギト）」は唯一無二の存在ではない。作中には複数の仮面ライダー（アギト）が登場し、それぞれの立場からその過酷な運命（環境）と対峙することになる。本作は仮面ライダー「たち」がいかに悪（アンノウン）を撃破し正義を執行するのかではなく、過酷な「環境」下においていかに生き延びていくのかこそを主題に据えたのだ。

かつて『世界のすべての七月』に登場したダートン・ホール大学の卒業生たち――歴史から切断され、生きる意味を自ら獲得しなくてはならなくなった人々がそうであったように、本作における仮面ライダーたちの「敵」はもはやビッグ・ブラザー（疑似人格的に見做される国家／社会）の生む悪ではない。彼らの「敵」はアンノウンが象徴する過酷な環境それ自体、あるいは超能力者たちを排除しようとする人類社会それ自体だ。そして物語は仮面ライダー（アギト）たちが時には対立、時には共闘しながら、そんな世界において自分の居場所を発見し、アイデンティティを獲得していくさまを描いていくことになる。そして、おそらくこの物語構造は明確に意図されたものだ。本作における超能力（アギトの種）とは、まさにポストモダン的アイデンティティ不安の比喩に他ならないからだ。

ここで私たちは前述した仮面ライダーの「異形」のヒーローとしての側面を思い出すべきだろう。初代『仮面ライダー』の原作漫画において、仮面ライダー1号＝本郷猛は感情が高ぶるとその顔面に醜い改造手術の傷跡が浮かび上がる。本郷はその傷を隠すために仮面を被り、ショッカーへの怒りを胸に戦いを挑む。仮面ライダーにおける「仮面」を被るという行為つまり「変身」は、疎外感を逆差別的にナルシシズムに転化する装置として描かれていたのだ。疎外されているからこそ、その内面に「傷」を抱えるからこそ、「力」をもつ。原作漫画の初代『仮面ライダー』は、カウンターカルチャー的な回路を採用したヒーローでもあったのだ。

そして、本作に登場する超能力者たちは、ことごとくその過去の体験から精神的外傷（トラウマ）をもつ。これは石森章太郎の原作漫画の設定を踏襲したものであり、また90年代から国内に輸入されブームを起こしていたアメリカン・サイコサスペンスの要素を取り入れたものだろう。彼らは一様に過去の精神的外傷に苦しみ、アイデンティティ不安に晒されている。いや、これまでの文脈に従えばポストモダン的アイデンティティ不安に晒されているからこそ、彼らは——それ以外にその生を意味づける物語をもち得ないために——過去の精神的外傷からの回復に拘泥するのだ。歴史や国家という大きな物語を失い、ビッグ・ブラザーを喪った人々は、その生を意味づけるもの（敵）をも同時に失いアイデンティティ不安に陥る。そして内面＝世界の終りに引きこもることで、全能感を獲得しようと（ナルシシズムを記述しようと）する。

そして「傷」＝超能力を背景にした「変身」＝全能感の獲得という回路に、本作に登場する超能力者たちはことごとく魅せられていく。彼らの多くは仕事や家庭といった等身大の生活空間にはもはや関心を抱けず、まるでオウム真理教の信者たちのように自らの超能力を開発しやがてアギトとして覚醒すること（逆差別的ナルシシズムの確保）による救済を切望している。だが彼らのほとんどが覚醒に失敗し、アンノウンたちの前に命を落としていく。

そのため本作に登場する超能力者では「ない」人々、つまり普通の人々は逆にこのポストモダン的アイデンティティ不安を克服した、いや問題視しない存在として位置づけられることになる。彼らはその生の意味づけを、（国家や社会に頼らず）生活世界の内部に自力で発見している。それゆえに精神的外傷をもたない。いや「必要としない」のだ。そして、彼らのほとんどがこの物語を生き延びていく。

この対比は、「食」というモチーフで明確に描かれている。『仮面ライダーアギト』はヒーロー番組とは思えないくらい、食事のシーンが多い番組だ。登場人物たちは、何かにつけて家庭の食卓を囲み、外出先でサンドウィッチをむさぼり、屋台のラーメンを啜《すす》り、そしてストレスが溜まると焼肉屋で飲み明かしそれを発散する。そしてこれらの「食べる」という行為はどれも過剰なまでに生き生きと描かれ、視聴者の食欲を誘う。特に焼肉屋については、当時BSE問題で牛肉の消費が落ちこんでいたため同番組は関連機関から感謝状を贈られているほどだ。そして、この繰り返される「食べる」というモチーフの強調は同作の読解について決定的な手がかりを与えてくれる。毎回のように描かれる食事のシーンが、前者（超能力者＝アギト）にはほとんどなく、後者（非超能力者）に集中しているのだ。本作における超能力がポストモダン的アイデンティティ不安の比喩であることを考えれば、この食事というモチーフが何を表現しているかは明白だ。

それは、国家や歴史といった大きなものに与えられるものではなく、生活世界の内部に自力で発見し得る生の意味（物語）の象徴だ。同作に登場する非超能力者たちは、いわば新しい世界＝リトル・ピープルの時代に適応した人々だ。彼らはこの現実の、日常の、生活世界の中での（「食べる」ことが象徴する）快楽を貪りながら物語を生き延びていく。対して、ビッグ・ブラザーを喪った世界に耐えられない超能力者＝アギトたちは、新しい時代の新しい回路で獲得できる（アイデンティティを記述し得る）物語を発見できないために、もはや成立しない正義のヒーローになるべく暴走し、そして命を落としていくのだ。

ただし、そんな悲しき存在として描かれる超能力者＝アギトたちの中でただ一人、例外的な人物が登場する。この人物は、超能力者＝アギトでありながら精神的外傷をその動機にもたない。それどころか、事故で記憶そのものを失っている。だが、本人はあまりそのことを気にすることはなく、居候先での「主夫」生活を楽しんでいる。そして毎日のようにさまざまな創作料理を作り、人々に振る舞い自らもことあるごとにものを「食べて」いく。

この本作における唯一の「もの喰う超能力者」こそが主人公の青年「津上翔一」だ。自分がなぜ変身能力を得たかも覚えてない翔一は、本能的にアンノウンの存在を察知しその殺戮《さつりく》を止めるべく対抗していく。この翔一だけが作中で新しい世界に適応しながらも、超能力＝アギトの力を行使できる人物として描かれることになる。「生きるってことは、おいしいってことなんだ」というのが翔一のポリシー（？）だ。

物語前半の翔一は記憶を失い、自分の本名すら知らない。「津上翔一」は、事故後収容された病院で便宜的に与えられたかりそめの名前に過ぎない。しかし、翔一はそれを特に気に留めない。アギトへの変身能力についても、さほどこだわりがないらしく物語中盤で警察の尋問に対してあっさりと「実は僕、アギトなんですよ」と告白してしまう。翔一は世界から与えられたもの、「名前」や変身能力（＝精神的外傷）をアイデンティティにはしないのだ。翔一のこの態度は、物語後半に記憶を取り戻してからもまったく変わらない。物語後半に記憶を取り戻し、沢木哲也という本名が判明しても「どっちでもいいや」と周囲の人間には好きなように呼ばせてしまう。アンノウンから逃れて遠方に疎開する友人を見送る際には、周囲の人々が悲しんでいるのに対して翔一だけは、「会いたくなったら、会いに行けばいいじゃない」と平然としている。白倉はこの翔一という存在をこう語っている。

例えば、翔一は〈悩まない人〉なんです。記憶喪失をまったく気にしないことが、当たり前じゃないということは、充分わかって描いているんです。（中略）翔一はすべてを超越しているんですよ。彼は、真由美が故郷に帰るときに誰もが寂しがる中で、ひとり、会いに行けばいいと言える。

●『仮面ライダーアギトグラフィティ（ファンタスティックコレクション）』朝日ソノラマ／２００２年

翔一のアイデンティティはあくまで内在的だ。居候先を中心とした生活空間内の人間関係とコックになるという等身大の夢が、記憶喪失時も回復後も翔一を支えている。だが白倉が語るように翔一は超越的でもある。それは「名前」や変身能力が象徴する世界から与えられる大きな物語では「なく」、徹底して「食事」が象徴する世界に内在するエロスをどこまでも汲み出すことによって自己を記述しようとする点において超越している――徹底して内在的であるがゆえに超越的なのだ。そして物語は前者に属する超能力者たちのうち何人かが翔一の影響で変化し、前者から後者へ、ビッグ・ブラザーの壊死からアイデンティティ不安に陥り逆差別的ナルシシズムに逃避する態度から、リトル・ピープルの時代を受け入れ祝福する態度へと変化することで生き延びていくという展開を見せる。（小さな）父たち＝アギト「たち」の関係性こそが、この物語の中心にあるのだ。『仮面ライダーアギト』はヒーロー番組が反時代的に大きな物語の仮構する超越性に回帰するための回路として機能し始めたとき、それとは異なる、新しい時代の新しい世界を肯定し得るヒーローというイメージを提出した。それは、徹底して内在的であるがゆえに超越的であるというリトル・ピープルの時代の、新しい超越性への手がかりを結果的に孕むことになった。これはそもそも内在的なヒーローとして誕生した仮面ライダーだからこそ獲得し得た想像力だと言える。言い換えれば、完全にリトル・ピープルの時代を迎えることにより仮面ライダーはその内在的で複数的なヒーローとしてのアドバンテージを本格的に発揮し始めたのだ。それがヒーローの複数化であり、「変身」の再定義であり、そして超越／内在図式の解体である。

ビッグ・ブラザーを喪った世界を生きる私たちは、その支配から逃れ外部＝〈ここではない、どこか〉に到達することで超越を獲得することはできない。グローバル／ネットワーク化でひとつにつなげられた世界にはそもそも外部は存在しない。〈いま、ここ〉だけが無限に広がるこのリトル・ピープルの時代の新しい世界においては、私たちは〈いま、ここ〉に「潜る」こと、徹底して内在的であることが逆説的に超越に接近してしまう。〈ここではない、どこか〉＝光の国から来訪したウルトラマンとは異なり、〈いま、ここ〉から生成した仮面ライダー「たち」は、これまでとは異なるかたちでのアイデンティティの記述法を、超越のかたちを、そして「正義」のあり方を語り始めたのだ。そして、平成「仮面ライダー」シリーズは、シリーズの方向性を決定づける第3作『仮面ライダー龍騎』（2002〜03年）の登場を迎える。

＊1　90年代における物語回帰の例としては、１９９６年発足の「新しい歴史教科書をつくる会」が挙げられる。ポストモダニズムを通過した彼らは、国民国家の公共性を維持するためには（それがたとえ偽史であったとしても）個人のアイデンティティを国家に預け得る物語の教育が必要だと（メタレベルにおいて）主張した。当時同会の宣伝塔を務めた小林よしのりの「物語を語れ」というアジテーションは、この再帰的な物語回帰の性格を端的に表している。こんな時代だからこそ「あえて」というメンタリティが、彼らの態度を支えていたのだ。

10 「正義」は存在しない

平成「仮面ライダー」シリーズの方向性を決定づけたのは第3作『仮面ライダー龍騎』だ。同作ではなんと13人の仮面ライダーが殺し合う物語が描かれる。正義なき時代にときに正義を執行せざるを得ない私たちは誰もが仮面ライダーのようなものだ。私たちは父になる／ならないのではなく、自動的に父として機能してしまう。私たちはみなそれぞれの（小さな）正義を掲げており、あとはゲームの結果それが承認されるかどうか、という問題だけが残されているのだ。まさに、リトル・ピープルの時代のヒーローという想像力がここにある。もはや正義／悪は「存在しない」のだ。

平成「ガメラ」「ウルトラマン」シリーズから『仮面ライダークウガ』まで——20世紀後半の日本のヒーローたちは、事実上のナショナリズム回帰によってビッグ・ブラザーの時代の正義／悪の記述法に回帰することと、敵を「環境」として描くこと＝正義／悪の問題の再記述の問題を回避することとのあいだで揺れ動いていたと言える。平成「仮面ライダー」シリーズについて言えば前者が第1作『仮面ライダークウガ』であり、後者が第2作『仮面ライダーアギト』である。

第2作『仮面ライダーアギト』では後者を選択した白倉伸一郎以下の制作者たちだが、彼らの前に歴史的な事件が立ちはだかる。9・11——2001年9月11日に発生したアメリカ同時多発テロとその後の報復戦争／テロの連鎖は、世界中のヒーローの担い手たちに決定的な問いを突きつけた。村上春樹をして「（事件以降の）僕らは間違った世界の中で生きている」と言わしめたこのまったく新しいタイプの暴力の存在を、ヒーローたちは迎え撃たなければならなくなったのだ。

このときのことについて、白倉は以下のように語っている。

企画段階で「9・11」が起きたんですよ。その後のブッシュ政権の対テロ戦争をふまえて感じたのは、「良い者」が次々と現れる「悪い者」をやっつけて最後は悪の本拠地を叩くというこれまでのヒーロー物語を繰り返していていいのだろうかという疑問でした。今の時代に冷戦時代の精神構造を子どもに植えつけるのは、非常に危ないと。何が正義なのか、疑いの目を子どもたちに持ってもらいたいと思ってつくったのが「龍騎」です。

●「週刊朝日増刊 朝日ジャーナル 日本破壊計画」朝日新聞出版／2011年

正義はひとつではない——かつてはこの前提に基づいて「あえて」ひとつの正義を仮構すること（ビッグ・ブラザー的想像力）が求められた。「正義」について考えることは、それが仮構されたものに過ぎないことを自覚することだった。だが、その仮構装置自体が壊れてしまったこのリトル・ピープルの時代には、ひとつにつなげられてしまった世界（グローバル化）の上で複数の正義が乱立する現実を直接的に受け止めなければならなくなったのだ。

そして登場したのが平成「仮面ライダー」シリーズ第3作『仮面ライダー龍騎』（2002～03年）だった。脚本に若手の小林靖子が登板し、戦わなければ、生き残れない——そんな強烈なキャッチ・コピーを与えられた同作は、なんと13人の仮面ライダーたちが殺し合う物語として登場した。

「最後に生き残れるライダーは一人。戦わなければ生き残れない。それでも戦いたくなかったら、死ぬのはお前の勝手だ」

インターネットニュース配信を営むベンチャー企業でアルバイトをする青年・城戸真司は、連続行方不明事件の取材中に用途不明のカードデッキを拾う。その日から鏡の中に生物の気配を感じるようになった真司は、ミラーモンスターという人工生物とその力を用いて「変身」する戦士＝仮面ライダーの存在を知る。人類を捕食するミラーモンスターを駆除するため、真司は仮面ライダー龍騎として参戦する。しかしその直後、真司は仮面ライダーの真の敵はモンスター群ではないことを知らされる。仮面ライダーとは、あるゲームのプレイヤーの総称であり、そのゲームとは仮面ライダー同士の殺し合い＝バトルロワイヤル（ライダーバトル）である。そして全13人の仮面ライダーたちの中で生き残った最後のひとりは、どんな望みでもひとつだけ叶《かな》えることができる。ミラーモンスターはゲームを成立させるための要素に過ぎず、本質は仮面ライダー同士の殺し合いにあったのだ。真司＝龍騎は仮面ライダー同士の殺し合いを拒否し、あくまでミラーモンスターの駆除のために戦おうとするが、ゲームが激化するにつれ、否応なく巻き込まれていくことになる。

そこには基本的に「悪」は存在しない。存在するのは13通りの、いやそれ以上の（n通りの）「正義」だ。この呼称が気に入らないなら「欲望」でも構わない。同作において（従来の）「正義」は「欲望」の下位概念だ。13人の仮面ライダーは、それぞれが信じるもの／欲望するものを賭けてゲームにコミットし、殺し合う。そう、同作において、ヒーローを駆動すべき正義とはもはや個人の欲望のことに過ぎない。恋人を救いたい、不治の病に冒された自分の身体を回復したい、過去の犯罪を隠蔽したい、金銭を得たい、親友の復讐を遂げたい、英雄になりたい……彼らの欲望はかつてヒーローとして相応しいとされたものから、そうでないものまでさまざまだ。そしてこれまで見てきたように、両者の境界線が曖昧になる新しい世界にいかに対応するのか——それがヒーロー番組の命題だったと言ってもいい。そして本作におけるバトルロワイヤル＝ライダーバトルは、彼らの目的に優劣をつけず、すべてを等価に扱う。まるで、Googleが検索する情報群のように。あるいはショッピングモールやAmazonに陳列される商品のように。グローバル資本主義は、あらゆる物語（たとえば正義／悪）を欲望として（商品として）等価に扱うのだ。

ビッグ・ブラザーの壊死していく過程＝虚構の時代、ヒーローたちは正義の無根拠性を「あえて」引き受けることを選択し（または脱物語化することで忘却することを選択し）、その自己矛盾（空虚）から表現を生み出していった。しかし、ビッグ・ブラザーの死は、その存在を仮構することすらも許さなくなった。ビッグ・ブラザー（ウルトラマン）の死んだ後に、リトル・ピープル（仮面ライダー）たちのバトルロワイヤルが始まったのだ。それぞれの小さな正義／悪＝欲望を掲げ、戦って生き残るために。

「今の社会はライダーバトルと同じなんだよ」——作中で黒田アーサー演じる仮面ライダー

ベルデは叫ぶ。この台詞が示すように、同作はグローバル資本主義の受容によって到来した（とされる）格差社会、あるいは自己決定／自己責任を基本とする新自由主義的な社会の反映として成立している。だがそれ以上に、同作が背景としているのは大きなひとつのものが、複数の小さなものへと再編された世界――ビッグ・ブラザーからリトル・ピープルへと変化した世界だ。

ここには、村上春樹が（少なくとも現時点では）捉えきれていない現代の／9・11以降の〈暴力〉の問題が端的に露呈している。

そう、前述の通りもうビッグ・ブラザーの出てくる幕はない。そしてビッグ・ブラザーの死に敏感であれというメッセージすらももはや思考の前提でしかない。そこには既に、リトル・ピープルたちだけが存在する世界が出現している。言い換えれば、もはや偉大な父（ウルトラマン）になれないことへの葛藤には意味がない。貨幣と情報のネットワークによって世界はひとつに接続され、私たちは誰もがただ存在するだけで否応なく小さな父（仮面ライダー）として機能してしまうのだから。村上春樹も、そして90年代以前のヒーローたちもビッグ・ブラザーが次第に壊死していくことには自覚的だったが、完全にリトル・ピープルたちだけが存在する世界を想定することはできなかった。しかしリトル・ピープル（小さな父）だけが無数に存在する新しい世界を、ついにヒーロー番組は真正面から受け止めたのだ。「正義／悪」は存在しない。あるのは欲望だけだ。あとはいかにケリをつけるか（ゲームをプレイするか）、それだけだ。

そして、リトル・ピープルの時代に対応することは「変身」という表現の意味づけもまたさらなる変化を迎えざるを得ない。前作『仮面ライダーアギト』は、ヒーローというアイデンティティの記述法を大きく更新した。仮面ライダーというアイデンティティが存在し得る世界、「傷」を背負った人間だけが仮面ライダーになれる世界を、同作は解体し、世界が無数の仮面ライダーで溢れる世界を予感させ幕を閉じた。

そしてさらに本作『仮面ライダー龍騎』では、完全に人が仮面ライダーになる理由が無根拠化される。主題歌『Alive A life』に添えられた本作のオープニング映像では、主人公たちに続いて老若男女さまざまな人々が劇中に登場するカード（アドベント・カード）を構える姿が挿入される。そう、この映像が象徴するように、本作においてはカードさえ使用すれば「誰でも仮面ライダーになれる」のだ。そこには、巨大な運命も伝説の力も、そして精神的外傷のもたらす逆差別的ナルシシズムもいらない。モンスターと契約して仮面ライダーになるという自己決定の論理だけが存在する。したがって本作の仮面ライダーたちには、その身体と内面にはヒーローたる理由は存在しない。真司が仮面ライダー龍騎に変身できるのは、彼がドラグレッダーという竜型のモンスターと「契約」したからだ。そして契約書代わりのカードを用い、真司はその力を用いて変身する。彼らの正義が欲望でしかないように、彼らの変身もまた契約でしかないのだ。[*1]

『仮面ライダー龍騎』は、そのラディカルさゆえに大きな議論を呼んだ。仮面ライダーたちがそれぞれの正義、いや欲望を掲げて殺し合う展開は、ヒーロー番組こそが「こんな時代だからこそあえて」「勧善懲悪を子どもたちに教える」「教育番組でなければならない」と主張する中高年の消費者層＝本郷猛から「正義」を教わった世代の消費者層からは強い反発を受けることになった。しかし、男子児童をコアターゲットにもつ本作の商品展開は成功し、シリーズの継続が決定づけられた。「子どもたち」は世界がもう少し単純だった頃に帰りたい大人たちのノスタルジィよりも、現実を受け止めた新しい表現を選択したのだ。

これまで見てきたように、仮面ライダーはその誕生の瞬間から本来は内在的な、リトル・ピープル的なヒーローだった。彼らは常に複数の存在であり、世界の外部から来訪した超越的な存在ではなく、内部から生成された内在的な存在だった。しかし70年代から始まる虚構の時代＝ビッグ・ブラザーが壊死していく時代はその本性を前面化させることはなかった。だが21世紀を迎え、世界がリトル・ピープルたちに溢れたそのとき、仮面ライダーはむしろ本来の姿を取り戻したのだ。

＊1　カードゲームという本作のモチーフの源流にあるのは、90年代半ばよりアメリカから輸入されたトレーディング・カードゲーム『マジック：ザ・ギャザリング』、そして何より、同作の影響下にあるビデオゲーム「ポケットモンスター」シリーズである。

自己の外部にそのアイデンティティを規定するアイテム、それも入れ替え可能なアイテムが存在し、これらのアイテムを駆使して対等なプレイヤー同士がゲームに興じる。この形式＝カードゲーム型は、戦後日本における代表的な近代的ビルドゥングスロマンの形式として（主に少年漫画において）定着したトーナメント・バトル型の物語形式のオルタナティブとして少年／青年漫画を中心に定着しつつある。

ここで注目すべきは『マジック：ザ・ギャザリング』『ポケットモンスター』の影響下にあるこれらカードゲーム型の物語のもつ構造が、Amazon や iTunes Store などのグローバルなECインフラの構造と相似形を成していることだろう。

これらのシステムの特徴はその拡張性にある。たとえばカードゲームと聞いたとき、人々はトランプや花札のような限定された枚数のカードの交換によって行われるゲームを連想しやすい。そしてこの連想はゼロサム・ゲームの比喩に用いられやすい。しかし、私がここで例示しているトレーディング・カードゲームにおいては、ひとつのルールの元に無限にカードが追加されていく。既存のルールに適合しない能力が設定されたカードが出現した場合、ルールのほうが更新されることになる。こうして、原理的には無限にカードを追加し得るシステムが存在している（そして、こうした拡張性とルールの自動更新は格闘ゲームエンジン「M.U.G.E.N」、SRPG製作支援ツール「SRC」など、インターネット上のn次創作的な同人ゲームにおいてほぼ定着している）。

このカードとルール、商品とシステムの関係において、これらの物語はグローバル資本主義の寓話的な物語形式でもあると言えるだろう。すべてはカード（商品）に過ぎないのだ。

たとえば本作『仮面ライダー龍騎』においても、真司はあくまでバトルロワイヤル＝ゲームを停止させることを目的としている。しかし、そんな真司もまた、ゲームを停止させるためにこそ仮面ライダーのひとり＝仮面ライダー龍騎としてバトルロワイヤルにコミットするしかない。そしてスローフード運動のようなアンチ・グローバリゼーション運動もまた、グローバル資本主義はエコ文化という商品として取り込んでしまう。グローバル資本主義＝カードゲームの本質は、すべての物語——それがゲーム自体への参加を拒否する／ゲームボードを破壊することを目的としたメタレベルからのアプローチだったとしても、1枚のカード＝商品として陳列してしまう点にこそある。クーラーの効いた部屋で、スターバックスのコーヒーを飲みながら、環境問題の本を読んで自己イメージを補強するのが現代人の（おそらくは不可避の）ライフスタイルなのだ。

11　終わらないゲームをめぐって

グローバルなネットワーク下における私たちの生がそうであるように、仮面ライダー同士のバトルロワイヤルは作品世界において過去に幾度となく繰り返されている。リトル・ピープルたちのゲームは、時間的にも終わり＝外部が存在しないのだ。そして、ゲームを支配するシステムの書き換えでしか暴力の連鎖は止まらない。ではゲームシステム＝「壁」の上で踊るプレイヤー＝「卵」は、情報／商品であることを超越していかにしてシステムそれ自体にアクセスするのか。ここでも、徹底して内在することで逆説的に超越性を獲得するというイメージがその手がかりとなる。

『仮面ライダー龍騎』の話をもう少し続けよう。本作は13人の仮面ライダーたちによる殺し合い＝バトルロワイヤルを描いている。そしてその結末はテレビ本放送版の最終回、テレビ特別番組版、そして映画版の3通りが描かれている。『仮面ライダー龍騎』は3通りの結末をもつ物語なのだ。

公開／放映された順番としては、映画（『仮面ライダー龍騎　EPISODE FINAL』）、特別番組（『仮面ライダー龍騎スペシャル　13RIDERS』）、そして本放送の最終回という順番になる。これら3つの物語は、そのどれもが真司＝仮面ライダー龍騎と、彼と対立と和解を繰り返してきた相棒である秋山蓮＝仮面ライダーナイトのふたりが生き残ることになるが、それぞれゲーム＝ライダーバトルの結末は異なる。

映画版ではキーパーソンであるヒロイン神崎優衣が自殺した結果、ミラーモンスターの制御が効かなくなり、大量発生したモンスター群に真司と蓮が挑む場面で終わる。特別番組では、敗死した蓮の遺志を継ぎ真司が仮面ライダーナイトに変身する場面で終わる。ちなみにこの後の真司の行動は放映中の電話投票で決定されており、2通りの結末が用意されていた。そして本放送の結末では、真司がモンスターの駆除に失敗して死亡し、最後に生き残った蓮＝仮面ライダーナイトがゲームの勝者として植物状態にあった恋人の意識を回復することに成功する。しかし戦闘で致命傷を負った蓮もまた死亡する。この悲劇を前に、神崎優衣はゲームの主催者であるその兄＝神崎士郎にこれ以上ゲームを繰り返すのはやめるべきだと提案する。神崎士郎の目的はミラーモンスターの力を利用して優衣の寿命を延ばすことにあり、そのエネルギー収集のためライダーバトルを開催していたことが明かされる。だが士郎の計画は何度ゲームを繰り返しても成功しておらず、その度に彼は一種のタイムマシンで時間を巻き戻していたのだ。つまり映画、特別番組、本放送のそれぞれの結末は、過去に士郎が失敗して巻き戻した結末のうちのひとつなのだ。そして、士郎はこれ以上のゲームの繰り返しを諦め、仮面ライダーたちはようやく無限のループ構造から解放される。

このとき、同作はゲームシステムを司る存在として神崎兄妹を設定することで、貨幣と情報のネットワーク＝システムを人格化している。そのため、システム＝神崎兄妹が真司＝龍騎の自己犠牲的な死に動揺してゲームを放棄するという結末が可能になっている。その意味において、本作の本放送版の結末は「壁」＝システムを疑似人格的なものとして捉えるビッグ・ブラザーの時代に回帰することで、無限のループ構造からの脱出を試みた＝リトル・ピープルの時代の暴力の問題を回避した、と言えるだろう。

だがその一方で本作が展開した何通りかの物語の中で、リトル・ピープルの時代を積極的に引き受けるかたちで新しい暴力を捉える想像力を展開したものとして挙げられるのが、13人の仮面ライダーのうちのひとり仮面ライダー王蛇《おうじゃ》の存在だ。正義／悪の記述を放棄し、すべてを欲望に置き換え、内在的な存在に読み替えた本作においてこの王蛇は限りなく純粋な「悪」に近い存在として描かれている。

連続殺人犯浅倉威が変身する仮面ライダー王蛇には「動機」も「目的」もない。他の仮面ライダーたちの多くがその動機とする精神的外傷もない。作中で浅倉＝王蛇が語る過去の凄惨な記憶とその精神的外傷はただのフェイクに過ぎず、むしろその存在は圧倒的な強度をもって精神的外傷によってアイデンティティを記述する態度を嘲笑する。そして浅倉＝王蛇の欲望は「暴力」そのもの、ゲームのプレイそのものにある。彼は暴力それ自体に快感を覚える快楽殺人者であり、ライダーバトルそれ自体に究極の快感を見出している。従ってゲームを勝ち抜いた暁には、その報酬に「もう一度ライダーバトルを戦うこと」を希望するつもりでいる。その結果王蛇は劇中で事実上最強の仮面ライダーとして、そして限りなく「悪」に近い存在として描かれることになる（本放送版に登場する10人の仮面ライダーのうち3人の仮面ライダーが王蛇ひとりに殺害され、さらにひとりは王蛇に敗れたことをきっかけに事故死している）。

龍騎たち他の「目的」のある仮面ライダーたちと異なり、王蛇の欲望だけが目的をもたず、いやゲームそれ自体を目的化し、徹底して内在しているがゆえにシステムと同化している点において異質であり、超越しているのだ。前作『仮面ライダーアギト』が獲得した徹底して内在しているがゆえに超越した存在というモチーフは、本作においては「悪」の記述法として用いられたと言える。鳥は重力に逆らって飛ぶのではない、重力を利用して飛ぶのだ、という言葉がある。重力を利用して飛ぶためには、存在し得ない外部（物語、目的）を正しく断念し、徹底して内在＝自己目的化しなければならない。浅倉＝王蛇は本作の中でももっとも内在的な存在であり、ほぼシステムの自己存続機能と同化している。しかしそれゆえにシステムを内破し得る特異点として機能している。こうして徹底して自己目的化することによって、王蛇という存在は一度は断念されたはずの正義／悪の記述を異なる形で再記述することに成功している。リトル・ピープルの時代においては、徹底して内在することによって、逆説的に超越に近づくのだ。[*1]

＊1　この問題を結果的に反復し、世界的にインパクトを与えたのがクリストファー・ノーラン監督の映画『ダークナイト』だ。アメリカを代表するヒーローである「バットマン」シリーズの最新作として制作された同作は、人気の怪人ジョーカーをその精神的外傷によって逆差別的に力を得たカウンターカルチャー的存在から、まさに徹底して暴力＝ゲームそれ自体を目的化した存在として再解釈した。『ダークナイト』におけるジョーカーは、仮面ライダー王蛇とほぼ同一のキャラクターと言っても過言ではない。ジョーカーも浅倉も、まるで過去の世界＝ビッグ・ブラザーの時代／ビッグ・ブラザーの壊死が進行中だった時代を嘲笑うかのように、「偽りの」過去の精神的外傷を語る。そして自らの来歴に人々が移入するのを確認してから、それが虚構であることを披露する。彼らの目的はあくまでゲームの快楽それ自体だ。そしてその徹底した自己目的化＝内在ゆえに、超越的な悪——現代的な（リトル・ピープルの時代の）悪としてその存在を確立し得るのだ。

12　ヒーローと正義

リトル・ピープルの時代とは「正義」が小さな「父」たちの「調整」の問題に設定されるいわばアメリカ的な想像力の全世界化（グローバル化）でもある。白倉伸一郎が平成「仮面ライダー」シリーズに与えたコンセプトとは、アメリカ的なものを徹底して受容するがゆえに別のものに変えていく日本的想像力の発現だと位置づけることができる。

ここでもう一度議論を整理しよう。平成「仮面ライダー」シリーズはいかにしてリトル・ピープルの時代に対応していったのか。

村上春樹と70年代以降のヒーロー番組は、ともにビッグ・ブラザーが壊死していく過程を描くことで表現を構築していった。

春樹にとってそれはたとえば「デタッチメントという名の倫理」だった。ビッグ・ブラザーというシステムのもたらす暴力は消費社会が浸透していく中で自動的に壊死していく。そんな世界において倫理的であることは、正しい価値を求めて過剰にコミットするのではなく、正しくデタッチメントを維持することだった。ビッグ・ブラザーという悪が自動的に壊死していく世界において正義を記述することは難しい。誰かが手を下さなくとも、正義は大まかには自動的に実現されようとしているのだから。

むしろ個人がその不可能性を顧みずに正義を求めるコミットメントこそが悪を生む。それゆえに個人のデタッチメントは倫理として提示し得る。そしてその一方で春樹はもういちど正義／悪を記述しようと、いや正確には新しい時代の新しい暴力の姿を抉り出そうと、手探りの試行錯誤を続けてきた。しかしその試みは今のところうまくいっていない。なぜならば春樹は完全にビッグ・ブラザーが死に絶え、リトル・ピープルしかいなくなった世界を想定できていないからだ。

一方、ヒーロー番組は正義／悪が記述できない世界に対して、常にその絶望を——正義なき時代／正義の不可能性を——引き受けることで表現を構築してきた。それは正義なき時代だからこそ「あえて」勧善懲悪のファンタジィを、という再帰的物語回帰として現れることもあれば、脱物語化による問題の回避としても現れた。

だが、9・11のアメリカ同時多発テロが象徴するリトル・ピープルの時代がいよいよ顕在化したゼロ年代――仮面ライダーは正義の不可能性が前提となった世界を受け入れることで復活を遂げた。

正義とは個人の欲望の一種でしかなく、各々のプレイヤーの興じるゲームでその暫定的な正当性が問われる――仮面ライダーは正義／悪についての問題設定を立て直した。あるいは「父になること」をめぐる問題設定を書き換えた。もはや問題は「（その不可能性を引き受けながら）いかに正義を成し遂げるか／父になるか」ではない。その不可能性を前提としたとき、既に私たちは小さな正義を掲げる小さな父である。いや自動的にそう機能してしまう。あとは、複数の小さな正義／父たちの調整の問題（ゲーム）が残されているだけなのだ。『仮面ライダーアギト』から『仮面ライダー龍騎』へ――平成「仮面ライダー」シリーズは9・11の世界的な衝撃を、極めてラディカルなかたちで吸収した物語的想像力として進化したのだ。

こうした決定的な問題設定の立て替えは、ある程度制作サイドの意図的な設計に基づいたものであることが窺える。

制作会社東映のプロデューサーとして、『仮面ライダーアギト』『仮面ライダー龍騎』ほか、平成「仮面ライダー」シリーズの約半数を担当した白倉伸一郎はシリーズ成功の立役者として知られている。そして白倉が2004年に上梓した著書『ヒーローと正義』（寺子屋新書）

には、創作者の観点から「仮面ライダー」、ひいてはヒーロー番組が不可避に直面する現代的な「正義／悪」の問題、あるいは暴力の問題を論じている。

白倉の論旨は明晰だ。柳田國男、赤坂憲雄などの民話分析、民俗学に依拠する形で日本的ヒーローのあり方を問う同著は、ヒーローというイメージがもつ社会的な機能の本質は友敵の峻別にこそあるとする。二元論的な友敵の峻別は無論のこと虚構であり、だからこそその虚構への欲望を用いて市民社会の秩序が維持されている。そして白倉はその虚構性を引き受けるためにヒーロー自身は越境的な存在であり、秩序の外側にあるものでなければならなかったと分析する。

桃太郎や金太郎といった民話の時代からのヒーローには奇特な出生が不可欠であり、本書の議論と白倉の主張を接続するのならビッグ・ブラザー的ヒーローであるウルトラマンは文字通り（秩序の）〈外部〉から来訪することによってその超越性を獲得し、リトル・ピープル的なヒーローである仮面ライダーは（秩序の内部に発生した）悪の力をもって超越性を獲得する（内在することで超越する）ことが必要だったと言えるだろう。

たとえば、前述の内在的／リトル・ピープル的なヒーローとしての「仮面ライダー」（の複数性）の起源を、本書では制作会社東映の、それも浅草東映的な娯楽時代劇の有する脱近代的な表象の性質に求めているが、白倉は原作者石森章太郎の世界観に求めている。

仮面ライダーにかぎらず、こうした〈親殺し〉と〈同族争い〉の構造は、石森（石ノ森）ヒーローの大きな特徴のひとつにかぞえられる。いちばんよく知られているのは『サイボーグ009』だろう。武器商人の組織・黒い幽霊団《ブラックゴースト》に人間兵器という商品として生産されたサイボーグたちが反旗をひるがえし、刺客として送り込まれるサイボーグたちと戦う。001〜009の九人チームが、兄弟どうしといえるならば、敵も同じ兄弟である。

●白倉伸一郎「ヒーローと正義」子どもの未来社／2004年

その上で、白倉はふたつの論点を提示する。第1に出版当時（2004年）において、国内のヒーロー番組、もしくはヒーローという想像力そのものが、多極化する世界（本書の表現で言えば「リトル・ピープルの時代の進行」）へのアレルギー的な反作用として一元化し、その両義性を失いつつあるのではないかという指摘だ。このとき、例示されるのは自身もスタッフとして参加した『仮面ライダークウガ』と、他局の競合番組でありいわば仮想敵として想定されていた『ウルトラマンコスモス』（2001〜02年）というふたつの番組だ。

クウガの社会観をあらわす典型的なエピソードは、第二五話「彷徨」と第二六話

「自分」の前後編（二〇〇〇年七月二十三日、七月三十日放送）であろう。

夏休みに入り、栃木から少年がふらりと上京したのを、心配した担任教師から連絡を受けた主人公が説得して帰すという物語。

この少年はべつに家出をしたわけでも、何をするわけでもない。玩具店に入ってプラモデルを見るていどである。そうした少年をめぐって、大人たちが大騒ぎで奔走し、「いまの子どもたちは」とくさすという物語だ。

（中略）

そんな『クウガ』を受けた『ウルトラマンコスモス』では、「コスモス＝秩序」という名のヒーローが、「カオス＝混沌」という名の敵と戦う。

「慈悲のウルトラマン」を標榜するコスモスの目的は、怪獣退治ではなく、怪獣を保護することである。都市の秩序を乱す怪獣を、なるべく説得して怪獣保護区に隔離しようとするコスモスは、怪獣を「補導」するヒーローといえようか。

『クウガ』の一エピソードにおける少年の説得と同じ精神構造が、シリーズ全体に展開されたといえる。

一九六〇年代中盤から、じわじわと浸食をはじめていた都市中心的・管理主義的・秩序志向的な世界観が、ついにヒーローもののメインテーマの座まで射止めたということだ。

こうした番組から読みとれる「平成の勧善懲悪」とは、すべてを都市型社会生活のルールの上に秩序だて、そこから逸脱しようとする者を、あるいは排除し、あるいは納得ずくで管理下に置こうとする――という思想である。

（同前）

こうした記述から白倉による以降の平成「仮面ライダー」シリーズは、明確に物語回帰としての――リトル・ピープルの時代に対するアレルギー反応としてのヒーロー番組のオルタナティブとして意図されていたことが窺える。内在的かつ複数性をもつヒーローは、まさに9・11以降の「正義」をめぐる新しい問題への解答として出現したのだ。

第2の論点がグローバリゼーションと9・11以降のテロ戦争の連鎖を背景にした、アメリカ正義論リバイバルとヒーローの関係である。

前章で論じたように、9・11以降――すなわちグローバリゼーション下の暴力の露出は、思想的トレンドの推移をもたらしている。主体が帯びる権力（あるいは権力が孕む暴力）への態度を問う9・11以前に対して、9・11以降は複数の権力／暴力同士の調整／関係性が問われることになる。奇しくも『仮面ライダー』の放映が始まった1971年、ジョン・ロールズが『正義論』で富の再分配を正義の問題とすることから――「正義」を「分配」もしくは

「調整」の問題として捉えなおすことからアメリカ正義論は始まる。そして9・11以降の暴力の問題を内包せざるを得なかった『仮面ライダー龍騎』にて、やはり13通り（n通り）の正義たちのゲーム（分配／調整）を展開した白倉は、やはり70年代以降のアメリカ正義論の展開と、その9・11以降の問いなおしに強い関心を寄せている。

ジョン・ロールズが「justice」という言葉に忠実に、逐語的に忠実にみずからの論を語りはじめることで、justiceをめぐる議論がゆたかな成果をあげてきたように、わたしたちもまず、「正しいすじみち」であるところの〈正義〉に忠実に、みずからの正義論を語りはじめなければならない。

（同前）

『ヒーローと正義』は、特にロールズのそれについては充分に翻訳がない状態で執筆されたものであり、同書での議論はあくまで問題提起的なものに留まっている。その上でここで白倉が述べていることを本書の文脈に引きつけて言い換えるとするなら、それはすなわちアメリカ正義論的パラダイムの日本受容は、自動的に直接的な受容にはならず日本的なものに換骨奪胎されるであろう／されるべきだという主張である。終わらないゲームを要求するアメリカ的なものとは異なる原理を、それも日本的／アジア的なものに求めて、同書は幕を閉じる。

その背景となるグローバル／ネットワーク化を受容しながらも、その吸収の過程でアメリカのそれとは異なるかたちのものに変えていくこと――白倉個人の広義の作家としての関与がどこまで表現に結実しているかを、テレビドラマにおいて検証することは難しい。しかし白倉の著述から窺えるのは、この時期の平成「仮面ライダー」シリーズがそのジャンル的／商業的制約「ゆえに」時代への回答を要求され、提出せざるを得なかったということに他ならない。そして、ここで白倉が示唆しているアメリカ的なものを受容することで、結果的に浮上してくる日本的（アジア的？）なものというイメージを、本書は引き継ぎたいと思う。

正義／悪の問題がリトル・ピープルたちの調整の問題に／グローバル資本主義下における欲望の連鎖の問題に、良くも悪くも置き換わってしまった時代を視聴者に突きつけたのが『仮面ライダー龍騎』という番組だった。そして、平成「仮面ライダー」シリーズはこの番組を通過することでそのフォーマットを確立させるとともに、リトル・ピープルの時代を正面から引き受けること――不可避の変化を吸収しながら別のものに変革していくことを要求されることになっていく。

13　モノカラーの身体

『仮面ライダー555《ファイズ》』における怪人＝オルフェノクは、人類に確率的に発生する亜種であり、その差別描写などから考えてエイズなど致命的な感染症（患者）の比喩でもある。そしてオルフェノクたちに対抗する主人公もまた、オルフェノクとして設定される。物語はオルフェノクたちがその生に意味を与えるべくヒーローの資格＝仮面ライダーの座を巡って抗争する。本作において、「仮面ライダー」とはもはやベルトを使用すれば誰でも変身できる存在だ。モノカラーの、入れ替え可能な身体に「この私」たる刻印を与えるべく「仮面ライダー」の力を奪い合うのだ。

村上春樹は「世界の終り」（ナルシシズムの記述法）と「ハードボイルド・ワンダーラン

ド」（正義／悪の再設定）というふたつの主題を抱えた作家であり、そして両者の分裂を体現する作家でもあった。前者と後者はそれぞれ「文学」と「政治」に置き換えられるわけだが、近年の春樹は両者の再統合を試みながらも失敗している。前章で論じたように、春樹が構築したナルシシズムの記述法を温存したままでは、正義／悪の再設定が不可能なのだ。この挫折は春樹の近作に頻出する「父」というイメージの（やや安易な）提出に象徴されている。

そして「いかにして〈父〉になるか」という問題設定を守り続ける春樹に対して、平成「仮面ライダー」シリーズはこの問題設定自体を書き換え、私たちの誰もが不可避に「父」として機能してしまうという前提から出発している。誰もが仮面ライダーになれる／なってしまうということは、誰もが「父」であるということだ。

この書き換えによって、春樹が抱えていたふたつの主題――「世界の終り」（ナルシシズムの記述）と「ハードボイルド・ワンダーランド」（正義／悪の再設定）にも決定的な変化が訪れる。具体的には「変身」という概念の再設定が「世界の終り」（ナルシシズムの記述）に、仮面ライダーの複数化（仮面ライダー同士の戦い）が「ハードボイルド・ワンダーランド」（正義／悪の再設定）に相当する。

平成「仮面ライダー」シリーズは『アギト』『龍騎』の2作を経ることで、このふたつの想像力を大きく更新していると言える。かつて逆差別的ナルシシズムの表現として位置づけられていた「変身」は関係性の獲得（契約）として再設定され、仮面ライダー（ヒーロー）

の複数化はn通りの正義（悪）のゲームとして正義／悪の問題を捉えなおした。そして両者は新時代の（リトル・ピープルの時代の）ヒーロー像の獲得という商業的な要請のもとに不可分に結びついている。

そしてシリーズ第4作『仮面ライダー555』（2003〜04年）は、この時期の平成「仮面ライダー」シリーズが担ったイメージの更新の完成が見られる。

同作における敵＝怪人はオルフェノクと呼ばれる人類の亜種だ。オルフェノクは確率的に発生する人類の進化形であり、異形の姿（怪人）への変身能力をはじめ、いくつかの超能力を有している。このオルフェノクはいわば「吸血鬼」のような存在であり、一般人類を殺害することで、一定の確率でその対象をオルフェノクとして復活／覚醒させることができる。つまりオルフェノクとは吸血鬼であると同時に、死してなお生きる存在――ゾンビのような存在でもある。

このオルフェノクたちは密かに結集し、多国籍企業「スマートブレイン」の姿を借りて自衛を図っている。その存在は一般には認知されていないが、政府は密かにこの動きを察知し公安関係と思《おぼ》しき警察組織が、同社を監視している。このオルフェノクが本作における「怪人」だ。本作における仮面ライダーたちはオルフェノクの脅威から人々を守るために（基本的には）戦うことになる。

本作『仮面ライダー555』はこの設定からも明らかなように同じ白倉伸一郎プロデュース、井上敏樹脚本で制作された前々作『仮面ライダーアギト』の再話である。オルフェノクとはアギトのことに他ならない。だが両者には決定的な違いが存在する。それはアギトが人類の輝かしい進化形になり得る存在として描かれていたのに対し、オルフェノクは本作において倒されるべき敵＝怪人そのものであるということだ。

そして「アギト」が現代的（ポストモダン的）アイデンティティ不安に晒された人々の比喩だったように、「オルフェノク」もまたこの比喩を引き継いでいる。

オルフェノクとは、かつて（ビッグ・ブラザーの時代）のように世界からその生に意味が与えられない新しい世界（リトル・ピープルの時代）に対応できない人々の比喩であり、対して非オルフェノク、すなわち「普通の人々」はこの新しい世界を受容し、自己完結的に自らの生に意味を与えていく存在として位置づけられている。

劇中に登場する「夢」というキーワードは、両者を明確に分割している。劇中にオルフェノクとして登場する人物の多くが、（ポストモダン的）アイデンティティ不安に晒された若者たちであり、彼らの多くは「夢」をもてない／もたない無職ないしはフリーターの青年として描かれている。対して非オルフェノクとされる登場人物たちの多くが「夢」を抱き意欲的に世界にコミットする。そして、本作は残酷なまでに前者の宿命的な死を宣告する。おそらくはエイズなど致命的な感染症患者の比喩でもあるオルフェノクの寿命は短く、その身体は高い能力を持つ一方で、(数ヶ月〜数年で?)徐々に壊死していく。そしてその滅びへの恐怖が彼らをさまざまな行動に駆り立てることになる。生きながらにして死し、死してなお生きるオルフェノクは、歴史からその生に意味を引き出せない現代を生きる人々の姿なのだ。

そして本作の物語の中核をなすのは、そんなオルフェノクたちの織りなす青春群像だ。より具体的には、ふとしたきっかけでかかわりをもったオルフェノクたち3人組のグループと、一般人類たち3人組のグループとの間で複雑に絡み合う関係性が物語の中心に存在する。オルフェノクの若者たちはそれぞれ過去に決定的な挫折を経験し、その精神的外傷から「夢」をもてないでいる。その一方で非オルフェノクの3人組は等身大の「夢」を抱き意欲的にその生を歩んでいる。作中ではこの3×3の関係性の中で複雑な恋愛/友情関係が交錯するのだが、その中で特異な位置を占めるのが主人公である乾巧《いぬいたくみ》という青年だ。「普通の」若者グループに属する巧だが、彼には同輩たちと違って「夢」がない。巧は実はオルフェノクであり、それを隠して一般人類として生きている。アルバイトを転々としながら無目的な旅を続けていた巧は偶然、仮面ライダーへの変身能力を入手する。自身には「夢」がないが他人の夢を守る「夢の守り人」にはなれると考えた巧は、その力をもってスマートブレイン社のオルフェノクたちの殺戮に対抗するようになっていく。

では本作において、オルフェノク＝怪人である巧を「夢の守り人」たらしめる資格＝仮面ライダーとは何か？　仮面ライダー1号＝本郷猛がショッカーの改造人間のひとりであったように、本作における仮面ライダー（たち）もまた怪人＝オルフェノクなのだ。本作にはファイズ、カイザ、デルタ——3本の変身ベルトが登場する。そしてこれらの変身ベルトによって、使用者はある種の装甲服を装着することができる。この装甲服を着用したオルフェノクこそが、本作における「仮面ライダー」だ。3本の変身ベルトはオルフェノクまたは、オルフェノクに準ずる能力を移植する手術を受けた人類なら誰が使用してもその効果を発揮できる（仮面ライダーに変身できる）。これは、本作に登場するほとんどの登場人物が仮面ライダーに変身可能であることを意味する。

したがって劇中で仮面ライダーに変身したのは主人公の巧だけではない。ベルトの争奪戦（仮面ライダー同士の戦い）の結果、3本のベルトの所有者は次々と入れ替わり、彼を含む計10名以上の登場人物が劇中で仮面ライダーに変身している。前作（『龍騎』）の「契約」変身を経て、本作（『555』）ではついにベルトさえ所有すれば（事実上）誰でも仮面ライダーに変身できる世界を生み出したのだ。そして、巧がそうであったように本作における変身＝ベルトの入手（「仮面ライダー」であること）はゾンビ＝オルフェノクたちの利那的な自己確認の手段として描かれている。「誰もが仮面ライダーになれる」からこそ、「夢」のないオルフェノクたちは少しでも他の誰かとは違う、入れ替え不可能な「この私」を手に入れるために「仮面ライダー」の座を欲望するのだ。

アイデンティティ不安に囚われたゾンビたちが、自己確認のためにアイテム（ベルト）を得て「変身」する——この比喩関係は本作のコンセプチュアルなデザインワークに端的に表現されている。

オルフェノク＝怪人のデザインはモノトーン、特に灰色一色に統一されており、一見してほとんど個体の見分けがつかない。世界からその生に意味を与えられず、そして自ら意味づけること（「夢」をもつこと）ができない彼らは、いわば〈入れ替え可能〉な存在だ。自己確認の手段を失った／見出せずゾンビのような生を歩むオルフェノクたちには、画一的なモノカラー（灰色）の身体が与えられており、そして彼らの灰色の身体は刻一刻と、そして少しずつ灰になって消滅していくのだ。

そんなオルフェノクたちが自己確認の手段として追い求める変身ベルトにはそれぞれファイズ（○）、カイザ（×）、デルタ（△）と記号がデザインモチーフとして与えられている。モノカラーの「入れ替え可能な身体」をもつオルフェノク（ゾンビ）たちがその生の意味づけのため、自らの身体を装飾すべく記号（変身ベルト）を奪い合う——それが『仮面ライダー555』という作品なのだ。一様にモノカラーに脱色された彼らの身体は、コミュニケーション（ゲーム）によって記号を獲得することでしかアイデンティファイされないのだ。

同作においては仮面ライダーと怪人は等号で結ばれ、誰もがヒーローになれる世界が前提として存在する。徐々に壊死するモノカラーの身体をもつ彼ら（怪人たち）はそのアイデンティティを確認するために抗争（コミュニケーション）し、そうして獲得された関係性の象徴として変身ベルト（変身能力）が存在する。そして、そんな半ば自己目的化したコミュニケーションの中で次々と怪人たちは命を落としていく。自己目的化したコミュニケーションの連鎖の中で、匿名化された個人の生が摩耗していくという現代における暴力のイメージが提出されるのだ。

14

「夢」の喪失、ゾンビの生

『仮面ライダー555』においては実質的に物語は進行せず、自己目的化したコミュニケーションの連鎖が物語を偽装しているに過ぎない。そんなコミュニケーションの反復の中で、オルフェノクたちは徐々にその身体を壊死させ、滅んでいく。システム（壁）に対するプレイヤー（人間）の断絶の徹底がここには存在する。そんな静的な世界の内破、システムへの接近のモデルはそのモノカラーの身体に、システムを体現する記号（道具）を加えること＝変身としてイメージされる。仮面ライダーにとっての「変身」とは、モノカラーの身体の上にもうひとつの身体を重ね、〈いま、ここ〉に留まったまま、世界を多重化する試みだ。

極めてコンセプチュアルな構造をもつ『仮面ライダー555』だがその反面、物語は実質的にはほとんど進行しない。3人×3人の青春群像と3本の変身ベルトの争奪戦によって、物語は表面的にこそむしろめまぐるしく展開するが、この展開によって物語世界そのものはほとんど変化しない。オルフェノクという種の問題をはじめ、スマートブレインとその対抗組織、政府当局などの抗争のゆくえなど劇中に提示された謎や要素もほとんど解決されることがない。民族としてのオルフェノクを導こうとする人々、（昭和「ウルトラマン」のように）あえてビッグ・ブラザーを演じようとする人々も、関係性の連鎖の中で次々と横死していく。主人公である巧の内面もまた、オルフェノクであることへの諦念と「夢の守り人」たらんとする意思との間を往復し続けるだけで、決定的な変化は訪れない。同作の物語は実質的には登場人物間の人間関係（主に恋愛感情）の変化と、ベルト（変身能力）の交換のみで展開されているのだ。そしてこうした人間関係の変化とベルトの所有者（仮面ライダーへの変身者）の変化は、物語世界それ自体に影響を与えることはない。物語の結末においても、大状況には何の解決ももたらされることなく、ただ主人公である巧の物語の完結＝死が暗示されて幕を閉じる。物語冒頭から暗示されていたように、オルフェノクという存在は時間の進行とともに壊死していく運命にある。巧の死は最初から決定されていたに等しい。同作においては実質的に物語自体は進行していないのだ。ただひとつ、オルフェノクたちの灰色の身体が刻一刻と壊死していくことを除いては。ビッグ・ブラザーを失い、リトル・ピープルが跋扈《ばっこ》する新しい世界は、もはや「終わる」ことが許されない。終わるとすれば、それは個々のプレイヤーの生のみだ。

ここでは物語的なものがほとんど偽装されていると考えられる。そのアイデンティティの記述のためにコミュニケーション（恋愛感情、変身ベルトの交換）が無限に連鎖していくことによって、静的な同作の世界に物語らしきものが立ち上がっているのだ。ここに存在しているコミュニケーション（恋愛感情と変身ベルトの交換）は、いわば物語が進行しているかのように見せかけるために導入された表面的な物語（物語のための物語）に過ぎない。前2作に見られた「コミュニケーションそれ自体が目的化する」というモチーフは、ここでも反復され番組全体を支配している。

コミュニケーションの自己目的化については、卑近な例をとしては携帯電話におけるEメールの交換が分かり易いだろう。

携帯電話におけるEメールの交換においては、メッセージの内容よりも交換していることそれ自体が重要視されることが多い。「疲れた」と友人に一言だけメールを送るとき、送信者が期待するのは自分の疲労を相手に知らせることよりも、相手が「お疲れさま」と一言でもいいから返信し「私はあなたのことを気にかけています」という意思表明をすることであることは珍しくない。ここではコミュニケーションそれ自体が目的化しているのだ。社会学者の北田暁大はこの自己目的化したコミュニケーションにおいて発揮される社会性を「つながりの社会性」と呼んだ。本作において、オルフェノクたちはベルトを携帯電話で起動することで仮面ライダーに「変身」（これは極めて「日本的な」現象だと言われる）する。携帯電話を用いて「変身」する仮面ライダーの登場は、極めて象徴的だ。[*1]

ここにはリトル・ピープルの時代の――完全にビッグ・ブラザー（偉大な兄弟＝父）が壊死し、誰もがリトル・ピープル（小さな父）となった新しい世界の――イメージが極めてコンセプチュアルに提示されている。そして、その中核にあるのは徹底的な断絶だ。変身ベルトと恋愛感情の交換によるオルフェノク＝リトル・ピープルたちの自己目的化したコミュニケーションの連鎖は、世界の構造にまったく干渉することができない。しかし、彼らのモノカラーの身体とその壊死を待つだけの生は確実にシステムに規定されている。彼らにモノカラーの身体を与えたのは、世界が個人の生を意味づけないリトル・ピープルの時代の「壁」＝システムなのだから。一見、そこには自己目的化したコミュニケーションの連鎖があり、世界に何の変化ももたらさない無時間的な「終わりなき日常」が続いている。しかし、その実私たち（オルフェノクたち）の身体は刻一刻と壊死していっている。村上春樹がエルサレムで演説した「壁」が「卵」の主人となりシステムが人間の主人となる世界のイメージと、（その6年前に登場した）本作におけるそれとはほぼ重なっている。一見、「壁」（＝システム）と「卵」（＝人間）とが断絶しているようでありながら、その実、システムに人間の生が一方的に決定され、そして人間はなす術《すべ》もなく死んでいく――。この新しい世界における超越のイメージ、あるいはシステム改変のイメージを提出してきた前々作、前作とは異なり本作の想像力は静的だ。そこに「答え」はない。しかしそれゆえに、本作はリトル・ピープルの時代がもたらした新しい世界の構造のイメージとして、もっともラディカルなものを孕んでいる。それが本作におけるコミュニケーションの自己目的化を繰り返す中で少しずつ壊死し、灰化していく身体のイメージに集約されている。

この静的な世界を内破するために、オルフェノクたちは仮面ライダーに「変身」しようとする。そして彼らの灰色の身体に意味を与える記号＝変身能力（根拠）は、彼らの内面ではなく外側に存在するもので、かつ、他のプレイヤーとの関係性によって獲得されるものだ。人間の内面ではなく、人間たちの間に発生する構造＝システムの力に接近することで、私たちは世界の内部に潜り、多重化し、〈いま、ここ〉に留まったまま、その身体よりも大きなものをイメージし、扱うことができる。仮面ライダーにとっての「変身」とは、〈いま、ここ〉の世界をその場で読み替える力の発動なのだ。

＊1　ゼロ年代と呼ばれる先の10年＝平成「仮面ライダー」シリーズの10年は、同時にある特徴を備えた学園を舞台とする物語がジャンルを問わず支持を集めていた10年でもあった。映画／テレビドラマにおいては

矢口史靖監督の映画『ウォーターボーイズ』（２００１年）を、漫画／アニメにおいてはあずまきよひこの漫画『あずまんが大王』を端緒とし、その膨大なフォロアーによって構成される作品群がこれに当たる。『ウォーターボーイズ』の類作（『スウィングガールズ』『うた魂』『書道ガールズ!!わたしたちの甲子園』など）はゼロ年代の邦画好況を牽引し、『あずまんが大王』の類作（『らき☆すた』『けいおん！』）などは「萌え四コマ漫画」としてジャンルとして定着し、専門誌が発行され続けておりテレビアニメ原作の供給源にもなった。

これらの作品は、広義の部活動を舞台とし、理想化された同性だけで構成されるコミュニティが描かれる。そこでは「甲子園に行く」とか「憧れの先輩と結ばれる」といった「目的」は描かれない。積極的に描かれるのはむしろ、放課後の部室でのおしゃべりや帰宅途中の買い食いといった日常のひとこまであり、消費者たちはその幸福感に満ちたコミュニケーションを見ることで欲望を満たす。そう、ここでは「青春」（コミュニケーション）自体が目的化しているのだ。何らかの目的のために彼らは関係（コミュニケーション）するのではない。彼らの目的はコミュニケーションそれ自体なのだ。これらの作品群において描かれるコミュニティが大きくホモソーシャルに偏っているのは、異性の登場が「恋愛」という「目的」を強く要求するからだろう。

こうした「つながりの社会性」が前面化した作品群（インターネットのファンコミュニティにおいては時に「空気系（日常系）」と呼ばれる）は、平成「仮面ライダー」シリーズが導入したヒーロー同士のバトルロワイヤルというモチーフと双子の関係にある。同格のプレイヤー同士におけるバトルロワイヤル（ゲーム）という物語形式はこの時期（ゼロ年代）に少年／青年漫画、ライトノベル、テレビドラマなどやはりジャンル越境的な流行を見せていた（漫画『DEATH NOTE』『遊☆戯☆王』、ノベルゲーム『Fate/stay night』など）。この「バトルロワイヤル系」と「空気系」はともにリトル・ピープルたち（対等のプレイヤーたち）の関係性（ゲーム）をその世界観の根底に置くという点において共通している。いずれも、そこで描かれているのは外部を失ったグローバル／ネットワーク下の空間における小さな者たちの（程度の差はあるが）自己目的化したコミュニケーションの連鎖なのだ。これを現実認知として描くとバトルロワイヤル系になり、理想化して描くと空気系になる、とひとまずは言えるだろう。

15 もう昭和ヒーローの出てくる幕はない？

複数の仮面ライダー／仮面ライダー同士の戦い／「終わらない」物語——平成「仮面ライダー」の確立した回路を、シリーズはやがて自己批判的に／弁証法的にアンチテーゼを突きつけていく意欲的な試みを繰り返していく。しかし、「もうビッグ・ブラザーの出てくる幕はない」という春樹の言葉が示すように、市場とネットワークに渦巻く世界の無意識は、ビッグ・ブラザーとしてのヒーローを取り戻そうとするこれらの動きを拒否していく。

『アギト』『龍騎』『555』の3部作の終了後、平成「仮面ライダー」シリーズは試行錯誤の時代に突入する。第5作『仮面ライダー剣《ブレイド》』、第6作『仮面ライダー響鬼《ひびき》』、第7作『仮面ライダーカブト』――これらの番組では3部作で確立されたスタイル――複数の仮面ライダー／仮面ライダー同士の戦い／「終わらない」物語――に大枠では従いながらも、これらの作品に対し弁証法的にアンチテーゼを突きつけていく意欲的な試みが繰り返された。

たとえば『仮面ライダー剣』では、カードゲーム／バトルロワイヤルというモチーフがより直接的に導入されている。

同作の舞台は53体のアンデッドと呼ばれる知的生命体（モンスター）たちが、地上の支配権をめぐりバトルロワイヤルを繰り広げる世界だ。人類はこれらアンデッドを封印すべく強化スーツを開発し、この強化スーツの装着者が同作では仮面ライダーという「職業」に設定されている。

ここには『アギト』『龍騎』『555』の3部作で培われたリトル・ピープルの時代のヒーロー像の踏襲と、その批判的継承が共存している。バトルロワイヤルというモチーフ、仮面ライダー同士の戦い、変身能力の位置づけ（仮面ライダーである理由は個人の内面には存在しない）など、その（おそらくは玩具展開を意識した）基本設定については前作、前々作を積極的に継承している。たとえばアンデッドが53体に設定されているのは、トランプカードの53枚になぞらえたものだからであり、劇中で仮面ライダーたちはモンスターをカードに封印し、そのカードの能力を武器に戦い（ゲーム）を進めていく。

だがその一方で、同作においては3部作の「正義」観については極めて意識的にアンチテーゼが提出されている。具体的には「職業」としての仮面ライダーというコンセプトがこれにあたるだろう。主人公の剣崎一真＝仮面ライダーブレイドは（おそらくは政府系の非公式団体である）組織の職員としてモンスター（アンデッド）を封印する「仮面ライダーという職業」についた青年だ。

ビッグ・ブラザーの死が大文字の公共性を守るヒーローの説得力を低下させ、それが個人の欲望（としての正義／悪）を追求する新しいヒーローを生んだとするのなら、『剣』は個人の欲望＝個人に内在する（職業）倫理から正義を捉えなおすことで大文字の公共性の再建を試みるのだ。これは『踊る大捜査線』や、平成「仮面ライダー」シリーズ第1作『仮面ライダークウガ』など、90年代末〜ゼロ年代前半の（広義の）刑事ドラマの手法を踏襲したものと言えるだろう（前述の通り『クウガ』は刑事ドラマとしての側面を強くもつ）。

しかし、設定／脚本の混乱もあり同作における職業ドラマとしての側面は強く打ち出されないまま、商業的不調を背景に同作は脚本陣などが交替し、事実上の路線変更を迎える。

路線変更後の『仮面ライダー剣』はバトルロワイヤルのゆくえと仮面ライダー同士の戦い、特に剣崎とその宿敵である相川始＝仮面ライダーカリスとの疑似同性愛的な関係性の描写にその物語の重心が移動する。

相川始＝仮面ライダーカリスの正体は53体のアンデッドのひとり（ジョーカー）だ。アンデッドである彼は職業仮面ライダーたちと対立しながらも、個人的な動機から人類に味方して他のアンデッドたちを封印していく。しかし、物語の結末ではバトルロワイヤルにただひとり生き残ったがためにその存在は否応なく人類の存在を脅かす力を発揮してしまう。バトルロワイヤルのルール上、最後に勝ち残ったアンデッドは既存の世界を滅ぼしてその支配者となる。しかし人類に加担する相川＝ジョーカーにその意思はなく、自動的に発動してしまう自らの力に苦悩する。そして剣崎は相川＝ジョーカーを救うため、自らの身体をアンデッドと化す。そして相川＝ジョーカーとの決着をつけることなく、姿を消す。剣崎が失踪することで、バトルロワイヤルは勝者が未決定のまま宙吊りとなり、相川と人類はともに救われる。「職業」仮面ライダーとして出発した仮面ライダーブレイドは、そのたどり着いた先で自ら怪人（アンデッド）のひとりに加わったのだ。そう、平成「仮面ライダー」シリーズは、またしても（正しく）「終わらなかった」のだ。同時にそれは本作が3部作の重力からの離脱を志向しながらも、失敗したことを意味する。職業としての仮面ライダーというコンセプトは、バトルロワイヤル＝乱立する小さな正義（リトル・ピープル）たちをいかに調停するかという3部作的主題に回収されていったのだ。

『仮面ライダー剣』の試行錯誤を受けて登場した第6作『仮面ライダー響鬼』は、『仮面ライダークウガ』を担当した高寺成紀が制作会社東映のプロデューサーとして再登板し、より明確に3部作へのアンチテーゼを打ち出した作品となった。本作では『仮面ライダー剣』において事実上放棄された「職業としての仮面ライダー」としてのコンセプトを全面展開する。

同作の舞台は魔化魍《まかもう》と呼ばれる妖怪たちが密かに暗躍する世界だ。この妖怪たちは古来から日本に棲息しており、人類の生活を度々脅かしている。そして人類側はこの妖怪たちに対抗すべく「鬼」と呼ばれる異能者の集団を育成し、妖怪を退治してきた。戦国時代には「鬼」たちは全国規模で組織化されており、「猛士」という暗号名で社会の表舞台に立つことなく、ある種の職能集団として現代に至るまで妖怪退治を続けている。

物語は「猛士」関東支部の鬼である響鬼と、彼に憧れる高校生、明日夢少年との交流を主軸に展開していく。30代半ばの大人の男として描かれる響鬼は、思春期らしい悩みを抱える明日夢少年にその職業人としての生き様を見せることで導こうとする。その結果、『仮面ライダー響鬼』前半は漠然とした不安を抱える明日夢少年が、響鬼たちに接することで教訓を得るという物語が反復して展開されることになる。

ここでは「正義」は過剰なまでに自明のものと定義され、それを職業人としての矜持《きょうじ》に支えられた大人たち=父たちが体現している。リトル・ピープルの時代への過剰なアレルギー反応のように、『響鬼』は正しい「父」の姿を描き、それを少年の視線から肯定するという物語を反復していった。これは前述した再帰的な物語回帰の器としてヒーロー番組が用いられた、典型的かつ極端な例として記録されるだろう。ここに表出しているのは少年のアイデンティティ不安ではなく、むしろ「父であること」が世界から意味づけられないことへの成人男性の不安に他ならない。

リトル・ピープルの時代に背を向け、ビッグ・ブラザーの時代をまるで強迫観念に駆られるように再興すべく、確信犯的な保守反動として展開された『仮面ライダー響鬼』だが、この強烈な確信は当時30〜50代の比較的高齢のヒーロー番組のマニア層に強い支持を受ける一方で、主要視聴者層である男子幼児の支持を取りつけることには徹底的に失敗し、商業的にはシリーズ中もっとも低迷した作品となった。

こうした背景もあり、シリーズ中盤で高寺プロデューサーとメインライター陣は降板し、3部作を牽引した白倉伸一郎プロデューサー、井上敏樹脚本のコンビが番組後半から再登板し、番組自体の路線変更が行われた。そして、この路線変更を経た後期『響鬼』は、仮面ライダー同士の戦いをはじめとする3部作のモチーフを部分的に取り入れながら、前期『響鬼』に対する批評性を発揮していく。路線変更と同時に、明日夢の好敵手となる少年・桐矢京介が登場する。明日夢は幼少期に両親が離婚したために母子家庭に育ち、そのために響鬼に惹かれているのだが、前期においてはそのことが直接的に描写されることはなかった。しかし、同様に幼少期の火事で父親を失っている京介は、明日夢が無意識に抱いている「父」への欲望を直接的に吐露し、響鬼への「弟子入り」を希望する。そして、京介に触発されることではじめて、明日夢もまた響鬼に弟子入りする。

このように「父であること」という前期『響鬼』に潜んでいた主題を、後期『響鬼』は批評的に表面化させていったのだ。最終回、井上が執筆した草稿にはその的確な問題意識が端的に表れている。物語後半、響鬼の弟子になった明日夢だが医者になるという等身大の目標を発見することで、自ら響鬼の元から離れる。そして1年後に明日夢と再会した響鬼は、明日夢が医者という自分の夢を見つけたことを知り、こう告げるのだ「もう、俺のそばにいても大丈夫だな——」と。放映版では現場の反対で「これからも俺について来い」に変更されてしまったこの台詞に、後期『響鬼』が抉り出した前期『響鬼』の本質が表現されている。前作『剣』に続き、仮面ライダーは2年連続で3部作の切り拓いた新しい世界に確信犯的に背を向け、そして挫折したのだ。

2年にわたる試行錯誤を経て平成「仮面ライダー」シリーズ第7作『仮面ライダーカブト』では白倉伸一郎プロデューサーのもと3部作の継承が図られることになる。総勢7名（劇場版を含めると10名）の仮面ライダーが、それぞれの目的のために抗争しながら地球外生物ワームを駆除していく——3部作で培われた要素を最大公約数的に踏襲した本作を経て、平成「仮面ライダー」シリーズは第2のターニング・ポイントである第8作『仮面ライダー電王《でんおう》』を迎える。

16　「変身」の再定義

『仮面ライダー電王』の主人公・野上良太郎は、自身の身体にモンスターを憑依させることで「変身」し、さらに変身中に彼の人格はそのモンスターに憑依される。そして良太郎には複数のモンスターが憑依しており、彼は何通りかの仮面ライダーに変身、いや、人格を切り替える。他者をインストールし、人格を明け渡すことで「変身」する。かつてはエゴの強化だった「変身」は、同作にて解離的コミュニケーションとしてその意味を完全に書き換えられることになる。

平成「仮面ライダー」シリーズはその商業的制約ゆえにリトル・ピープルの時代への過剰な対応を要求され、それに応えることで奇形的進化を遂げてきた。それは大別すればナルシシズムの記述に関連する問題系＝「変身」の再定義と、正義／悪の再記述についての問題系＝ヒーローの複数化の2点に集約され、両者が共有する問題として超越／内在図式の解体が存在する。これは第一章で論じた村上春樹の問題設定に完全に対応している。つまり、ナルシシズムの記述に関連する問題系＝「変身」の再定義は「世界の終り」であり、正義／悪の再記述についての問題系＝ヒーローの複数化は「ハードボイルド・ワンダーランド」に他ならない。村上春樹の文学はある時期から（少なくとも現時点においては）このふたつの問題系（文学と政治）が分裂しており、作家自身はその再統合を志向していながらも失敗している。

しかし、これまで見てきたように『アギト』『龍騎』、そして『555』の3部作を通じて平成「仮面ライダー」シリーズは、両者を接続したまま新しい世界の記述に成功している。それは小さなもの同士（対等のプレイヤー同士）が、自己目的化したコミュニケーション（ゲーム）を無限に連鎖させるリトル・ピープルの時代の姿に他ならない。外部を失い、すべてが無限に拡張するゲームの内部に包摂されるこの世界において、徹底して内在することだけが逆説的に超越に接近する。この新しい世界において、すべての主体は不可避に「小さな父」として機能する。もはや「父」の不在や、「父」を拒否することの（非）倫理といった問題設定は機能しない。すべての人々が不可避に小さな「父」として機能する時代において、あとはどう決着をつけるのかという問題だけが残されているのだ。

3部作の末尾に位置する『仮面ライダー555』をひとつの臨界点とし、平成「仮面ライダー」シリーズもまた春樹と同様の分裂を抱え込むことになる。いや、より正確には正義／悪の再設定＝ハードボイルド・ワンダーランド＝政治と、ナルシシズムの記述法＝世界の終り＝文学というふたつの問題系が分裂することで、各々が奇形的進化を遂げていくことになるのだ。

姉とふたりで小さな喫茶店を営む少年・野上良太郎はある日――イマジンと呼ばれる未来からの侵略者（モンスター）たちと、彼らの時間犯罪（侵略）に対抗する組織との抗争に巻き込まれる。後者に所属する謎の少女ハナは良太郎を「特異点」と呼び、告げる。「君なら、電王になれる――」と。

平成「仮面ライダー」シリーズ第8作『仮面ライダー電王』は白倉伸一郎プロデュースのもと、脚本は『龍騎』のメインライターを務めた小林靖子が再登板した。物語の骨子は時間犯罪をたくらむ未来からの侵略者イマジン（モンスター）から、時間の流れを守るため、主人公の少年・野上良太郎が仮面ライダー電王に変身して戦う、というものだ。

本作『電王』においては正義／悪の再設定＝政治＝ハードボイルド・ワンダーランドの問題系＝具体的には仮面ライダー＝正義の複数化はほぼ完全に放棄されている。「敵」（怪人）であるイマジンの正体、目的などはほぼ明かされず、仮面ライダー同士の抗争もほとんど描かれない。その代わりにナルシシズムの記述＝文学＝世界の終りの問題系＝「変身」の再定義は本作をもって奇形的進化を遂げることになる。

「特異点」である良太郎はモンスター＝イマジンに憑依されやすい体質のもち主であり、その体質を利用するとともに本来敵であるはずのモンスターの能力をとりこんで仮面ライダー電王に変身する。常に〈敵〉の力を用いて「変身」する内在的ヒーロー＝仮面ライダーにとって、それ自体は当然のことに過ぎない。しかし仮面ライダー電王に変身中、良太郎の人格は完全にイマジン＝モンスター側に切り替わる。良太郎には4体のモンスターが憑依しているので、つまり彼は状況に応じて4つの人格を切り替えて困難に立ち向かうことになる。仮面ライダー電王はその内面に無理矢理「他者」をインストールされ、アイデンティティを複数化されてしまった存在だ。そしてさらにはその状況を利用して戦う仮面ライダーなのだ。

平成「仮面ライダー」シリーズの歴史とは「変身」という表現を書き換えていく歴史でもある。「変身」という回路は男子幼児の成長願望を充足させる回路として登場した。そして平成「仮面ライダー」シリーズはその意味づけを変化させることで進化してきたのだ。それはすなわち、「変身」の根拠の外在化である。ポップカルチャーにおける「異能」の発現が疎外感の裏返しとしてのナルシシズム、エゴの強化として描かれてきたことは前述の通りである。そして平成「仮面ライダー」シリーズはこの変身＝異能を「入れ替え不可能なもの」から、「入れ替え可能なもの」に変化させてきたのだ。かつて仮面ライダーたちを「変身」させたものは身体に埋め込まれた「聖痕」だった。その傷痕こそが逆差別的ナルシシズムを記述し、異形の存在に肉体を変化させる。だが平成に蘇った仮面ライダーたちはこの回路を拒否した。

『仮面ライダーアギト』はまさに逆差別的ナルシシズムの獲得によるエゴの強化というあり方を葬送する物語として提示され、そして『仮面ライダー龍騎』において「変身」とはモンスターとの「契約」――自己選択による自己責任下の自己決定に過ぎないと再定義された。さらに、『仮面ライダー555』は前作の延長線上に「変身」をゲームの結果暫定的に獲得される関係性が与える自己像＝キャラクターの獲得と位置づけた。

そして『仮面ライダー電王』は「変身」がコミュニケーションによる関係性構築の比喩であること／関係性構築の比喩に変化したことを隠そうとしない。仮面ライダー電王にとって「変身」とは、他者――具体的には仲間のイマジン（モンスター）を自分に憑依させること（他者をインストールすること）である。エゴの強化からコミュニケーションへ――仮面ライダーはもはや誰かとつながることなくしては「変身」できないのだ。

同作における「変身」は関係性構築の比喩であると同時に多重人格の比喩だ。ここには現代における複数性の問題が極めていびつなかたちで表出している。

現代において「キャラクター」という言葉は事実上の和製英語として複雑な意味を有している。本来、個人の「性格」を指すこの語は現代においては漫画、アニメーションなどに登場する架空の登場人物のことを指し、さらには転じて特定の共同体（家族、職場、学校、友人関係など）で共有される人物像のことをも指している。「私って〜なキャラだから」と自己紹介し、「〜君は……なキャラだから」と友人を紹介する私たちのコミュニケーションは、共同体をひとつの物語と捉え、そしてその中で共有される人物像をキャラクターとして捉えている。

私たちがキャラクターの図像、特に顔を描くときそれは多かれ少なかれ自画像の側面をもつ。しかしそれは既に他人の顔でもある。キャラクターをキャラクターたらしめているのはその記号性だ。丸い頭に、左右3本の髭、そして赤い首輪についた大きな鈴――こうした記号を特定の規則の下に配置することで「ドラえもん」というキャラクターは定義される。今、私が描いた「ドラえもん」の顔は「作者」である藤子・F・不二雄の自画像であると同時に私の自画像でもある。いや、世界の市場とネットワークには無数の商品として、もしくはn次創作として無数の「ドラえもん」というキャラクターの図像が溢れ、それは常に誰かの自画像であり、そして他人の顔でもある。ひとつの存在＝キャラクターが複数の人格として機能する――仮面ライダー電王のもつ複数性はこうしたキャラクターの複数性の本質を体現している。複数の仮面ライダー同士がコミュニケーションするのではなく、ひとりの主人公が複数の仮面ライダーに変身するのだ。

劇中においてモンスター＝イマジンたちの身体はスーツ（着ぐるみ）で表現され、専門の俳優＝スーツアクターがそれを操作する。しかし前述のようにイマジンたちは主人公の良太郎をはじめとする人間に憑依し、その身体を奪取する。あるいは良太郎の場合、その身体を奪取することで仮面ライダー電王に変身する＝仮面ライダーのスーツ（着ぐるみ）という身体を得る。つまりイマジンは特定の身体をもたないキャラクターなのだ。このとき、キャラクターの同一性を確保するのは声——具体的には「声優」の存在だ。

たとえば同作の主役格であるイマジン・モモタロスは、通常は赤鬼をモチーフにした本来の身体（スーツA）を得ているが状況に応じて良太郎以下の人間たちに憑依する。このときモモタロスの身体は良太郎役の俳優佐藤健の身体となる。そして仮面ライダーに変身後、その身体は仮面ライダー電王ソードフォームの身体（スーツB）となる。この複数の身体の同一性の根拠となっているのが、モモタロス役の声優関俊彦の「声」に他ならない。声という一要素がキャラクターの同一性を確保する「記号」として、ここでは機能しているのだ。

現代における解離的なものを浮上させるキャラクター的想像力、あるいはキャラクター的コミュニケーションを背景とした、極めてコンセプチュアルな表現として、そしてその奇形的進化として本作『仮面ライダー電王』は結実している。

そして同作は、主にイマジンの声を担当した男性声優の女性ファンを中心に、従来のシリーズとは異なった消費者層を開拓し、2011年の現在も続編が制作され続けているロングシリーズに成長している。

放映終了から3年を経た現在においては、良太郎を演じた佐藤健以下のメインキャストの登板は事実上不可能になっている。しかし『電王』にとって、俳優の身体の喪失は本質的な問題には発展しない。本作では時間SFとしての側面を活用し、良太郎ほか何人かの登場人物が少年／少女期の身体に逆行したという設定を用い、より若い俳優たちを登板させている。制作の都合上生じた、ご都合主義的な展開と言わざるを得ないが、ここで重要なのはそれでも『電王』という表現の本質が揺るがないということだろう。本作の中核にあるのはイマジンというキャラクターたちと彼らの間の関係性であり、その同一性は身体ではなく「声」――それも声優の演技のもつ記号化された「声」にある。この同一性が確保されている以上、『電王』は無限にその身体を入れ替え、終着駅にたどり着くことなく継続していくのだ。

そして、こうした本作のキャラクター表現の奇形的進化は、物語面にも大きく影を落としている。

たとえば批評家の東浩紀は、筆者との対談[*1]において同作の時間SFとしての側面に言及し、その可能世界の処理とキャラクター的複数性との連動を指摘している。キャラクター的複数性——単数の身体に複数の精神が宿る——と、「あり得たかもしれない世界」としての可能世界を想定することで発生する現実の複数性は完全に重なり合う。物語の終盤——ハナの正体は未来に生まれた良太郎の姪（良太郎の姉と仮面ライダーゼロノス＝桜井侑斗との間に生まれた娘）であることが判明する。しかし、イマジンたちに対抗すべく仮面ライダーゼロノス＝桜井侑斗が行ったタイムスリップによって、劇中で描かれる時間軸においては良太郎の姉と桜井侑斗は結ばれない。従ってハナはこの世界では生まれてこない幽霊のような存在＝キャラクターとなる。『電王』には表現面においても、物語面においても半ば必然的にキャラクター的複数性がその中核に存在する、いや幽霊のように漂っているのだ。

ナルシシズムの記述法＝「世界の終り」の洗練として、本作『仮面ライダー電王』はキャラクター的複数性を極めてコンセプチュアルに取り込むことで奇形的進化を見せた。これは同時に、個人のアイデンティティを世界が意味づけることはないリトル・ピープルの時代がもたらす不可避の条件を逆手に取り、その可能性をポジティブに展開する想像力の結晶に他ならない。ポストモダン状況に耐えられない実存の悲鳴として物語の中では描かれ続けてきた多重人格的な解離を、本作は圧倒的に肯定するのだ。

しかしその一方で、前述した通り正義／悪の再設定＝「ハードボイルド・ワンダーランド」についてはほぼ放棄、具体的には失敗している。

本作の後半、良太郎たちの抹殺を目論むイマジンたちの首魁《しゅかい》としてカイという青年が登場する。このカイが、本作においてほとんど唯一「敵」として描かれた存在だ。

カイは常に「自分は今〜と思っている」と自らその心境をひとつひとつ言葉にして解説し、そして周囲の人間に「俺、そういう顔しているだろ？」と確認する。カイはおそらくモモタロスたち、良太郎に憑依するイマジンたちのアンチテーゼとして設定されたキャラクターだと思われる。モモタロスたち良太郎に「憑いた」イマジンは、自己主張が強く明確な性格設定と決め台詞的な「口癖」をもち、この「口癖」は「声」とともにキャラクターの同一性を担う要素として機能している。

対してカイはその「口癖」で常に、周囲から自分のキャラクターを承認させるべく確認を求めている。「声／口癖」というキャラクターの核を有し、自由にさまざまな身体を行き来するモモタロスたちに対し、カイは生身の役者の身体をもちながらも常に周囲からの承認を、強迫観念に駆られるように求めている。

ここではつまりキャラクター的複数性に支えられてアイデンティティ不安を解消した存在＝モモタロスと、キャラクター的複数性をもたない（俳優の身体に規定されている）ため、アイデンティティ不安に常に晒されているカイという存在が対比されている。しかし前者と後者の対立構造としては希薄なものにならざるを得ない。なぜならば、カイの問題（ポストモダン的アイデンティティ不安）を、（キャラクター的複数性によって）無効果したのが、モモタロスたちイマジンだからだ。「敵」としてカイはあまりに「弱い」し、その意味において最初から「負けている」。

『仮面ライダー電王』はキャラクターの複数性を徹底して追求することで理想化された関係性（空気系）を描きナルシシズムの記述法を奇形的に進化させた。しかし、そのために仮面ライダー同士の戦い（バトルロワイヤル）というモチーフを失ったのだ。これは（かつて村上春樹がそうであったように）暴力という巨大な主題を扱えなくなったことを意味するのだろう。

＊1　〈Final Critical Ride〉第二次惑星開発委員会（２００９年８月）

17　「不可避の父性」をめぐって

第9作『仮面ライダーキバ』は、前作とは逆に正義／悪の再設定＝仮面ライダーの複数化＝ハードボイルド・ワンダーランドに特化した進化を遂げることになる。80年代以降の国内ジェンダー史を背景に、同作はリトル・ピープルの時代がもたらす（小さな）父性を、高度資本主義の快楽を追求する一方でその不可避のコミットメントのコストを引き受ける「父」のイメージとして提出したのだ。

「変身」を再定義し、ナルシシズムの記述法をそのイメージをもって大きく更新したシリーズ第8作『仮面ライダー電王』に対して、続く第9作『仮面ライダーキバ』は、前作とは逆に正義／悪の再設定＝仮面ライダーの複数化＝ハードボイルド・ワンダーランドに特化した進化を遂げることになる。『アギト』『555』そして『響鬼』後半を担当した脚本家井上敏樹が再々登板した本作の中心に存在するのは、第一にこれらの作品で提示されながらも充分に展開されなかった「民族」、そして第二に『響鬼』後半の再話としての「父性」という主題だ。

本作は2008年（現在）と1986年（過去）——ふたつの時代のふたつの物語が並行的に展開し、そしてときに交錯するという複雑な構造をもつ。

現代編の主人公は紅渡《くれないわたる》——バイオリン職人の青年だ。劇中の世界にはファンガイアと呼ばれる吸血鬼（怪人）の一族が暗躍しており、彼らは恒常的に人類を捕食している。渡はファンガイアが人間を襲わんとするとその存在を察知し、本能的に仮面ライダーキバに変身してこれを撃退する生活を繰り返している。渡は自分がなぜ変身できるのか、なぜファンガイアと戦うのか、まったく理解していない。だが、渡は人類側がファンガイアに対抗すべく組織した秘密結社「素晴らしき青空の会」に偶然かかわりをもったことから、自分の出生の秘密と過酷な運命を知ることになる。

一方、過去編の主人公は紅音也《くれないおとや》——若くして天才バイオリン奏者／職人として名声を得、バブル前夜の東京を欲望の赴くままに満喫する青年だ。音也は偶然にファンガイア及び「素晴らしき青空の会」の存在を知り、同会の構成員として活躍する。音也は戦いの中でファンガイアの女王（王の妻）真夜と出会い種族の垣根を越えて不倫関係を結ぶ。その結果、音也と真夜のあいだに生まれた子ども＝人類と吸血鬼のハーフこそが渡だ。渡は父の遺志を継いでファンガイアに対抗することを運命づけられていると同時にファンガイアの王族として一族を率いる運命にもあり、異父兄太牙《たいが》との後継者争いにも巻き込まれていくことになる。

本作には4人、いや4種類の「仮面ライダー」が登場するが、それは大別して2系統に分けられる。まずはファンガイアの王族がその自衛のために開発した鎧（強化スーツ）の装着者たちだ。たとえば現代編の主人公である渡は、母親（真夜）から託された「黄金のキバ」と呼ばれる鎧《よろい》をほぼ独占的に所有し、変身する（仮面ライダーキバ）。その異父兄である太牙はそのプロトタイプである「サガ」の鎧を纏《まと》う（仮面ライダーサガ）。また過去編では、太牙の父親＝真夜の夫であるファンガイアの王が「闇のキバ」の鎧を所有する（仮面ライダーダークキバ）。この作中最強の鎧は過去編から現代編にかけて、その所有／装着者が音也、太牙へと移り変わることになる。

血脈によって継承されていくキバの鎧（及びそれに類する鎧）たちは「運命」の象徴だ。したがって過去編においては、ファンガイアの王が所有するこの鎧が（そして彼の妻である真夜までもが）80年代の高度資本主義／消費社会の体現者である音也によって奪取されることになる。そして現代編においてはその理由も分からず不可避に鎧を継承してしまった渡が、鎧が象徴するその運命——（小さな）「父」としてファンガイアを取り巻く問題にコミットさせられてしまうこと——に抗おうともがくことになる。

そしてもう一系統が「素晴らしき青空の会」が開発した「イクサ」と呼ばれる強化スーツ（ライダーシステム）の装着者たちだ（仮面ライダーイクサ）。イクサは近代的な「自己決定」の象徴だ。イクサは変身アイテム（イクサナックル）を使用すれば、基本的には誰でも変身することができる。この設定から明らかなように、イクサをめぐる物語は『仮面ライダー555』における変身ベルトの争奪戦の再話として登場する。つまり、自己確認の手段として「イクサに変身すること」を求める登場人物たちが複数登場し、その争奪戦が繰り広げられる。この位置づけは本作の女性性をめぐる展開にもっとも顕著に現れている。

イクサのロールアウトは過去編の舞台となる1986年直前だが、この1986年は男女雇用機会均等法が施行された年でもある。同法は就労（募集と採用）、人事（配置、昇進など）そして待遇（福利厚生や教育制度、定年など退職時の諸条件）における男女間の差別の緩和を目指したもので、国内においては女性の社会進出を大きく後押ししたものと言われている。これによって、企業は採用にあたって基本的に男女別の募集が難しくなり、総合職／一般職といった区分が普及することになった。だが、周知の通り当時の大企業の総合職採用には引き続き男性が有利である傾向が続くことになり、その現実が逆に女性総合職という「名誉男性」が時代の象徴のように扱われることもあった。

過去編のヒロイン麻生ゆりは、まさにこの雇用機会均等法が象徴する当時の「戦う女性」の置かれた状況を体現する存在として登場する。「男に負けない」生き方を自らに課し、その上母親をファンガイアに殺された過去をもつゆりはイクサの装着者となることに過剰に拘泥するが、組織からはその過剰な拘泥こそを危険視されたこともあり装着者にはなかなか選ばれない。そしてそんなゆりの娘であり、現代編のヒロインである麻生恵もまた「素晴らしき青空の会」に所属し、母と同じようにイクサの装着者に選ばれることに妄執を見せる。そして、母親同様にその空回りを理由に装着者には選ばれない。1986年から二十余年、「名誉男性」として働く女性を遇する男社会の現実と、そこに空回りするしかない女性性の困難を、本作はアイロニカルに描き出している。そして無論のことこれは商業的制約から基本的には男性の「仮面ライダー」しか登場させることのできない現実を背景にした自画像でもあるだろう。

20年で女性をめぐる環境は変わらなかったが、その代わりに大きく変貌したものがある。それは男性性――特に父性をめぐる環境だ。過去編において、イクサの装着者は紆余曲折を経て音也に落ちつく。過去編で描かれるのは消費社会が溶解させる大文字の父性の姿だ。イクサの装着者は当初、音也とゆり、そして次狼という青年の間で争われる。次狼はファンガイアとの戦争に敗れ、滅亡の危機にある狼人間の一族の末裔だ。次狼は自らの血統を残すこと＝「父になること」に拘泥しており、見初めたゆりの歓心を買うためにイクサの装着者を志向する。つまり、次狼といい、ゆりといい「父になる」（＝「男」になる）ためイクサの力を得ようとしているのだ。

だがこの争奪戦に勝利し、イクサの正装着者となるのはそのふたりのどちらでもなく音也なのだ。「人生は、短い。けど夜は長い」――前述の通り、音也は消費社会に耽溺《たんでき》する快楽主義者であり、いわゆる家父長制的な「男らしさ」とは対極にある存在だ。常に本気とも冗談とも取れない態度で他人に接し、異性にも金銭に対しても奔放で多数のトラブルを抱え続けている。従って音也はイクサになることそれ自体にはまったく意味を見出しておらず、欲望を追求する手段としてしか考えていない。そして音也はマチズモを体現する競争者や、名誉男性を志向するゆりを出し抜くようにイクサの装着者の座を占めていく。さらには物語後半、音也は本作における大文字のファンガイアの王からその父権の象徴である妻（真夜）と鎧（闇のキバ）を奪い取って（解放して）しまう。音也は過去編における大文字の父性（ビッグ・ブラザー）の破壊者に他ならない。

かつて村上春樹は80年代を舞台に消費社会の浸透／高度資本主義の発展にビッグ・ブラザーの壊死した後の新しい「壁」を発見しようとした（『ダンス・ダンス・ダンス』）。だが紅音也は消費社会の高度資本主義下で無限に渦巻き、連鎖する欲望の体現者である。そしてビッグ・ブラザーは誰かに殺されたのではない。ビッグ・ブラザーのもたらしたシステムにのっとって人々が自由にその欲望を追求していった結果、自動的に壊死していったのだ。グローバル資本主義が国民国家をいつの間にか資本とネットワークの下位に置いたように。自由にその欲望を追求することでビッグ・ブラザーを解体していく紅音也という存在は、まさに高度資本主義／消費社会そのものの体現者なのだ。

だが本作『仮面ライダーキバ』の最大の困難は、この音也こそが新しい時代――2008年の現代編を生きる主人公・渡の「父親」として設定されていることだ。

過去編の結末にて、音也は渡の誕生を待つことなく戦傷が癒えぬまま死亡する。そして現代編――渡は父を知らずに育った青年として登場する。仮面ライダー＝リトル・ピープル＝小さな父として機能してしまうことは、渡にとって負担（コスト）でしかない。渡は自身の運命を受け入れるべく、父親の知人たちを訪ね歩く。だがそこには渡が求めていたような偉大な父の姿は存在しない。本作において「（大きな）父性」は1986年に既に破壊された過去のものだからだ。

そこで戸惑い続ける渡の前に現れるのが名護啓介という青年だ。「素晴らしき青空の会」の構成員である名護は、物語前半におけるイクサの正装着者として登場する。自らに絶対の自信をもち、かつ完璧主義者の名護はほとんど神経症のように絶対的な正義を自他に要求する。その背景にあるのは父親をめぐる過去だ。名護は少年時代（80年代？）に代議士だった父親にもち上がった不正疑惑を過剰に追及し自殺に追いやった過去をもつ。その経緯から、名護は半ば強迫観念に囚われるように絶対正義を志向するようになる。

つまり名護は80年代に起こった大文字の父性の失効＝ビッグ・ブラザーの死に耐えられず、アレルギー反応のように父性（ここでは絶対的な正義）を求めるようになった存在だと言える。そして、名護はかつての次狼やゆりと同じように、そして現代においては恵と肩を並べてイクサの装着者であることに拘泥を見せることになる。大文字の父性の失墜は、「後ろ向きの男女平等」（「水無田気流」）として男たちにも（にこそ）「名誉男性」の称号（イクサ）を渇望させたのだ。言うなれば、イクサは「正社員」のようなものだ。『仮面ライダー555』における「夢」のない無職青年たちがオルフェノクという灰色の身体を与えられ、変身ベルトの争奪戦に憧れていたように、本作においても「名誉男性」を志向せざるを得ない女性たち（麻生ゆり、恵の母娘）や、民族的マイノリティ（次狼）、そして去勢された＝社会がその既得権益を保証しなくなった成人男性（名護）が、かつてビッグ・ブラザーの時代に存在した自己実現の姿＝（社会の保証する）父性（高度成長期－バブル経済期までの男性正社員？）の座を巡って抗争することになる。だが、新しい時代（リトル・ピープルの時代）の出現／日本的経営の崩壊は、男たちの既得権益を失効させ「後ろ向きの男女平等」を実現した。その結果、世界は失われた「父」を回復すること（仮面ライダーになること）で自己確認を果たそうとする（男女問わず）オルフェノクたちが溢れかえったのだ。

渡は名護に求めていた父性を感じ、その弟分となるがやがてその矮小さを感知して距離を置くようになる。一方の名護は、仮面ライダーキバの正体を渡とは気づかずにファンガイアと同一視して、一方的にその命を狙うことになる。

「不可避に（小さな）父である者」＝渡と、「（偉大な）父になる不可能性に挑む者」＝名護——この両者の対比を描くことは、まさに小さな父＝リトル・ピープルたちの乱立とその関係性（ゲーム）を描いてきた平成「仮面ライダー」シリーズの中心を担う主題——正義／悪の再設定、あるいは現代的な暴力という主題を扱う上で必然的なものだったと言えるだろう。しかし、『仮面ライダーキバ』ではその物語の後半において、この渡と名護の対比という構造は事実上消滅してしまう。

第27、28話の前後編で名護はなんと1986年にタイムスリップし、現代で「素晴らしき青空の会」に訪れた危機を回避すべく歴史改変を試みる。その過程で名護は音也と出会い決定的な影響を受けるのだ。融通の利かない名護と軟派な音也はすぐに衝突し、名護は音也に殴りかかる。しかし音也は名護を軽くいなす。音也は名護に告げる。「本気で殴り合えば多分お前のほうが強い／だがお前は俺には勝てない／なーんでだ？／お前には遊び心がない。心の余裕がない。／張り詰めた糸はすぐ切れる、そういうことだ」——このシーン自体はコミカルに演出された他愛のない一場面に過ぎない。しかし、このシーンが象徴する音也との接触によって名護のキャラクターは事実上変更される。

現代に帰還後の名護は、その非常識さを用いたコメディリリーフとして——まるで過去編における音也のように機能し始めるのだ。さらに1986年へのタイムスリップによって、名護は渡が音也と真夜の子——つまり人類と吸血鬼のハーフであることを悟る。そして物語後半——仮面ライダーキバの正体が渡であることが判明し、「素晴らしき青空の会」がその排除を決定したとき名護は組織に反発し渡の理解者として行動するようになる。

名護の転向（キャラクター変更）からほどなくして、麻生ゆり／恵の母娘の物語も急速に終結する。第31話では過去編／現代編の双方でそれぞれゆり／恵が音也／名護からイクサを譲り受け、ゆりの母／恵の祖母の仇であるファンガイア・ルークを追い詰める／殺害する過程が描かれ、以降はゆり／恵はともに物語の中心からは退場することになる。

まるで「父になること」をめぐる問題は最後まで語るに値しないと宣言するかのごとく、本作はイクサが象徴する物語を中盤で完結させてしまう（過去編においては「父になること」を目的にしない音也がイクサの装着者となり、現代編においては名護が音也の影響を受けて転向する）。

そしてイクサの物語の完結を経て、第32話から渡の異父兄・太牙が登場することで物語は「否応なく（小さな）父＝仮面ライダー／リトル・ピープル」として機能してしまう存在——ファンガイアの王族たちの争いに移行していくことになる。やはり問題は既に、いかにして〈父〉になるか、ではない。不可避に〈父〉として既に機能してしまっているこの身体といかに向き合うか――それだけなのだ。

物語の結末――太牙との抗争に巻き込むかたちで恋人を失い、傷ついた渡は名護と同じように1986年にタイムスリップし、音也と真夜が結ばれないよう画策する。不可避に（小さな）父として機能してしまうことに耐えられない渡は、自身の存在を消去しようとするのだ。だが渡はかつて名護がそうであったように、音也の存在に触れることで転向する。

このとき音也にとって、未来から来訪した自称「息子」である渡の存在は言うなれば可能世界上の存在であり、まさに不可避に「父」として自身を機能させる存在に他ならない。音也にとって、「父」となることは目的ではなく、不可避の条件であり、彼はそしてそれを受容するのだ。音也は渡を救うために、イクサ（近代的自己実現の象徴）ではなく闇のキバの鎧（不可避の運命の象徴）を、真夜の夫＝ファンガイアの王から奪い、身に纏う。王は音也とは対照的に一貫して妻（真夜）、太牙（子）を所有することで自己確認を行う人物――ビッグ・ブラザー／家父長制的な存在として描かれている。音也は真夜と太牙を解放すべく、渡と協力し、ともに王を倒すものの自らも闇のキバの鎧の副作用に倒れ、息を引き取る。そして渡は音也の死の経緯を知ることで現代に帰還した後、（小さな）父であることを引き受け太牙と対決し、やがて和解していく。そして兄弟は現代に蘇った王の亡霊（ビッグ・ブラザーの亡霊）を撃破して母＝真夜のもとに帰還し、物語は幕を閉じる。

前作『仮面ライダー電王』と本作『仮面ライダーキバ』はおそらくは双子の関係にある。『電王』がナルシシズムの記述法＝「世界の終り」＝変身の再定義に特化し、奇形的な発展を遂げたのに対し、本作では正義／悪の再設定＝「ハードボイルド・ワンダーランド」＝仮面ライダー同士の戦い、とりわけ父性をめぐる争点に肥大している。これは井上敏樹が脚本を担当した『アギト』『555』で提示された民族というモチーフの間接的な継承であり、そして『響鬼』後半の直接的な再話である。響鬼をもはや成立し得ない「偉大な父」として描いた井上は、その回答として機能する「矮小な（しかし愛すべき）父」としての音也を提示したのだ。

そして『電王』がナルシシズムの記述法に特化することで正義／悪の再設定（父性や暴力をめぐる問題）を失ってしまったように、『キバ』では逆に、シリーズを経ることで奇形的に変化してきた前者のモチーフ——具体的には「変身」という回路をめぐるラディカルな想像力を失ってしまっている。象徴的なのは、イクサ（誰でも仮面ライダーになれる）の装着者をめぐる物語が前半でフェードアウトし、後半は血脈による変身能力の継承をめぐる物語に集中していったことだろう。

『仮面ライダー555』でひとつの臨界点に達した平成「仮面ライダー」シリーズは、内包するふたつの主題を切り離し、一方を切り捨てて一方を肥大させることで、奇形的進化の道を選んだのだ。
そして2009年――ゼロ年代という21世紀最初の10年期(ディケイド)の終わりに10年目を迎えた平成「仮面ライダー」は、シリーズの総決算として両者の再統合を試みることになる。

18　すべてを破壊し、すべてをつなげ

平成「仮面ライダー」シリーズ第10作にしてその集大成である『仮面ライダーディケイド』――それは、過去の9年間に放映された旧番組の世界を旅するメタフィクションとして登場した。「十年期（decade）」の名を冠するこのヒーローは、（「仮面ライダー」という）キャラクターのデータベースと、そこから発生する二次創作群を体現する。それは「世界の終り」（「変身」の再定義）と「ハードボイルド・ワンダーランド」（正義／悪の再設定）の再統合を実現する高度なメタフィクションでもあり、それゆえに物語をほぼ放棄することにもなる。

大きな単数のものから、小さな複数のものへ。外部へ祈ることから内部へ潜ることへ。も

はや巨大なものは人格（ビッグ・ブラザー）を孕むことなく、無機的なシステムとして、あるいは環境としてただそこに在る。そして残された小さな人格たち（リトル・ピープル）の関係性（ゲーム）が無限に連鎖していく。

平成「仮面ライダー」シリーズは10年の歴史の中で、リトル・ピープルの時代を背景とした新しい想像力を育んできた。それは正義なき時代に正義（らしきもの）を描かなければならない、という市場の要請が逆説的にもたらした多様性であり、進化である。正義／悪は欲望に読み替えられ、複数化したヒーロー＝仮面ライダーたちはそれぞれの欲望を掲げてゲームを繰り返していく。そこでは「父になること」は価値を帯びない。「不可避に父として機能する」私たちの生は、もはや誰もが仮面ライダーのようなものだ。あとは仮面ライダー＝リトル・ピープルたちの関係性（ゲーム）がもたらすものだけが存在し、こうしている今も奇形的進化を遂げている。

そして平成「仮面ライダー」シリーズ第10作の記念として登場した番組は、この奇形的進化の果てにたどり着いたほとんど袋小路と言ってよい。その名も『仮面ライダーディケイド』――「十年期」を意味する言葉（decade）を冠した本作は、なんとこれまでの9つの番組――『クウガ』から『キバ』までの作品世界を主人公が旅するという極めて複雑で高度なメタフィクションとして登場した。

主人公・門矢士《かどやつかさ》＝仮面ライダーディケイドは、各々別世界、つまりパラレルワールドに設定されてきた過去の9作品の世界を自在に行き来する能力をもち、更にはその9作品に登場した仮面ライダーにも自在に変身する能力をもつ。しかし、士は物語開始時に記憶喪失に陥っており、なぜ自身が旅をしているのか、なぜディケイドに変身できるのか、まったく理解していない。そのため士は記憶を取り戻すために、過去番組の世界を順に巡り、旅を続けることになる。そして彼は過去の9番組の世界を順に旅し、さらには70年代、80年代に放映された昭和期の「仮面ライダー」の世界、さらには同時期（2009〜10年）に放映されていた同じ東映制作の特撮ヒーロー番組（「スーパー戦隊」シリーズ）の『侍戦隊シンケンジャー』の世界までを訪れ、共闘を果たす。

これは指摘するまでもなく、二次創作の比喩――いや、二次創作そのものだ。士＝ディケイドは10年間積み上げられた平成「仮面ライダー」シリーズというデータベースを自在に読み込むことで「変身」する。過去の同一のキャラクターが演じる第2、第3の物語＝n次創作こそがディケイドにおける「変身」なのだ。

n次創作は、現代日本のポップカルチャー、特にキャラクター文化を考える上でのキーワードだ。たとえば、現代日本において漫画、アニメ、ゲームなどのキャラクターたちは、1

次情報としての作品それ自体の消費者たちにｎ次創作――すなわち同人パロディ漫画、小説、イラストなどによって第2、第3の生を与えられることによって消費される。彼らは好みの美少女／少年キャラクターたちを同人漫画の中で凌辱《りょうじょく》し、憧れの戦国武将を本能寺の変が起こらなかった「もうひとつの16世紀」を描く同人小説の中で史実を無視して活躍させる。言い換えれば現代の消費者たちはキャラクターたちをｎ次創作というかたちで消費するのだ。こうした消費者たちのｎ次創作的な欲望は、芸能人やスポーツ選手といった実在の人物にも向けられ、そしてインターネットや同人誌即売会を舞台にｎ次創作は一大市場を形成している。もはや創作物のポピュラリティは、ｎ次創作市場の規模によって計測できると考えてもよいだろう。映画や漫画といった表現それ自体よりも、ｎ次創作の単位としてのキャラクターへ、消費者の所有欲の対象は変化しているのだ。ｎ次創作市場の肥大は、日本のインターネット受容とそのガラパゴス的な進化に大きく支援されている。つまり、アメリカからもたらされたインターネットが、日本的なコミュニケーション空間（つながりの社会性）に対応して変化を見せ、その結果生まれた「ニコニコ動画」や「pixiv」などのコミュニティサイトが今、ｎ次創作の中心的な舞台となっている。ｎ次創作市場の肥大こそが、グローバル化を受容しつつも、それをいつの間にか日本的なものに変化させる想像力の成果だと言える。

そして『ディケイド』は、平成「仮面ライダー」シリーズというキャラクター群を用いた、東映自身による二次創作、それも極めて自己批評的な二次創作として登場した。

これはキャラクター的な複数性をもって「変身」を根拠づける回路とした『電王』の延長線上にある想像力だ。ディケイドにとって変身とはデータベースから固有名を読み込むことだ。しかもそのことがその身体を、読み込んだ固有名の側（過去の仮面ライダー）に明け渡してしまう。士＝ディケイドは（かつて良太郎とイマジンたちがそうであったように）訪れた過去番組の世界で、各々の仮面ライダーたちと関係性を構築することでその変身能力を得ていく。士はアイデンティティの確認（ナルシシズムの記述）のために、データベースから他のキャラクターを読み込んで、その身体を明け渡す／ハッキングしていくのだ。

士＝ディケイドが旅する過去番組の世界は、実際に過去の9年間に放映された作品のシミュラークルとして登場する。たとえば「アギトの世界」では、2001年放映開始の『仮面ライダーアギト』と同じように人類の進化形である超能力者＝アギトとその抹殺を目論む神の使途（アンノウン）、そしてこれらに対抗すべく策動する警察機構という構造はそのままだが、登場人物はまったく異なり、アギトに変身するのも芦河ショウイチという、その役名から明らかなように本放送の3人の主人公の役割をひとりで負う人物が担当している。士が訪れる「アギトの世界」は、東映自らが制作する『仮面ライダーアギト』の二次創作なのだ。

これは明らかに制作事情から発生した設定――過去番組に出演したオリジナルキャストを集合させることが難しいために導入された設定だ。しかし、この設定により士＝ディケイドは、『電王』から受け継いだそのキャラクター的複数性を、過去の番組に遡って適用していく役目を負うことになった。本作『ディケイド』を経過することによって、過去の仮面ライダーも可能世界的な設定を用い無限に増殖していく存在に変化したのだ（そのため、「電王の世界」だけはシミュラークルではなく本編のオリジナルのキャストが演じる、『仮面ライダー電王』本放送の続編になっている）。

士＝ディケイドは過去の9作品それぞれの世界で「世界の破壊者」と呼ばれ恐れられている。それは士がパラレル・ワールドとして並列に存在する9つの世界を接続してしまったがために、接続された側の世界たちそれぞれが崩壊してしまった＝無数のシミュラークルに分解されてしまったからだ。

そもそもなぜ士＝ディケイドはパラレルワールドたちを接続したのか。それは記憶を失う前の士＝ディケイドが、これら平行世界をすべて征服する野望を抱いていたからだ。本作の結末のひとつを描く映画『劇場版　仮面ライダーディケイド　オールライダー対大ショッカー』において、士＝ディケイドの正体が、とある平行世界のひとつに生まれた世界征服を企む秘密結社「大ショッカー」の首領であることが明かされる。

大ショッカーは士＝ディケイドの超能力＝平行世界間を往復する能力を用い、パラレル・ワールドまでもを征服する計画を立てていた。だが平行世界の仮面ライダーを抹殺すべく自ら旅立った大首領＝士が何らかの事故で記憶を失ったことでその計画は失敗する。大ショッカーの幹部陣は、自らの世界に帰還して記憶を取り戻した士を放逐し、改めて平行世界への侵略を開始する。そして士＝ディケイドは過去の仮面ライダーたちと協力し、大ショッカーと対決することになる。

平成「仮面ライダー」史上はじめて登場した「世界征服を企む悪の秘密結社」がこの大ショッカーだ。その名称から明らかなように、大ショッカーもまたシミュラークルに過ぎない。その構成員も昭和／平成を問わず歴代の仮面ライダーに登場した人気怪人の混成部隊からなる（士＝ディケイドの能力によってデータベースから召喚された？）極めてメタフィクショナルな編成となっており、その目的も平行世界の融合と征服＝シリーズの総括というほぼ制作側のコンセプト（「仮面ライダー」シリーズのブランディング強化）それ自体を自己言及するものになっている。と、言うよりディケイド＝大ショッカーという存在そのものがこのメタフィクションのコンセプトそのものを体現するキャラクターであり、コンセプトを実現するシステムなのだ。

言うまでもなく、『仮面ライダーディケイド』の商業的な目的は過去の平成「仮面ライダー」シリーズを市場において再生することだ。「すべてを破壊し、すべてをつなげ」――これが『ディケイド』という番組に与えられたキャッチ・コピーだ。ディケイドは過去のすべての仮面ライダーの世界を破壊し、シミュラークルに変化させ、データベースに取り込んでいく＝カードに封印する。そしてデータベースに登録されることで、過去の仮面ライダーたちは無限にシミュラークルが増殖していくn次創作の海＝ネットワークへとある意味「解放」されるのだ。

　これはディケイドの変身システムが、アーケードカードゲーム『ガンバライド』をモデルにしていることからも明らかだ。これはゲームセンターや玩具店に設置された筐体《きょうたい》でプレイするゲームだ。プレイヤーは専用のトレーディングカードに描かれた好きな仮面ライダーたちを選んでチームを編成し、相手チームと戦う。つまりカードから過去の仮面ライダーたちを「召喚」して、他のプレイヤーと戦うゲームだ。第10節で紹介した『マジック：ザ・ギャザリング』『ポケットモンスター』の仮面ライダー版として、この『ガンバライド』は位置づけられるだろう。仮面ライダーディケイドは、この『ガンバライド』の前年からのヒットを背景に同ゲームとの連動を前提にそのキャラクターを設定されている。商業的な要請が、ヒーローという表象を変化させたのだ。それも、極めて批評的に。

　物語ではなく、システムを体現するキャラクター――ディケイドという存在を象徴するのは、仮面ライダーディケイド・コンプリートフォームのデザインだろう。仮面ライダーディケイド・コンプリートフォームは9つの世界すべてを旅し、それぞれの世界の仮面ライダーの力を獲得したディケイドの「完全体」だ。「歩く仮面ライダー図鑑」と呼ばれるこのコンプリートフォームに進化することによってディケイドは過去番組の仮面ライダーに変身するだけではなく、彼らをその場に召喚することが可能になる。データベースとしての機能が完成することが、ディケイドにとっての進化なのだ。これは平成「仮面ライダー」が追求してきたナルシシズムの記述＝世界の終り＝変身の再定義という問題設定の終着点に訪れた奇形的進化の最たるものに他ならない。

ディケイドというシステムと同一化した正義／悪は、平成「仮面ライダー」が追求してきたもうひとつの主題——正義／悪の再設定＝ハードボイルド・ワンダーランド＝仮面ライダー同士の戦い（ゲーム）——をも体現している。

ディケイドが9つの平行世界の境界を侵し、接続したために過去の9番組のオリジナルの世界は分解し、無数のシミュラークルの世界（二次創作）が発生したことは前述した通りだ。そしてディケイド＝大ショッカーの介入の結果、融合が進んだ9つの世界は崩壊が進行し、最終的には異なる世界の仮面ライダー同士が生存権をかけて殺し合う「ライダー大戦」が勃発する。世界をひとつにつなげる力＝グローバル／ネットワーク化はその反作用としての暴力を自動的に孕むことになるのだ。たとえば物語終盤の第29話では、融合が進む「剣《ブレイド》」の世界の仮面ライダーたちと「キバ」の世界の仮面ライダーたちが、自分たちの世界を保存するために殺し合うことになる。ディケイドによって過剰に接続された世界とは、端的にグローバル／ネットワーク化の比喩に他ならない。ディケイドという非人格的なシステムはグローバル資本主義そのものであり、その存在そのものが、過剰なコミュニケーションをもたらし小さな父たちを衝突させ、自動的に暴力の連鎖を生んでいく。ライダー大戦における仮面ライダー間の闘争は、その存在それ自体を賭けた不可避のゲームである。そこには何らかの物語や目的は作用していない。生存のために自動的に「父」として機能するキャラクターたちが無数に渦巻き、半ば自己目的化したゲームだけが無限に加速していくのだ。このゲームを調停することができるのは、個々のプレイヤーたち＝過去の仮面ライダーたちではなく、システムそれ自体であり非物語的存在であるディケイドだけだ。

そしてディケイドとは貨幣と情報のネットワークそのものだ。これはディケイドというシステムは自己更新することで、自らをハッキングすることでその内部に自動的に発生する暴力を排除することを意味する。もはや貨幣と情報のネットワークに内在することでしか、そこに自動発生する暴力にアプローチすることはできないのだ。

大ショッカーを壊滅させたものの、世界の融合を止められなかった士は最終回で前作『仮面ライダーキバ』の主人公である紅渡——つまりシミュラークルではなくオリジナルの存在（前番組と同じ役者の演じるオリジナルの主人公）に糾弾され、おそらくは同様にオリジナルの過去番組の主人公たちだと思われる仮面ライダーたちによって襲撃される。テレビ番組としての本放送はここでぶっつりと断絶するように、終わる。その一応の「完結」が描かれるのは、放映終了の数ヶ月後に公開された映画『仮面ライダー×仮面ライダーW＆ディケイドMOVIE大戦２０１０』だ。本作で描かれるのはディケイド自身の死と再生だ。劇中では「ディケイドに物語はない」という台詞が象徴するように、ほとんどメタ・コメンタリー的にディケイドというプロジェクトへの自己言及が登場人物たちの口から繰り返され、そして士＝ディケイドもまた、かつて自らが過去の仮面ライダーたちに行ったようにその存在を破壊される＝命を落とす。そして再生することで「物語」を得て、過去の仮面ライダーたちと同じようにデータベースに登録され、次の世界へ旅立っていく。

一連の物語は前述したようにほぼメタ・コメンタリーになっており、映画表現としての体をほとんどなしていない。こうして〈ディケイド〉という前代未聞の番組は半ば自壊するようなかたちで終着する。だが、仮面ライダーディケイドという想像力は市場を席巻し、「仮面ライダー」という固有名詞群のプレゼンスを決定的なものにしたことは間違いない。そして、この奇形的な進化——それも市場との結託こそが生んだ異形——は、現代におけるポップカルチャーの極北に存在している。

そのいびつなかたちを決定づけている想像力——それは、歴史を物語としてではなくデータベースとして解釈する視線だ。かつては——たとえば国民国家において、はじまりがあり、終わりがあり、それゆえに個人の生を意味づけることができる（大きな）「物語」として機能した歴史は、ここではいつでも、どこからでもアクセス可能なデータベースとして提示されている。データベースは個人の生を意味づけることはないが、その反面キャラクター的複数性を支援する。だからこそ、ディケイドは過去の番組のキャラクターたちを自在に書き換えながら召喚することができる。

ここには、現代における「壁」＝システムをどうイメージするのか、ビッグ・ブラザーなき現代において巨大なものをどう捉えるかという問題を考える上で、とても大切なイメージが含まれているように思える。言い換えれば『仮面ライダーディケイド』は、おそらく国内のヒーロー番組においてはじめて、リトル・ピープルの時代の「壁」を捉え、そのイメージを提出することに成功しているのではないかと思う。それが、この歴史をデータベース的に捉える＝カードゲーム的想像力とも言うべきものだ。同時に、日本国内のガラパゴス的なインターネット空間がもたらしたn次創作市場を、本作は中心的なモチーフとして取り込んでいる。こうして生まれた「歴史」への視線に貫かれた本作は、白倉が『ヒーローと正義』で記した、アメリカン・グローバリズムを受容することで変化させる日本的想像力の結晶だと言える。

徹底して内在的であるがゆえに超越的であるという「仮面ライダー」というヒーローのコ

ンセプトは、10年の間に徹底と進化を続け、ついに「壁」自体、「システム」それ自体であるヒーローを生み出した。キャラクター的複数性をコントロールしそのアイデンティティを自由に記述し、自ら生み出す暴力＝グローバル／ネットワーク化の反作用を自ら排除し得るシステムそれ自体としてのヒーロー——世界の破壊者／守護者である仮面ライダーディケイドとは、いわば現代における「壁」＝システム＝貨幣と情報のネットワークそのものだ。リトル・ピープルの時代を迎え、いったん断絶した「壁」と「卵」、（ゲーム）システムとプレイヤーは、ここにおいて再び接続されたのだ。そしてその代わりに物語を失った（放棄した）のだ。

自らをシステムそれ自体と化すことでその制御（コミット）を試み、そしてアイデンティティをデータベースの海に依存することで物語をもってそれを記述することを放棄する——それが、不可避に「（小さな）父」として機能してしまう仮面ライダーたちが10年の時間（ディケイド）を通してたどり着いたひとつの回答だった。

そして『ディケイド』というひとつのターニング・ポイントを経た２００９年——その後番組として登場した次なる仮面ライダーは、『ディケイド』とは正反対の形でこのリトル・ピープルの時代を引き受けることになる。それも「物語」の力で「世界の終り」と「ハードボイルド・ワンダーランド」を再び接続する、という形で。

19　世界の本棚とハーフボイルド・ワンダーランド

「世界の本棚」＝脳内で世界中のあらゆる情報を検索することができる引きこもりの「Google人間」フィリップと、「ハーフボイルド」＝もはや成立しなくなったハードボイルドのパロディを演じ続ける熱血青年・翔太郎《しょうたろう》――ふたりが「合体」することで変身するヒーロー、それが仮面ライダーW《ダブル》だ。『ディケイド』においては高度なメタフィクションと物語の放棄によって可能となった再統合は、『W』においては意味論的に両者を「徹底させない」ことで可能となっている。

村上春樹の直面した想像力上の困難、それは「壁」が非人格的なシステムと化したリトル・ピープルの時代におけるふたつの問題――ナルシシズムの記述法（「世界の終り」）と新しいコミットメントのモデル提示（「ハードボイルド・ワンダーランド」）に分けられる。そして平成「仮面ライダー」シリーズは、その商業性ゆえにこのふたつの問題に対峙せざるを得なくなり、市場の要請に、貨幣と情報のネットワークに渦巻く欲望に応える中で新しい想像力を提示していった。そしてそのひとつの終着点である『仮面ライダーディケイド』は、極めて高度で複雑なメタフィクションという形式を取ることで、このふたつの問題を同時に引き受けた、いや複雑に融合したかたちでラディカルなイメージを提出した。だがその一方で『ディケイド』は物語としての側面をほぼ失ってしまった。

そして『ディケイド』という現代日本の想像力の「鬼子」にして、あまりに特異なターニング・ポイントを通過した平成「仮面ライダー」シリーズの新しい第一歩として登場したのが、第11作『仮面ライダーW』だ。東映プロデューサーを塚田英明、メインライターを三条陸に変更し、その文芸面での制作陣を一新して企画された本作は、極めて直接的にこの「村上春樹的な」分裂を、前作『ディケイド』とは真逆のアプローチで統合することを試みた番組となった。

舞台は架空の都市「風都《ふうと》」——主人公の左翔太郎《ひだりしょうたろう》は小さな興信所に勤める青年探偵だ。チャンドラーが描くハードボイルド小説の主人公に憧れ、探偵を志した翔太郎は過剰に自身のキャラクターを「ハードボイルド」に演出しているが、そのやさしすぎる性格ゆえに周囲からは「ハーフボイルド」と愛情を込めて揶揄《やゆ》されている。

そんな翔太郎には探偵業の師匠がいる。その師匠＝鳴海《なるみ》荘吉《そうきち》は私立探偵として、風都を脅かすある組織と対決している。その組織は使用者を怪人（ドーパント）に変化させる外部記憶装置「ガイアメモリ」を地下で流通させており、荘吉は怪人に対抗すべく自らもメモリを使用し仮面ライダースカルに変身する。しかし、ある事件の折、組織の本拠地に潜入した荘吉は翔太郎のミスが原因で命を落とす。

このとき荘吉が自分の命と引き換えに救出した少年が、本作のもうひとりの主人公・フィリップだ。組織が秘匿していたこのフィリップ少年は天才的な頭脳をもち、さらには「世界の本棚」と呼ばれるデータベースに接続することで脳内で世界中のあらゆる情報を検索することができる、いわば「Google人間」だ。しかしフィリップはその能力（人体改造？）ゆえに幼少期の記憶を失い、自分の名前も知らない。フィリップとは荘吉が彼の救出時に、チャンドラーのハードボイルド小説の主人公（フィリップ・マーロウ）から取って与えた名前だ。そのため救出後も引きこもりがちで、人間関係がなかなか築けない。そして物語はこのふたり――翔太郎とフィリップが荘吉の遺志を継ぎ、ガイアメモリ犯罪に立ち向かっていく姿を描くことになる。

自己完結的、「引きこもり」的であり、デタッチメントによってその全能感を確保する「世界の本棚」フィリップと、その（ハードボイルドの）不可能性を知りながら「あえて」コミットを試み続ける「ハーフボイルド」翔太郎——本書をここまで読み進めた読者にとって、このふたりの主人公たちがそれぞれ何を体現するものとして機能するかはもはや明白だろう。そうフィリップとは「世界の終り」の体現者であり、翔太郎とは「ハードボイルド・ワンダーランド」の体現者だ。そして本作のヒーロー、「仮面ライダーW」は変身ベルト「Wドライバー」を用いこのふたりの主人公が「合体」することで——「ふたりでひとりの仮面ライダー」に合体変身することで——誕生する。[*1]

平成「仮面ライダー」シリーズは、村上春樹が抱え込んだ分裂——「世界の終り」と「ハードボイルド・ワンダーランド」の分裂——を、市場の要請に応えるためにこそより徹底して引き受けることになった。春樹の抱えた分裂とは、私たちの世界が直面した分裂に他ならないからだ。そのことがシリーズをかたちづくる想像力を奇形的に進化させ、最終的には『ディケイド』という前代未聞のメタ・フィクションを生み出した。そして、『ディケイド』という臨界点の後に登場した仮面ライダーWは、前作のメタ・フィクショナルな操作とは異なったかたちで春樹的な分裂の再統合を試みた。かくして「世界の終り」と「ハードボイルド・ワンダーランド」はここに再び統合されたのだ（ちなみに、本作におけるチャンドラー『長いお別れ』の引用はそのほとんどが村上春樹訳のものに準拠している）。

ではこの「統合」はいかにして可能になったのか。そこには当然意味論的な操作が必要となる。『ディケイド』においてこの統合、いや「合体」は高度にメタフィクション化することではじめて（奇形的に）可能となった。では『W』ではどうか？　結論から述べよう。それは両者が――「世界の終り」と「ハードボイルド・ワンダーランド」――その本質を徹底「させない」ことで、歩み寄ることで可能になっているのだ。

たとえば翔太郎はハードボイルドに「憧れている」存在＝ハーフボイルドとして定義されている。本作においてハードボイルドの体現者である荘吉＝仮面ライダースカルはプロローグで死亡してしまう。村上春樹が用いる（文明批評的な）ハードボイルドとは、前述の通り自己完結したロマンティシズムを保守する態度である。それは言い換えれば自身が引き受けた小さな物語に没入し、生の意味づけを獲得するがその正当性を自身の外側に求めない――誰かに認めてもらおうと思わない態度、孤独であることを引き受けることによって、正義／悪の記述を可能にする態度でもある。しかし、「ハードボイルド」の体現者である荘吉は物語の序章で退場し、その後継者＝「ハーフボイルド」である翔太郎はその倫理的な自己完結を引き受けない。彼は「風都の人々」というローカルな共同性に強く依存し、自分が依拠する小さな物語の正当性をもそこに求める（ちなみに、翔太郎の憧れるハードボイルドの体現者である荘吉＝仮面ライダースカルは、初代「仮面ライダー」の企画段階におけるプランのひとつ「スカルマン」へのオマージュであり、いわば昭和「仮面ライダー」の象徴でもある）。

一方のフィリップも「世界の終り」の主人公が最後まで街を出ること／自意識が外部性に向き合うことを拒絶したのとは対照的に、徐々にその「引きこもり」的かつナルシスティックな態度が、翔太郎を中心とする「街」のコミュニティに開かれていく過程が描かれることになる。フィリップも翔太郎も、世界の終り／ハードボイルド・ワンダーランドを完全に引き受けることができないのだ。そして、そんなフィリップが接続するのは世界の終りではなくデータベース化された世界の「本棚」であり、翔太郎が生きるのはハードボイルドではなく自己完結しきれないハーフボイルドなのだ。

その結果『W』は平成「仮面ライダー」としてはほとんど例外的に、現代的な設定を維持したまま勧善懲悪のウェルメイドな物語を全編にわたって展開することに成功している。村上春樹が『世界の終りとハードボイルド・ワンダーランド』を記してから――「世界の終り」と「ハードボイルド・ワンダーランド」が分裂してから約25年――両者は再び（直接的に）統合されたのだ。

だがこの再統合は、本作をウェルメイドで破綻のない小品に仕上げると同時に、その想像力を大きく制限しているようにも思える。たとえば仮面ライダーWの「合体」変身は、昭和ヒーローの名作へのオマージュとして話題を集めた。しかしその一方で、3部作から『電王』そして『ディケイド』へ発展した奇形的な想像力、キャラクター的複数性を取り込んだ想像力をほぼ捨て去っている。その「変身」は使用するガイアメモリのバリエーション（翔太郎側の3種類×フィリップ側の3種類＝9パターン）の順列組み合わせの中で完結し、文字通り最大公約数的な想像力に留まっている。こうした予定調和性、最大公約数性は、世界の終り＝「変身」の再定義だけではなくもうひとつの主題である正義／悪の再設定＝ハードボイルド・ワンダーランドの側にも大きくその想像力にブレーキをかけている。

またフィリップと翔太郎＝仮面ライダーWの正義を支えるのは、「風都」のローカルな共同性だ。本作中にはほぼ「風都」以外の都市は登場せず、主人公たちの動機も「風都の平和を守る」ことで一貫している。逆を言えば、この狭い街に閉じこもっているからこそ、フィリップと翔太郎は明白なゆるぎない「正義」にコミットできるのだ。

そして前述の通り、フィリップ／翔太郎のアイデンティティは「街の人々」からの承認に裏づけられている。リトル・ピープルの時代における正義／悪の記述の困難は、ビッグ・ブラザーが規定する価値基準に支えられた公共性の失効だ。あなたの考える正義／悪と、私の考える正義／悪が一致しないのはもはや前提だ。だからこそ「世界の平和を守る」ウルトラマンから、「人間の自由を守る」仮面ライダーへ、ヒーロー像は変化せざるを得なかった。だが、本作『仮面ライダーW』は風都というローカルなコミュニティに世界を限定し、そこをひとつの正義が支持されるテーマパークとして演出することで再び「世界の平和を守る」ヒーローを演出した。それはいわば「小さな正義」への縮退だ（この縮退を引き受ける態度はいわばコミュニタリアニズム的である）。

そして本作の孕む厄介さとは、この「小さな正義」への縮退――最適解と言ってもいいだろうこの縮退によって、ほぼ現代における「暴力」というもうひとつの主題についても大きくそのアプローチが制限されてしまっていることだ。本作における怪人＝ドーパントとは、ガイアメモリと呼ばれる特殊な外部記憶装置を乱用した一般市民が暴走した姿のことだ。仮面ライダーWはこの怪人たちの使用するメモリのみを破壊し、決してその身体を傷つけない。仮面ライダーWは、自らが暴力の主体であることを決して引き受けない。仮面ライダーWはあくまで市民を「正常な」状態に復帰させるだけなのだ。ガイアメモリ＝自分の外側にある商品を消費し、アイデンティティを確認することは、本作の世界では「異常」で正されなければいけないことなのだ。

このひとつの、ほとんど管理社会的と言ってもいい「ゆるぎない正義の」記述を可能にしているのはそこが「風都」というひとつの価値観に規定されるテーマパークの内部だからだ。しかし、そもそも現代における暴力の問題とは、こうした小さな物語に回帰し、小さな正義を掲げる者（共同体）の乱立が生むものだったはずだ。風都の正義は、前提として他の街の正義とは異なるのだ。だが、風都以外の街を決して描かない『仮面ライダーW』は、リトル・ピープルの時代に渦巻く最大の問題を半ば確信犯的に排除している。

象徴的なシーンを挙げよう。本作の劇場版『仮面ライダーW FOREVER AtoZ／運命のガイアメモリ』の結末で、風都のランドマークである風都タワーがテロリストによって破壊されてしまう。風都中に生中継されるその現場で、仮面ライダーWはテロリストたちと戦いそしてテレビの前の市民たちが口々にその名を叫び声援を送る。そんな「市民の声」に応えるかたちで、仮面ライダーWに奇跡が起こりその背中に翼が生える。そして仮面ライダーWはテロリストを撃破し、物語は「感動の」フィナーレを迎える。

このシーンは前述した『ウルトラマンティガ』『ガメラ2　レギオン襲来』の2作品を強く想起させる。このときウルトラマンティガやガメラに力を与えたのは日本中の子どもたちの声援だったが、仮面ライダーWに力を与えるのはごくローカルな「街の人々」の声援だ。ここに本作の選択した確信犯的な縮退を見ることができるだろう。ディケイドとは異なるかたちでリトル・ピープルの時代に対応すべく、仮面ライダーWはローカルなコミュニティに縮退したのだ。

前述の映画『仮面ライダー×仮面ライダーW&ディケイドMOVIE大戦２０１０』——これは『ディケイド』の完結編と、『W』のプロローグにあたる前日譚「ビギンズナイト」が併映された映画だが、この「ビギンズナイト」には明らかに仮面ライダーディケイドをモデルにした「怪人」が登場する。ダミー・ドーパントと呼ばれるその怪人は、その名の通り、そしてまるでディケイドのようにあらゆる他の登場人物に擬態する能力を有している。そのダミー・ドーパントは矮小な人物として描かれ、劇中にてヒロインから他人の真似ばかりをしていて格好悪いとまで罵倒される。これは事実上の『W』の制作陣による『ディケイド』批判だ。このことからも明らかなように、『W』は確信犯的に『ディケイド』のアンチテーゼとして設計されている。その予定調和は、明確な意図の下に提示されたものなのだ。

村上春樹がかつてそうであったように、ビッグ・ブラザーの壊死は世界をふたつに引き裂いた。それが「世界の終り」と「ハードボイルド・ワンダーランド」――旧い言葉を用いれば「政治と文学」――に他ならない。しかし、ビック・ブラザーが完全に死に絶えることで出現した新しい世界＝リトル・ピープルの時代は新しい分裂を抱え込もうとしている。そしてその新しい分裂を、『ディケイド』と『W』ふたつの仮面ライダーは体現しているのだ。

＊1　これは第2次怪獣ブーム下の東映ヒーロー番組、さいとうたかを原作の『超人バロム・1』へのオマージュである。

20
「変身」する想像力

リトル・ピープルの時代の進行を、ヒーロー番組はその商業的制約ゆえに正面から対峙せざるを得ず、貨幣と情報のネットワークに渦巻く消費者たちの欲望に感応することでラディカルな想像力を提出していった。特に「仮面ライダー」という内在的なヒーローは、グローバル／ネットワーク化が進行した現代だからこそそのポテンシャルを発揮することになる。それは、アメリカン・グローバリズムを単に受容するのではなく、積極的な受容の中でまったく異なるものに「変身」させることになった。それは〈外部〉を喪ったこのリトル・ピープルの時代において、〈内部〉に潜ることで世界を多重化し、変えていく想像力でもある。

もうビッグ・ブラザーの出てくる幕はない——そう宣言した村上春樹の想像力の（現時点での）限界から、本章は始まった。

ビッグ・ブラザーが仮構し続けた大きな物語がその壊死とともに失効し、小さな物語が無数に乱立する世界が訪れた時代、それがリトル・ピープルの時代だ。それは偉大な父（兄弟）＝ビッグ・ブラザーには誰もなれない時代であり、同時に誰もが否応なく矮小な父＝リトル・ピープルとして機能してしまう時代でもある。

村上春樹は、ビッグ・ブラザーには誰もなれないことには敏感だったが、誰もが不可避にリトル・ピープルとして機能してしまうことには鈍感だった。しかし、虚構の中のヒーローたちはその鈍感さを許されることはなかった。なぜならば、彼らこそが、まさに市場に渦巻く消費者たちの欲望によって、否応なく父として機能すること＝正義という名の暴力を執行することを宿命づけられた存在だからだ。

ビッグ・ブラザーとしてのウルトラマンから、リトル・ピープルとしての仮面ライダーへ。国内におけるヒーロー番組は、ウルトラマンという記念碑的作品が誕生したそのときからその不可能性に直面していた。なぜならば、それはもともと、ビッグ・ブラザーという名の近代的な物語（の仮構装置）のゆらぎが生んだ表象だったからだ。そしてビッグ・ブラザーの壊死という不可避の変化を受け止めることで、仮面ライダーというもうひとりのヒーローが体現するリトル・ピープル的な想像力が発展していった。70年代から80年代、そして90年代を経てゼロ年代を迎えることでその想像力は肥大し、奇形的進化すら見せることになった。それは同時に、リトル・ピープルの時代を支配する新しい構造、新しいゲームのルールに対し、深く、徹底してアプローチすることを意味した。

ビッグ・ブラザーという疑似人格を装うことがなくなった巨大なシステムは、非物語的で非人格的なアーキテクチャ（環境）として世界をひとつのゲームボードの上に統合した。ゲームボードとは貨幣と情報のグローバルなネットワークのことだ。そして矮小な父＝リトル・ピープルたちはゲームボードの上で、究極的には自己目的化したコミュニケーション＝ゲームに興じることになる。無限に拡張を続けるゲームへのコミットは不可避で、ゲームボードの外部は存在しない。

外部を喪った世界で、小さな父＝リトル・ピープルたちが永遠にゲーム＝自己目的化したコミュニケーションを繰り返す——平成「仮面ライダー」シリーズは正義なき時代に正義を描かざるを得ないその商業的要請に正面から応えたがゆえに、この新しい世界を深く、鋭く描き出すことに成功したと言えるだろう。市場の無意識のもたらす力は、無数の人々の欲望の集積が生む力は、ときに偉大な作家の自意識を凌駕する。

9・11——アメリカ同時多発テロの衝撃を受け止めることから、21世紀の仮面ライダーたちの戦いは始まった。

資本と情報のネットワークの下、リトル・ピープル＝小さな父たちがそれぞれの正義を抱えて乱立するこの新しい世界は、仮面ライダー同士のバトルロワイヤルとして私たちの前に登場した。誰もが小さな父であり、小さな正義を抱えるこの世界を、仮面ライダーたちは永遠に殺し合うことで表現した。ウルトラマン＝ビッグ・ブラザーが死んだあとに、仮面ライダー＝リトル・ピープルたちのバトルロワイヤルが始まったのだ。

これは日本的ヒーローという想像力がグローバル／ネットワーク化を受容することで変化したことを意味する。また、思想史的に述べれば大陸系哲学の現時点での終着点としてのポストモダン系権力論からアメリカ正義論へのトレンドの移行に符号している。

まさに68年の記憶――ベトナム戦争の遺した傷跡から出発したロールズ以降のアメリカの政治哲学は、さまよえる正義を分配の、あるいはゲームにおける公正さの問題だと定義することから出発することで来るべき新しい時代を射程に収めることを可能にした。そこではもはや、国家という偉大な父を疑似人格と見做して精神分析にかけることもなければ、主体が父になる／ならないことが問われることもない。もはや偉大な父＝ビッグ・ブラザーを解体する思想に出番はないのだ。なぜならば偉大な父は既に死に絶えたのだから。そして私たちが偉大な父になる／ならない方法を模索する思想にも出番はない。なぜならば偉大な父を仮構することでシステムが駆動していた時代＝近代は変質したのだから。

かつて、市場は国家に従属していた。だが現代においては国家が市場に従属している。私たちの世界を覆う最上位のシステムは、疑似人格的な国民国家（大きな物語）から、非人格的な貨幣と情報のネットワーク（大きな非物語）へと変化したのだ。

そして、これまで見てきたように平成「仮面ライダー」シリーズが獲得した想像力は、決してアメリカン・グローバリズムの直接的な受容ではない。白倉伸一郎が述べるように、むしろアメリカ的なものを徹底して受容することで別の形に、日本的、あるいはアジア的なものに変えていくことこそが、平成「仮面ライダー」シリーズの想像力とその奇形的進化だったはずだ。新しい「父」のイメージ、n次創作的な複数性システムそれ自体としてのヒーロー……この奇形的進化は、春樹が対応できなかったグローバル／ネットワーク化という世界変化を受け止めるだけではなく、日本的／アジア的想像力をもって新しい正義／悪の記述、さらに言えば超越性に肉薄する想像力を獲得している。なぜ、そんなことが可能になったのか。

それは仮面ライダーが「変身」するヒーローだからだ。

それも、（ウルトラマンのように）〈外部〉に飛び出すのではなく、この世界の〈内部〉に潜ることで「変身」するヒーローだからだ。

「変身」――それは日本的想像力に他ならない。スーパーマンやバットマンといったアメリカン・ヒーローたちももちろん「変身」する。だが彼らは「変身」することによってその能力を発揮できるようになるわけではない。あくまで正体を隠すためにアメリカン・ヒーローたちはその姿を変えるのだ。

だがジャパニーズ・ヒーローたちは――ウルトラマンは、そして仮面ライダーは違う。彼らは「変身」することで、まったく別の身体を手に入れる。そしてそんな新しい身体に宿る力を駆使して、彼らは悪と戦うのだ。まったく同じことが「ロボット」にも言える。前述したように、人工知能の夢の結晶であるはずの「ロボット」は、日本に輸入され、独自のガラパゴス的な発展を遂げる中でいつの間にか人間が乗り込み、操縦する「拡張された身体」へと進化した。「変身する」ことは、日本の消費社会が独自に育んだ「コミットメント」のかたちなのだ。

だからこそ平成の、21世紀の、リトル・ピープルの時代の仮面ライダーたちはこの「変身」のイメージを変化させること（「世界の終り」＝文学）で、コミットメントのかたち（「ハードボイルド・ワンダーランド」＝政治）をも変化させてきたのだ。エゴの強化から、解離的コミュニケーションへ――「変身」の意味は変化し、そして「コミットメント」のかたちは物語回帰から脱物語によるシステムの更新に変化した。

このとき有効に機能したのは、おそらく仮面ライダーが、その誕生の時点から内在的なヒーローであったことだと思う。身長数十メートルの巨人であるウルトラマンが画面に登場した途端、そこはスイッチがオフからオンに切り替わったように異界に切り替わる。巨人たちの視線から眺めるミニチュアの街々は、東京タワーや大阪城などどれほど見慣れたランドマークがあろうともやはり、別世界のものに見えてしまう。

対して仮面ライダーたちの姿は私たちの世界の内部に、風景の中に存在する。私たちがいつも通る郊外のロードサイドで、ビルの裏の駐車場で、怪人と仮面ライダーの戦いは繰り広げられる。彼らが存在することで、私たちの日常の風景は確実に変化する。

そして「光の国」という絶対的な〈外部〉から来訪した巨人であるウルトラマンに対し、カルト的な秘密結社によって昆虫の力を移植された改造人間である仮面ライダーは、私たちの世界の〈内部〉から発生したヒーローだ。そして私たちは、そんな世界の〈内部〉から湧き上がってくる力を手にすることで、想像力を行使する＝「変身」することができるのだ。

グローバル／ネットワーク化とは、世界をひとつにつなげ、〈外部〉を喪わせる力だ。そして世界からほんとうに〈外部〉が消滅したとき、それでも私たちが想像力を駆使するために、「変身」するために「仮面ライダー」は蘇ったのだ。仮面ライダーたちの「変身」、そしてその意味の更新は私たちがこの〈外部〉＝〈ここではない、どこか〉を喪った世界で〈いま、ここ〉を多重化することを可能にするのだ。まるで、システムをハッキングして書き換えるように、私たちは〈いま、ここ〉に留まったまま世界を変える想像力を手にしたのだ。

そのひとつの結実が、『ディケイド』における「壁」（巨大なもの）についての想像力の更新＝歴史をデータベースとして捉えることによるハッキング的なコミットメントの提示であり、その反動としての『W』におけるコミュニタリアン的な最適解への縮退だったはずだ。

仮面ライダーたちは〈いま、ここ〉に立ったまま、世界を変えるのだ。それも、革命ではなく、ハッキング的に。

グローバル／ネットワーク化に徹底して内在することで、ハッキング的なシステム改変の想像力を獲得する――この発想はヒーロー番組（仮面ライダー）に限らず、現代日本の（あるいはアジアの）至る所で確認できる。

たとえば、日本におけるインターネットの受容がこれに当たるだろう。国内におけるインターネットは、1995年以降爆発的に浸透し日本社会とそのコミュニケーション環境を大きく変貌させた。誰もが発信者となれる社会の到来は、日本国民が近代的な責任主体として自覚をもつ市民社会への成熟への期待をもたらしたが、現実はそれを裏切った。日本におけるインターネットは、公共的な討議の空間として成熟することなく、匿名的かつ日本的／ムラ社会的な共同性の確認の場として定着した。「2ちゃんねる」などの匿名掲示板や、ガラパゴス的な進化を遂げた携帯電話対応のコミュニティサイト群では、「つながりの社会性」を背景に今日に至るも、まさに自己目的化したコミュニケーションが繰り返されている。

しかしその一方で、魔法のｉらんど、ニコニコ動画、pixivなどのコミュニティサイトでは匿名の消費者群によるｎ次創作への欲望が増幅され、数々のユニークな表現――小説、楽曲、映像など――が「生成」し、一大市場を形成している。

かつてトヨタやホンダという固有名詞が、アメリカ発のモータリゼーションを日本的／アジア的なものに変化させていったように、現代日本の想像力はグローバル／ネットワーク社会をアメリカ的なものからアジア的なものへと変貌させる可能性を強く秘めているように思える。

ここで重要なのは、こうした日本的／アジア的想像力が常に市場／ネットワークに、それも徹底して内在することによって発動してきたという点だ。仮面ライダーにせよ、ニコニコ動画にせよ、pixivにせよ、市場／ネットワークに渦巻く消費者たちの欲望に徹底して迎合したからこそ、その想像力は結実している。日本的な想像力は、消費という生活空間に内在する回路を用いてときに奇形的進化を遂げるのだ。それは繰り返し述べるように、徹底して内在することで逆説的に超越に接近する回路でもある。

世界はもはや革命では変化しない。この世界を受け入れ、徹底して内在し、ハッキングすることでしか更新されない。

そのために必要なのは、存在し得ない〈外部〉に祈ることではあり得ない。ただ深く、ひたすらにこの新しい世界の〈内部〉に〈潜る〉ことなのだ。

革命からハッキングへ――貨幣と情報のネットワークの〈内部〉にこそ、この終わりのないゲームを受け止めながら超えていく想像力は渦巻いている。

	ビッグ・ブラザーの時代	（ビッグ・ブラザーの解体期）	リトル・ピープルの時代
年代	～1968	1968～1995（日本）／2001（世界）	1995／2001～
国際秩序	冷戦	冷戦→グローバリゼーション	グローバリゼーション
壁（世界構造）	国家権力	国家権力→ネットワーク	（貨幣と情報の）ネットワーク
壁のイメージ	ビッグ・ブラザー（疑似人格） オーウェル『一九八四年』	ビッグ・ブラザーからリトル・ピープルへ （ビッグ・ブラザーの捏造）	リトル・ピープル（非人格的システム） オブライエン『世界のすべての七月』
戦争	国民国家間の総力戦	冷戦下の代理戦争	テロの連鎖
悪	ファシズム、スターリニズム	連合赤軍、オウム真理教	原理主義など
悪の原因	権力への意思（大きな物語の強制）	アイデンティティ不安小さな物語の暴走）	システム化の反作用（小さな物語間の衝突）
悪のイメージ	怪獣	怪人	悪のヒーロー
ヒーロー	（第一期）ウルトラマン	（第二期）ウルトラマン、（昭和）仮面ライダー	（平成）仮面ライダー
ロボット	鉄腕アトム、鉄人28号（科学の夢）	マジンガーZ、ガンダム、エヴァンゲリオン（男性性の仮構）	ガンダム（∀以降）（アバター化）
卵	（ビッグ・ブラザーからの）デタッチメント	デタッチメントからコミットメントへ	（リトル・ピープルへの）コミットメント
アメリカ	黒人兵のペニス		環境（Google, Amazon, マクドナルド）
問題	大きな〈父〉の解体		小さな〈父〉たちの調整

第三章　拡張現実の時代

1　「12歳の少年」から「つながりの社会性」へ

「日本的想像力」の現在（＝リトル・ピープルの時代）を考えるとき、もはや戦後日本を男性の疑似人格に見立てて精神分析を行う回路は無効化されている。このとき、ポップカルチャーを強く規定しているのは敗戦の精神的外傷よりも「つながりの社会性」を背景としたネットワークの奇形的な進化（肥大）と考えたほうが良い。その結果、現代日本のポップカルチャーはネットワーク上のｎ次創作にその主戦場が移行し、そこにはいわば創作と消費との境界線が消失した空間が観察できる。

近代とは、超越性を暫定的に決定する疑似人格＝ビッグ・ブラザーの仮構を繰り返す動的スパイラルの時代だった。近代という時間においてはたとえば国家などビッグ・ブラザー的な権力装置＝疑似人格を精神分析にかけることが批評的な態度であり得たし、そうすることで社会構造を象徴的な文学の言葉で記述することもできた。

わたしの考えをいえば、戦後というこの時代の本質は、そこで日本という社会がいわば人格的に二つに分裂していることにある。

（中略）

簡単にいうなら、日本の社会で改憲派と護憲派、保守と革新という対立をささえているのは、いわばジキル氏とハイド氏といったそれぞれ分裂した人格の片われの表現態にほかならないのである。

●加藤典洋「敗戦後論」講談社／1997年

敗戦という決定的な体験によって、政治的にも精神的にもアメリカの劣位に置かれた戦後日本にとって、かの国は象徴的な「父」として機能するようになる。そしてその核の傘に守られながら経済発展を遂げる一方で与えられた平和憲法によって去勢され、近代国家として成熟できない永遠の「12歳の少年」として存在し続ける……。戦後日本の文化空間はたとえば以上のような物語を用いて説明することが（とりあえずは）可能だった。

『ウルトラマン』『ウルトラセブン』の物語構造がサンフランシスコ体制の比喩として機能

していた、とする解釈は既に紹介した通りだが、前章の言葉を借りればウルトラマンというヒーローが成立しなくなったのは、このように戦後民主主義論の文脈で国家を精神分析にかけ、その「ねじれ」を指摘するという行為それ自体の批評性が失効したからだ。

しかし、ここで重要なのはそもそも「ウルトラ」シリーズのみならず、その原型となった『ゴジラ』をはじめとする円谷プロによる怪獣映画自体が、戦後日本の極めて特殊な社会状況を背景とした想像力の成果であるという点だろう。そもそも怪獣映画というジャンルそれ自体が、50年代から60年代の日本で極めて例外的に隆盛したジャンルに他ならない。ひいては「怪獣」という表象それ自体が、（日本オリジナルではないものの）極めて日本的な想像力であるという仮説が想定できるだろう。前章で指摘したように、ゴジラが大戦下における空襲の、特に原子爆弾投下のメタファーであったことは有名だが、虚構の中で繰り広げられる怪獣による高度成長下の都市破壊は戦争の記憶と密接に結びついていることは疑いようがない。多くの場合怪獣とは軍隊、すなわち国家の暴力の象徴なのだ。それも、暴力装置としての国家を直視できない「ねじれ」の存在が生む想像力だ。

対して、現代＝ポストモダン／後期近代は無数に点在するリトル・ピープルたちの関係性によって社会構造が生成していく時代だとひとまずは言えるだろう。この新しい時代、リトル・ピープルの時代においては国家を精神分析にかける行為には意味がない。国家＝物語を語り得る疑似人格の上位に、非人格的な市場と情報のネットワークが存在する。国家がネットワークの下位に従属する現在、社会構造を決定する大きな力は非人格的なものから生じる。かつてのビッグ・ブラザーたる国家を精神分析にかける行為は今日において、リトル・ピープルたちの関係（ゲーム）の観察から、その運動を規定する動的なゲームルール＝非人格的な構造を記述する行為が相当するだろう。

たとえば、マクドナルドやスターバックスやH＆Mといった消費環境、あるいはGoogleとiPodとAmazonといった情報環境の双方において、私たちの生活はグローバル／ネットワーク化によってアメリカから発信されたものに画一化されつつあるとは言える。しかし、このグローバル化のもたらす変化に、ある国家（疑似人格）がある国家（疑似人格）を性的に凌辱して傷つけたという物語を読み込むことは難しい。それらはアメリカから生まれたものではあるが、アメリカという疑似人格の「顔」を失っている。そしてだからこそ、それらは価値中立的な環境として世界に受容されつつある。言い換えれば、前述の消費／情報環境の画一化は国民国家間の関係性を超えたレベルでの自然淘汰として進行しているものなのだ。

巨大なもの、巨大な力はもはや疑似人格と彼の語る物語としては記述できない時代なのだ。それは国内においてはすなわち、「戦後以降」、つまりサンフランシスコ体制が象徴する政治的な力学が失効した時代である。その結果訪れたリトル・ピープルの時代——自己目的化したコミュニケーション（ゲーム）が肥大する時代は、ドメスティックな現象として論じられることが多い。

たとえば、前章でも紹介した日本におけるインターネット受容についての議論がこれにあたる。90年代末からゼロ年代前半にかけて、従来はマスメディアが独占していた情報発信の機能をその消費者たちに拡大するインターネットの浸透が、日本に成熟した市民社会をもたらす可能性については盛んに議論が交わされた。しかし、ブログサイトが国内インターネット市場に定着したゼロ年代後半にはこの種の議論は大きく後退することになる。市民記者たちによる公開討論が世論に影響を与え、インターネット発の新しいボトムアップのかたちを備えた社会運動が発生するといった彼らの夢想はことごとく裏切られ、日本のインターネット社会は一方に「2ちゃんねる」が代表する匿名掲示板を中心に構成されたコアユーザー層、そして一方ではガラパゴス的な進化を遂げた携帯電話専用のモバイルサイトを中心に構成されたライトユーザー層に牽引されて発展することになった。

これらの共同体はいずれもいわゆる日本的（「ムラ社会」的）共同性を強く備える一方で、インターネットのもつ高い離脱可能性を確保した独特の形態を見せている。ここでは西洋近代的な市民社会の成熟は成立し得ないが、その一方でケータイ小説、ボーカロイド、MAD動画などユニークな文化を発展させ、国際的な注目を集めている。

こうしたガラパゴス・ジャパン的な状況は西洋近代精神の輸入の未完成、つまりある種の後進性と位置づけることもできるが、あるいは高度資本主義の発展がもたらしたフラットな社会の先取的な実現と位置づけることも可能だ。日本社会の前近代性を、むしろ資本主義の発展の結果訪れる脱近代性に読み替える議論は消費社会の発展とともに繰り返し提出されており、本書もその立場に与している。つまり、現代のガラパゴス・ジャパン的状況はビッグ・ブラザーからリトル・ピープルへの移行が、すなわちシステムの疑似人格化の崩壊が極度に進行した結果もたらされたものだとする立場を本書は採用する。

リトル・ピープルの時代がもたらす新しいフラットな世界が現代日本にこそ先駆的に出現している――この種の分析は80年代から繰り返し日本（消費）社会論として提出され、そのたびに市場だけが肥大し、近代的な市民社会の未成熟が放置されている現代日本社会に対する現状肯定的、慰撫《いぶ》的な議論であるとして批判を浴びてきた。

しかし私がここで注目しているのは日本という単位に同一化することで担保されるナルシシズムではなく、むしろ現代日本に散見される奇形的進化が見せる特徴が、将来的には普遍性を獲得し得る可能性である。日本的な、という表現が気に入らなければ東アジア的な、と言い換えてもよい。1968年から始まったビッグ・ブラザーの壊死と、その結果出現したグローバル／ネットワーク化のもたらしたリトル・ピープルの時代の臨界点に発したものを、私はたまたま日本の特異なポップカルチャーの進化の中に見出しているに過ぎないのだ。

たとえばクール・ジャパンという言葉がある。外務省や経済産業省などの対欧米イメージ戦略として用いられたこの言葉はある意味空虚でもある。しかし、漫画、アニメ、アイドル、ファッションといったここ20年余りの日本のポップカルチャーが、これまでとは違う文脈で国際的な存在感を強く示してきたことは疑いようがない。

この「クール・ジャパン」的な現代日本のポップカルチャーの分析としては、その本質を日本的未成熟に帰するという見解がある程度定着している。

漫画やアニメといった幼児的な表現の肥大を西洋近代的な「成熟」観を輸入しながらもそれを拒否する日本的な磁場、あるいは戦後の占領下に平和憲法と核の傘の「押しつけ」によってアメリカという強大な「義父」に去勢され、永遠の「12歳の少年」に留まり近代国家として成熟できない……といった社会的な無意識にその理由を求めるというパターンである。そしてその社会の未成熟な無意識こそが、オタク系文化を生んだのだ、と。

たとえば現代美術家の村上隆は、自身の企画したリトルボーイ展について以下のように述べている。

原爆が投下されて、日本人の心にはトラウマができてしまった。日本はアメリカの傀儡国家であり続けたために、主体性を保持できずに「戦争」「国家」の判断はアメリカなしで動けないままでいます。主体性を抜き取られたがゆえに、アメリカの管理下にあまりにも平和な日々を送ることができていた。そんな日本の芸術がオタク文化であるという正真正銘のリアリティを、欧米にもおもねらずに伝えられたのですから。

●村上隆『芸術起業論』幻冬舎／2006年

「主体性を抜き取られたがゆえに」成立したものがオタク系文化の代表する「日本的未成熟」を抱えた国内ポップカルチャーである――村上のこの理解が代表するこれらの議論ではその成果を日本社会の唾棄《だき》すべき後進性として否定する立場も、世界に誇り得るクール・ジャパノロジーであると肯定する立場も、ともに日本という疑似人格＝ビッグ・ブラザーを精神分析にかけ、その精神的外傷を読み込むという発想に基づいている。

もちろん、オタク系文化が発生し、成立していった時代はまさにビッグ・ブラザーがゆっくりと壊死していく時代でもあり、そこに「傷」を見出す議論には強い説得力がある。しかし、ここで重要なのはこれらのオタク系文化はビッグ・ブラザーが完全に壊死した時代、巨大なもの＝システムから人格が消失し、国家を精神分析にかけることに意味がなくなった時代にこそ爆発的に増殖していることだろう。市場（システム）が国家（物語）より優位に立つグローバル資本主義下において、国家を疑似人格と見做して精神分析にかけるような思考の有効性は後退せざるを得ない。「戦後」的社会構造の崩壊と同時に、戦後日本的「ねじれ」の力も衰退したと考えるべきなのだ。たしかにオタク系文化を生んだものは「戦後」的未成熟だったかもしれない。だが、現在のオタク系文化が代表する日本のポップカルチャーを支えているのは、まったく異なるものではないか。

システムから疑似人格が消失し、非人格的な資本と情報のネットワークがそれに取って代わったリトル・ピープルの時代が現代日本にこそ先鋭化しているという立場を採るならば、現代におけるクール・ジャパノロジーもまた広義のネットワーク化にこそ強く依存していると考えるべきだろう。そして、実際に現代の国内ポップカルチャーはネットワーク化との結託によって爆発的に増殖している。具体的にはネットワーク化で極めて大きく強化された消費者コミュニティがn次創作の場として機能し、一次創作ではなく消費＝n次創作の段階で優れた表現が多数出現し、市場とシーンを牽引するという現象である。

第一章、第二章で紹介した哲学者の東浩紀はその主著『動物化するポストモダン』にてオタク系文化のn次創作的な消費態度をデータベース消費と名づけた。

コミック、アニメ、ゲーム、ノベル、イラスト、トレカ、フィギュア、そのほかさまざまな作品や商品の深層にあるものは、いまや決して物語ではない。九〇年代のメディアミックス環境においては、それら多様な作品や商品をまとめあげるものはキャラクターしかない。そして消費者はその前提のうえで、物語を含む企画（コミックやアニメやノベル）と物語を含まない企画（イラストやフィギュア）のあいだを無造作に往復している。ここでは、個々の企画はシミュラークルであり、その背後に、キャラクターや設定からなるデータベースがある。

ところがさらに別のレベルで見ると、そのキャラクターもまた、萌え要素のデータベースから引き出されたシミュラークルにすぎない。つまりここでは、シミュラークルとデータベースの二層構造がさらに二重化し、複雑なシステムが作り上げられている。

●東浩紀「動物化するポストモダン――オタクから見た日本社会」講談社／２００１年

データベースから無数のシミュラークルを生成することにオタク系文化、より正確にはキャラクターという半透明の疑似人格回路のもたらす快楽の在り処を東は見出している。80年代から国内のオタク系文化はコミックマーケットが代表する同人誌即売会など、作中に登場するキャラクターという（ビッグ・ブラザーではなくリトル・ピープルとしての）疑似人格への愛を共有するコミュニティが大きな役割を果たし、多くの作家を輩出している。そこはキャラクターへの所有の欲望、データベース消費が駆動する欲望で形成されたコミュニティだ。ここでは漫画、アニメ、ゲームなどに登場するキャラクターたちが、消費者たちの二次創作によって第2、第3の生を与えられる。二次創作の担い手たちはキャラクターたちを描きなおすことで消費する。つまり、ここには消費と創作が結託した空間が成立しているのだ。

そして現代におけるネットワーク環境はコミックマーケット的な消費と創作が結託した空間を整備し、拡大したと言えるだろう。具体的には、「2ちゃんねる」などの匿名掲示板、「YouTube」「ニコニコ動画」といった動画投稿サイト、「pixiv」「魔法のiらんど」といったイラストや小説の投稿機能を備えたソーシャルネットワーキングサービス、そして「モバゲータウン」といったゲームサイトなどがこれにあたる。

ガラパゴス的に発展した日本のインターネット空間を舞台にして、無数のキャラクターたちのn次創作による消費が行われている。今や『ひぐらしのなく頃に』『東方Project』など、こうしたn次創作空間から生まれたオリジナル作品こそが、ゲーム、漫画、アニメなどメディアミックスを経てオタク系文化の中核として市場を牽引するようになっていることは極めて象徴的だ。

情報環境研究者の濱野智史は、これらのコミュニティサイトにガラパゴス的進化を遂げた日本的なインターネット受容の特徴を指摘する。

日本のウェブ上には、2ちゃんねるにミクシィと、日本特殊型のソーシャルウェアが生まれてきます。そうしたいわば「ガラパゴス的」な——日本独自の進化を遂げてしまった日本のケータイがしばしばそうたとえられているように——進化の原動力ともなってきたのが、「繋がりの社会性」です。つまりニコニコ動画は、ユーチューブよりも、もっと直接かつ強力に「繋がりの社会性」を実現するためのアーキテクチャとして生まれてきたということです。

コミュニケーションの内容ではなく、事実の方が重視されるということ。その傾向は、ニコニコ動画の画面上に、もはや肝心の動画が見えなくなるほどにコメントがつくところに、明瞭に表われています。もはやそこでは、動画の内容自体ではなく、動画を「ネタ」にしながら、ユーザー同士がコミュニケーションすることのほうが主目的になっています。

●濱野智史「アーキテクチャの生態系——情報環境はいかに設計されてきたか」NTT出版／2008年

現代日本はインターネットを急激に受容し、発展させている。しかしその受容の結果、出現したインターネット上のコミュニティはたとえばアメリカのそれとはまったく異なったものとして機能し始めた。当初の期待を裏切りブログサイトは市民記者の文化を発展させることはなく、ソーシャルネットワーキングサービスは友人間の島宇宙化したコミュニティを維持するために使用される側面が強い（「つながりの社会性」）。

これらは匿名的、相互監視的なコミュニケーションが近代的な自立した「個」としての振る舞いを抑制する「悪い場所」としての日本的ムラ社会の特徴をある程度引き継いだものでもある。しかし、この匿名性、相互監視性、非自立性こそがキャラクターという回路を通過することで、消費することと創作することを限りなく同一化させる空間を醸成するのだ。

また、批評家の福嶋亮大はネットワーク化の（もしくはネットワークの日本的受容の）もたらす消費と創作の境界線の喪失を作家性の再定義として読み替える。

ただ偶然性を拾い上げるメディアとして捉えるにせよ、あるいは変換の略号として捉えるにせよ、作家というのは今や一種のノード（結節点）であることは違いはない。情報や物語の流れに、そのつど切れ目やアクセントを入れていく（離散化＝量子化する）今日の作家たちは、まさに文化の二重言語性をよく示しているように見受けられる。バルトの言い分は正しかったのだが、それは「作家の死」というよりも「作家の変質」を、つまり作家（言表行為の主体）が偶然性を探査するエージェントに変質することを意味していたのである。

●福嶋亮大「神話が考える」青土社／2010年

「偶然性を探査するエージェント」とは何か。たとえば「YouTube」「ニコニコ動画」などの動画投稿サイトにせよ、ケータイ小説サイト「魔法のiらんど」にせよ、使用者たちがその欲望に任せた消費活動の結果残した痕跡（ログ）の中に確率的に発生しているユニークな想像力を、効率よく検索できるシステムを構築したものだった。そしてこれらのシステムから、国内のポップカルチャーを強く牽引する作品群が発生していったのは前述した通りである。ある意味、これらのシステムの設計者は偶然性を探査するエージェントとして機能しているとも言える。あるいは、これらのコミュニティが形成される際にキャラクターへの所有の欲望が強く作用することは前述した通りだが、このキャラクターを造形すること、あるいはキャラクター消費の環境を整備し、調整すること——消費環境のコントロール——に作家の役割は移行した、と言い換えることができるだろう。[*1]

以上が本書の文脈に沿った近年のネットワーク化以降の変化を射程に入れた文化論の概説である。

さて、ここからが本題だ。

第一章、第二章を通じて、本書はグローバル／ネットワーク化以降＝リトル・ピープルの時代における想像力のあり方について論じてきた。それは言い換えれば、私たちにとっての

「壁」が国民国家から貨幣と情報のネットワークに変化したときの虚構の、物語のあり方について考えることでもあったはずだ。世界はひとつにつなげられ、〈外部〉（ここではない、どこか）を喪い、〈内部〉（いま、ここ）だけが存在する。しかし、それは想像力が枯渇したことを意味しない。〈いま、ここ〉にどこまでも潜り、そこから汲み出された力で〈いま、ここ〉を多重化していく想像力の追求こそが、第一章で紹介した文学者としての村上春樹の挑戦であり、第二章で紹介した仮面ライダーたちの戦いであり、そして本節で紹介したネットワークを背景にしたポップカルチャーの台頭に他ならない。特にオタク系文化においては、日本的未成熟というビッグ・ブラザー的な（大きな）物語ではなく、「つながりの社会性」を背景にしたネットワークのn次創作回路の肥大こそがその想像力の源泉として機能している。

このとき「つながりの社会性」を強化し、n次創作回路を強く駆動する要素がキャラクターという疑似人格である。オタク系文化が美少女（少年）、ロボットという性的なキャラクターを基調とすることは第二章で紹介した通りだが、次節ではこうしたキャラクター、国家の比喩ならざる疑似人格＝リトル・ピープルたちの機能について取り上げようと思う。

＊1　「作品」から「環境」への変化として、もっとも卑近な例としてはテレビバラエティのここ10年の変

化が挙げられるだろう。たとえば現代のお笑いは個々の芸人たちの作家性と同等に、それを触発する「M－1」「爆笑レッドカーペット」「アメトーーク」など個性的なルールをもつゲームによって成り立つ番組のシステム（アーキテクチャ）の存在感が増している。カルチャー誌〈クイック・ジャパン〉などが典型例だが現代のお笑い批評的記事の多くが、芸人の長文インタビューを取り、彼ら、彼女らの人生と自意識が優れているので『芸』も優れている、というロジックを採用している。しかし現代においては芸人の内面と同等に「M－1」「アメトーーク」「エンタの神様」などの「番組」、いや番組を支配する「ゲーム」とそのルールに注目すべきだろう。たとえばお笑い評論家ラリー遠田は、これからのお笑い批評は個性的なルールをもつこれらのゲームの分析がまず存在し、その上でそれぞれのゲームにユニークなアプローチをした芸こそを評価すべきだと主張する。これは「傾向と対策」的な芸を評価することのように誤解されがちだがそれは違う。たとえばラリーが評価するのは薀蓄披露ゲームとしての「アメトーーク」を、「あだ名付けゲーム」に改変してしまった有吉弘行のアプローチなのだ。

2　キャラクターの透明度

ビッグ・ブラザーの壊死が進行していく時代、虚構は大きな物語を維持するためのもうひとつの現実だった。そのため、虚構の中に生きるキャラクターたちは、その世界の人間でなければならなかった。現実を「映す」ことのない0%の透明度が彼ら／彼女らに要求されたのだ。しかし、ビッグ・ブラザーの完全な死＝リトル・ピープルの時代において、虚構とはむしろこの現実それ自体を彩り、多重化する存在であり、現実の一部でありながらそれを超越するものだ。このときキャラクターたちに要求されるのは、むしろ現実の風景と同居し得る半透明性だ。

ビッグ・ブラザーとは国民国家を規定する物語の語り手として設定された疑似人格だとす

るのならば、ビッグ・ブラザー亡きあとの世界に無数に溢れかえったキャラクターという疑似人格はリトル・ピープル的だと言えるだろう。キャラクター消費の欲望によってコミュニティが形成され、そのコミュニケーションの中で自動的に、集合知的に表現が生成していく現象については前述した通りだ。

この生成回路を考える上で、大きな示唆を与えてくれる存在が「ボーカロイド」と呼ばれる音楽ソフト群だろう。これらは楽譜と歌詞を入力することでサンプリングされた声優の声でその楽曲を演奏する（歌う）歌唱データが生成されるプログラミングである。このボーカロイドがインターネット上で決定的に普及したのは、クリプトン・フューチャー・メディアの開発した「初音ミク」に始まるシリーズのヒットによるところが大きい。「初音ミク」は従来のボーカロイドと異なり、明確にインターネット上のオタク系文化の消費者のコミュニケーションを視野に入れて設定されたものだった。ボーカロイドはその名の通り擬人化を用いたパッケージングがその初期から用いられてきたが、初音ミクはバーチャルアイドルとしての側面を前面に打ち出し、その設定画もアニメ調の美少女イラストが採用された。さらにクリプトン・フューチャー・メディアは最低限のガイドラインを設けた上で、初音ミクというキャラクターの二次利用を事実上解放した。これらの広報戦略は、明らかにインターネット上のn次創作力を最大限に引き出すことを狙ったものであり、同社の目論見通り同ソフトは、いや初音ミクというバーチャルアイドルは爆発的な普及を見せた。

消費者たちは初音ミクというキャラクターを消費（所有）する行為として「彼女」にさまざまな楽曲を歌わせ、そのデータをインターネット上に公開していった。これらの作品は初音ミクというキャラクターそれ自体の二次創作（パロディイラスト、漫画、動画など）と複雑に融合しながら肥大し、ニコニコ動画などの動画投稿サイトを中心にそれ自体ひとつのジャンルとして定着している。

ここで特筆すべきは、初音ミクが「歌う」楽曲が、これらのコミュニティを舞台に次々と第2、第3、第4の作者の手によってマッシュアップされ、洗練されていくという現象が見られたことだろう。初音ミク、及びクリプトンの後続ソフト（バーチャルアイドル）の消費者たちが作成したオリジナル楽曲も大きく支持され、レコード市場、カラオケ市場のチャートにおいて強い存在感を放っている。ニコニコ動画などの動画投稿サイトのコミュニティでは、インディーズの作家たちによってアニメやゲームの音楽などを素材にしたオリジナルの楽曲アレンジ、ラップ調の歌詞を載せ替える二次創作が盛んであるが、初音ミクというキャラクターが導入されることで、キャラクターへの愛によって駆動されるコミュニティが大きく活性化し、この集合知的なマッシュアップ機能が強化されていることは重要だ。キャラクターという回路はコミュニケーションの連鎖を加速し、集合知的な生成力を増大させるのだ。以上が、前述の濱野智史、福嶋亮大らによって提出された既存の分析を本書の文脈で整理したものだ。

では、ここから改めてキャラクターという（リトル・ピープル的な）疑似人格とネットワーク上の集合知的生成力の関係についてもう少し考えてみよう。

2010年に梅沢和木、黒瀬陽平、藤城嘘といった若手美術家たちのユニットによって展開された美術運動「カオス＊ラウンジ」は、こうしたキャラクターを通じたネットワーク上の生成回路を表現のコンセプトとして提示したものだと言える。たとえば主力作家である梅沢和木の「絵画」は、彼がインターネット上で収集したさまざまな漫画やアニメ、ゲームのキャラクター、特に美少女キャラクターのものをコンピューター上でコラージュすることでつくられている。梅沢の作品は極めて直接的に、ネットワーク上のn次創作に支えられた現代のキャラクター文化の構造そのものを表現したものだと言える。だがここで重要なのは梅沢の拘泥する「美少女」という表象だ。

梅沢はたとえば自作についてのインタビューにおいて、自分が無意識のうちに素材に選んでしまう画像に描かれているキャラクターに一定の傾向があると語っている。[*1] それは具体的にはギャグ漫画／アニメの手法で2頭身から4頭身にデフォルメされたキャラクターである。梅沢はさらに前述のインタビュー中で、これらのキャラクターの「セックスはできるけれど〈人間〉ではない身体」が重要であるという旨の発言をしている。梅沢がこの発言において念頭に置いていると思われるキャラクター群——『らき☆すた』『東方Project』に登場するキャラクター群、あるいは前述の初音ミクなどのボーカロイドは、当然いずれもニコニコ動画などのインターネット上のｎ次創作市場でも高い人気を誇っている。これらを総合すると、ネットワーク上のコミュニケーションがキャラクターの自動生成とその想像力の奇形的進化を促すとき、そのキャラクターは「セックスはできるけれど〈人間〉ではない身体」であることが望ましい、というとりあえずの仮説が導き出せる。

この「セックスはできるけれど〈人間〉ではない身体」とは何だろうか。たとえば一般的に漫画・アニメのキャラクターはその虚構性の高さゆえに理想の身体の具現化であるとされる。日本において奇形的進化を遂げた「ロボット」というキャラクターはマチズモのいびつな理想化であると考えられるし、美少女キャラクターが広義のポルノグラフィとして機能してきたことも広く知られている。特に、「大きな物語」の凋落で発生した欠落をファンタジィ性の高い物語が埋め合わせた80年代においては、漫画・アニメが描く（広義の）ファンタジィには、個人の生を意味づけ得る大きな物語が成立可能な世界＝〈ここではない、どこか〉＝もうひとつの現実を描くことが消費者たちに欲望される傾向が強かった。『機動戦士ガンダム』『グイン・サーガ』『銀河英雄伝説』『風の谷のナウシカ』など架空年代記を用いたファンタジィや、『幻魔大戦』などのオカルト・ブームを背景にした諸作品がこれにあたるだろう。そして、これらの作品が映像化（アニメ化）されるにあたり、7頭身から8頭身の身体——リアルな「人間」の身体を与えられなければならなかったことは決して偶然ではないだろう。

これらの虚構の快楽は、「もうひとつの〈現実〉」として機能することによって発生する種類の快楽だ。だからこそそのもうひとつの現実に生きるキャラクターたちは「人間の」身体を有していなければならない。セックスして、子を産み、育て、そして死んでいかなければもうひとつの「歴史」年表を紡いでいけないのだから。

特に「ロボット」という表象はこの身体感覚と密接に結びついている。第二章においては『新世紀エヴァンゲリオン』が70年代から続くロボットアニメの用いてきた拡張された身体としての「ロボット」という回路の不可能性に直面したことを指摘した。同時にそれは同作が「もうひとつの現実」を生きる「人間」としてのキャラクターの不可能性にも実は直面していたことを意味する。だからこそ、同作の完結編となる1997年公開の劇場版はメタ・フィクションの形態を取らざるを得なかったのだ。

そしてゼロ年代に入り、グローバル／ネットワーク化が進行していくにつれて虚構の機能は外部＝〈ここではない、どこか〉に消費者を連れていくものから内部＝〈いま、ここ〉を多重化するものへと変化していく。それは同時に「もうひとつの現実」を生きる「人間としてのキャラクター」たちがその役目を終えたことを意味する。

対して、梅沢の語る「セックスはできるけれど〈人間〉ではない」キャラクターたちは、

「もうひとつの現実」をかたちづくることからも、「人間」であることからも解放されている。彼女たちは「もうひとつの現実」を、架空歴史を作り上げる役割からも同時に解放されているからだ。

『らき☆すた』のキャラクターにせよ、『東方Project』及び同作から派生したアスキーアートによるキャラクターたちにせよ、彼女たちのもつ、3頭身から4頭身、あるいは「頭部のみ」のキャラクターの身体は「人間」ではない。彼女たちの身体は過剰なまでにセクシャルだが、その「セックスはできるけれど〈人間〉ではない身体」はネオテニー的というよりは妖怪的、妖精的だと表現するほうが近い。幼児性ではなく、半現実性にこそ本質があるのだ。そして、その半現実性により、これらのキャラクターは〈ここではない、どこか〉の「もうひとつの現実」を生きるのではなく、〈いま、ここ〉の「この現実」の中に介入することができる。具体的には、ネットワークを通じた消費者たちのコミュニケーションの素材として、彼女たちは現実の風景に入り込んでいく。

ターニング・ポイントとなったのはテレビアニメ『涼宮ハルヒの憂鬱』(2006年)のヒットだろう。本作の原作は谷川流が2003年に開始したライトノベル・シリーズである。オカルトやファンタジィを好み、(大きな物語の弱体化した)この現実世界を「つまらない」と唾棄するヒロイン・ハルヒの高校生活を描いた本作は、その主人公の設定から明らかなように80年代、90年代的な「大きな物語」の代替としてファンタジィを導入するという虚構観から出発している。ハルヒは作中で「退屈な日常」から脱出すべく、宇宙人や未来人や超能力者との遭遇を探究する同好会「SOS団」を結成する。しかしシリーズ第1巻にて、実はこのハルヒ自身が一種の超能力者、神の一種でありSOS団の部員たちは彼女を監視すべく集まった未来人、宇宙人、超能力者であることが明かされる。だがハルヒは自身の能力にも、仲間たちの正体にも一切気づかないまま、部活仲間たちの合宿や自主映画作成、草野球やパーティーといった、本人が一度は「つまらない」と唾棄した日常的な学園生活を満喫し、その関心も同級生の少年（キョン＝本編の語り手）へと向かっていく。

シリーズ未完の現在、作者谷川の態度を論じることにそれほど意味はない。だが、ここで重要なのは本作は、Ⓐ現実を「つまらない」と感じているハルヒと、Ⓑ現実を「楽しんで」しまっているハルヒとの混在によって成立している作品であるということだ。前節に倣《なら》えばⒶはこのリトル・ピープルの時代を拒絶する態度であり、Ⓑは祝福する態度である。

そして両者が混在する原作小説に対し、2006年のアニメ版はⒷ的な要素が支持された側面が大きい。より正確には本節で取り上げているニコニコ動画などのネットワーク上のn次創作においては、Ⓑの側面がピックアップされていたと言える。具体的には、主題歌『ハレ晴レユカイ』を用いたエンディングアニメーションがもっともn次創作の対象となっていたことが挙げられる。「ハルヒダンス」という通称で呼ばれるこのエンディングアニメーションでは、作中の登場人物たちが実在のアイドル「Berryz工房」などのプロモーションビデオを参考に振りつけられたダンスを踊る。その歌詞内容は原作同様Ⓐと Ⓑの混在する魅力を歌い上げたものだが、このダンスはあらゆる意味でネットワーク上のn次創作の対象として一大ブームを巻き起こした。具体的には俗に「MAD映像」と呼ばれるパロディ動画に加え、コスチューム・プレイの文化と結託しながら実際にこのダンスを仲間たちと踊った動画を投稿する消費者が増殖し、国内の動画投稿サイトにおいて俗に「踊ってみた」と呼ばれるジャンル（タグ）の定着を呼んだ。つまり、虚構を、現実を楽しむための道具として利用することで、新しい快楽を生み出すという消費傾向がここで可視化され、ジャンルとして定着したのだ。言い換えれば、キャラクターという回路の作用は〈ここではない、どこか〉＝もうひとつの歴史を紡ぐことではなく、〈いま、ここ〉の現実を多重化することに変化したことになる。作中のハルヒたちがそうであるように、同作の消費者たちも〈いま、ここ〉の現実を虚構の新しい受容を通じて楽しみ始めたのだ。

『涼宮ハルヒの憂鬱』のアニメ化を担当したスタジオ「京都アニメーション」は、続いて美水かがみの四コマ漫画『らき☆すた』をアニメ化し、大きな支持を受ける。

これは女子高生たちの他愛もない日常のやりとりを、数々のパロディを交えながら描いた作品であり、第二章14節で紹介した、「空気系」「日常系」と呼ばれるジャンルに分類されている。つまり、恋愛の成就や大会での優勝といった「目的」を必要とせず、キャラクター同士の理想化されたコミュニケーションそれ自体を描くことに注力された（コミュニケーションの自己目的化／つながりの社会性）作品群に属している。また、恋愛や家族形成を描くことはキャラクター同士の関係性それ自体を目的化するというコンセプトに反するため、同性のコミュニティが基本的に舞台となり否応なく「目的」を発生させる恋愛要素は排除されるか、サブエピソードに退くことになる。

『ウォーターボーイズ』（2001年）以降、同ジャンルが定着した映画・ドラマ、『あずまんが大王』（1999年連載開始）以降「萌え四コマ」ジャンル内のサブカテゴリとして定着した漫画などのジャンルに比して、アニメではこの時期までこれら「空気系（日常系）」がシーンの中核を担うことはなかった。しかし、『涼宮ハルヒの憂鬱』から『らき☆すた』への流れはアニメにおける「空気系（日常系）」を定着させると同時に、ネットワーク上のn次創作の主役に、その登場キャラクターたちを押し上げた。前述の梅沢の談話はこのような経緯を背景にしている。

ここで重要なのがこの時期、『らき☆すた』『けいおん！』など京都アニメーション制作の美少女アニメがその風景に京都や埼玉県久喜市など実在の都市を忠実にトレースして採用したことをきっかけに、熱心な消費者たちによる「聖地巡礼」が流行し、これを利用した自治体の地域活性策が話題を集めたことだ。これは一見他愛もない現象だが、ここにも現代＝リトル・ピープルの時代における「虚構」の作用が端的に表れているとも言える。「架空年代記」から「空気系（日常系）」へと物語のトレンドが移行すると同時に、その物語世界を生きるキャラクターたちの身体も変化した。そして「人間」であることから解放されたキャラクターたちは、「もうひとつの現実」を構築することはないが、その代わりに「この現実」の中に入り込んでいく（「聖夜巡礼」が可能になる）。〈ここではない、どこか〉へ誘うものから、〈いま、ここ〉を多重化するものへ――『らき☆すた』の登場人物たちが、漫画、アニメ、ゲームなどの話題で日常の生活空間を彩るように、梅沢などの現代の消費者たちはそんなキャラクターたちを用いて自分たちの日常生活空間を彩っていくのだ。

こうして、物語論的にも、キャラクターたちは〈人間〉であることから解放されたのだ。

キャラクターたちはこうしてあらゆる意味において「人間」であることの意味を喪った。しかし、ロボットも美少女も、たとえばマチズモのような人間の欲望を駆動させずには生み出されることはない。その結果、リトル・ピープルの時代のキャラクターたちはその欲望の受け皿としての性的な回路を残したまま、人間の姿を捨てるという選択肢を選んだ。人間の姿を捨てた理由は、彼ら／彼女らの役目が「もうひとつの現実」をつくることではなく、現実を多重化すべく、半分だけ逸脱することに変化したからだ（前述の福嶋亮大は、これを現実から「半歩ずれた行為」における「偽史的想像力」の導入という表現を用いている）。こうして「セックスはできるけれど〈人間〉ではない身体」は欲望され、出現したのだ。

前述のボーカロイド群はその好例だろう。彼ら／彼女らは「人間」として生きるべき歴史＝物語をもたず、ただ消費者たちの現実世界を拡張し、祝福するための役割を負って（現実を「半歩ずらす」べく）歌い続ける。

また、既に指摘したようにこうしたネットワーク環境下におけるキャラクターの共有はときにその奇形的進化をもたらす。

たとえば、同人シューティング・ゲーム『東方Project』に登場する美少女キャラクターは、匿名掲示板上のアスキーアートでパロディ的に表現されることによって「ゆっくり」という愛称で親しまれる生首だけのキャラクターとして定着している。「ゆっくり」はそのグロテスクさと愛らしさの同居する特異性によって、n次創作の素材として大きな存在感を占めている。

東浩紀は『ゲーム的リアリズムの誕生』において、ライトノベルの文体と漫画とアニメ的キャラクターの「半透明性」を指摘している。

> 戦後日本が育ててあげてきたマンガのキャラクターは、記号的でありながら、独特の身体性を抱えている。その写生で作られたまんが・アニメ的リアリズムの言葉も、同じ両義性を受け継いでいる。（中略）前近代の語りの言葉が「不透明」で、近代

の自然主義文学の言葉が「透明」だという柄谷の比喩を拡張して言えば、ポストモダンのキャラクター小説の言葉は、近代の理想を前近代的な媒体に反射させ、その結果を取りこんだという屈折した歴史のゆえに、「半透明」だと言えないだろうか。

●東浩紀「ゲーム的リアリズムの誕生――動物化するポストモダン2」講談社／2007年

これは柄谷行人、大塚英志の議論を引き継ぎながらライトノベルの文体について整理したものだ。東によればキャラクターとはどれほどもうひとつの現実、歴史を作り上げるべく「人間」に肉薄しようとも（「透明」になろうとしても）、宿命的に挫折を抱えてしまう（半透明の）存在である。だとすると、本節で論じたキャラクターの機能差は、より人間に近づこうとしている（80年代／90年代）か、人間であることを最初から放棄している（半透明性を積極的に引き受けている）という態度の差として理解するのが正確だということになる。

この比喩に倣えば、前述の「もうひとつの現実」を構築しようとするキャラクターたち――『機動戦士ガンダム』から『新世紀エヴァンゲリオン』『涼宮ハルヒの憂鬱』までの「〈人間〉を志向し続けたキャラクターたち」――が、徹底して不透明であること＝透明度0％の地点に達することでもうひとつの現実を強固に構築「しようとする」機能を負っていた、と言えるだろう。そしてこれらの作品が担っているものは、キャラクターというものが決して透明度0％には「なれない」ことに直面していく歴史でもある。どれだけ「リアルに」描かれようとも、記号的な身体をもつ彼ら／彼女らは「人間」そのものにはなれない。

対して、現代のボーカロイド群、あるいは匿名掲示板上のアスキーアートによるキャラクターなどに象徴される「セックス可能だが人間ではない」キャラクターたちは、もはや不透明であること＝人間であることを志向しない。だからこそ彼ら／彼女らはその半透明性の機能を最大限に発揮することができる。だからこそ、外部＝〈ここではない、どこか〉に越境するのではなく〈いま、ここ〉の井戸にどこまでも潜り、そして多重化していく想像力を担えるのだ。


これとまったく同じことがおそらく、映画・ドラマといった実写表現にも当てはまるだろう。

堤幸彦監督による『ケイゾク』（1999年）、『トリック』（2000年）以降、国内の映画、テレビドラマ（特に後者）においては役者の身体を（漫画・アニメ的な）キャラクターとして撮る（従ってアニメ的演出が多用される）という発想に基づいた演出が大きな存在感をもった。これは、前述のキャラクターの半透明性こそを用い、現実の空間の多重化を担うキャラクターを人間（役者）の身体を用いて追求するという発想に結びつく。

なかでも劇作家の宮藤官九郎は、堤とコンビを組んだ『池袋ウエストゲートパーク』（2000年）以降、池袋、木更津、六本木、浅草、西早稲田など次々と舞台を変えながら、半透明の身体をもつキャラクターたちを活躍させてきた。これは結果論だが、大手芸能事務所ジャニーズ事務所所属の俳優が主役を務めるこれらのテレビドラマのキャラクターは、政治的に性的なn次創作の対象とすることが困難だった。つまり彼らは結果的にだが、「セックスはできないけれど人間的なキャラクター」という半透明性を帯びていたことになる。もちろん、それ以上に漫画やアニメのキャラクターが100%の透明度を獲得して現実を生きる人間になれず、0%の透明度を獲得して完全に独立したもうひとつの現実を生きる人間にもなれないように、宮藤が操る役者たちの身体もまた、0%の透明度も、100%の透明度も獲得できない。その結果、彼らはやはり人間未満の存在になっていく。

宮藤の代表作『木更津キャッツアイ』（2002年）はこの半透明性を物語に取り込んだある種のメタフィクションだ。舞台は千葉県木更津市、そこに暮らす主人公の「ぶっさん」（田淵公平）は20歳の無職青年で、高校野球部の仲間たちと毎日ぶらぶらしている。成人してまで一度も木更津の街を出たことのないぶっさんは、仲間たちと暇つぶしに80年代にヒットした北条司の漫画『キャッツ♥アイ』をもじった怪盗団「木更津キャッツアイ」を結成し、数々のトラブルを引き起こし／あるいは解決しながら日常を躁病的に満喫していく。その過程は実在の俳優、ミュージシャンなどの本人役での登場など、ポップカルチャーの世界と地続きのまさに半透明性の世界を背景に進行していく。本作自体が、長大な「聖地巡礼」の記録であると言い換えてもいいだろう。

だが、重要なのはその過程で第1話から主人公ぶっさんが末期癌であることが語られ、その死の予感と並行してこうした躁病的祝福が描かれていくことだ。本作はシリーズの端緒となったテレビ版に加え、2本の続編映画が制作されている。それぞれ『木更津キャッツアイ 日本シリーズ』（2003年）、『木更津キャッツアイ ワールドシリーズ』（2006年）と題されているが、主人公の「ぶっさん」は前者と後者の間に死亡した設定になっており、なんと後者においてはゾンビとなって復活し、その復活が巻き起こす物語が描かれることになる。[*2]

ここで宮藤はキャラクターの透明度を極めて自覚的かつ効果的に操作していると思われる。第1シリーズにあたるテレビドラマ版において、同作にはまったくファンタジィ要素がない。つまり透明度100%の世界に漫画・アニメ的に演出されるキャラクターや、実在の俳優、ミュージシャンといった半ばキャラクター化された存在、つまり半透明のリアリティに支えられた登場人物たちが現れてその空間を彩るという構造をもっている。しかし、「ぶっさん」の身体だけが、他のキャラクターとは異なり、100%に近い透明度で描かれる。そのため、刻々と彼の癌は、まるでこの世界とキャラクターとのずれがその身体を蝕むように確実に進行し、テレビ版最終回、『日本シリーズ』終盤と二度の危篤を経て、『ワールドシリーズ』開始前に彼は死に至る。

だが、続編『日本シリーズ』ではぶっさんたちが木更津から「南の島」に漂流したり、終盤のエピローグに「怪獣」が出現したりと部分的にファンタジィ要素が導入されていく。そして完結編である『ワールドシリーズ』に至っては、死亡した「ぶっさん」がゾンビとなって復活することで発生する騒動を描く物語が設定され、完全にファンタジィとして成立している。つまり、「ぶっさん」の癌の進行にしたがって、キャラクターの透明度も、世界（文体）の透明度も変化しているのだ。

これが意味するのは、『木更津キャッツアイ』という作品自体が、キャラクターの透明度、決して透明にも不透明にもなりきれないキャラクターという存在の半透明性をめぐる物語だったことを意味する。そして人間でありながら、キャラクターのように生きざるを得ない――リトル・ピープルの時代を生きる私たち（オルフェノク？）の生を、「ぶっさん」の二重の身体、奇形化した身体に託したのだ。

リトル・ピープルの時代を生きる私たちは、どちらの側に立っても――同じ半透明性の問題に直面することになる。第二章の問題意識を敷衍《ふえん》すれば、巨人の視点、あるいは宇宙という〈ここではない、どこか〉からの視点をもつウルトラマンではなく、〈いま、ここ〉の風景の中で等身大の主人公たちが活躍する仮面ライダーこそが現代のヒーローたり得たのも、同じ理由だ。そして半透明であることの批評性は、〈いま、ここ〉を肯定することで発動する。「ぶっさん」はシリーズを通して「普通」とマジックで書かれた野球ボールを手元に置いていた。それは、現実に対する敗北を肯定する思想ではなく、その身体に宿る不可避の半透明性を駆使して、〈いま、ここ〉＝「普通」の世界を、どこまでも深く潜っていくことで多重化し、豊かなものに変えていく力を発動する思想の象徴だ。そしてこの野球ボールに刻まれた思想は、現代において、ネットワークの海で日常的に実践されつつあるように思える。

＊1　第二次惑星開発委員会『PRELUDE 2011』（2010年）梅沢和木インタビューより。

＊2　リトル・ピープルの時代におけるゾンビの生の問題は、定期的に反復されている。前章で紹介した『仮面ライダー555』のオルフェノクという怪人はその代表例だろう。近年ではテレビアニメ『Angle Beats!』で同様のイメージが反復されたことが記憶に新しい。「壁」＝「大きなもの」への想像力を喪い（ネットワーク化した「壁」への想像力を失い）、その生の意味を剝奪された現代人の生は往々にしてゾンビというモチーフが与えられる。それも、一見、つながりの社会性に耽溺し、無目的化した「終わりなき日常」を生きながらも、その身体は刻一刻と確実に死に向かっている。言い換えれば、ゾンビの生を描き続けたリトル・ピープルの時代の想像力は、「壁」と切り離された世界（「壁」がイメージできない世界）で、いかに「死」を受け止めるのかという課題と格闘することで発展していったとも言えるだろう。

3

コミュニケーションという疑似自然

貨幣と情報のネットワークが世界をひとつにつなげ〈外部〉が消失した世界において、虚構は〈外部〉＝もうひとつの現実として機能するのではなく、むしろ現実の〈内部〉を多重化し、拡張する存在として機能する。この変化をもっとも端的に表現しているのが「仮想現実（VR）から拡張現実（AR）へ」というテーゼだ。たとえば日本的（東アジア的？）想像力は、インターネットをもうひとつの現実ではなく、現実の拡張として受容させている。私たちが再び「壁」について考えるとき、その経路となる虚構は否応なく拡張現実的な想像力を帯びるだろう。

につなげ〈外部〉が消失した世界において、虚構は〈外部〉＝もうひとつの現実として機能するのではなく、むしろ現実の〈内部〉を多重化し、拡張する存在として機能する。ネットワークに漂うキャラクター群に支えられた現代日本のキャラクターたちは、まさに現実の風景に介入し、この世界を多重化する存在として機能し始めている。

そこでは、より強固に虚構を構築しもうひとつの現実に消費者の没入を試みるのではなく、人間と虚構の関係を社会的に操作して現実の中に虚構を組み込むことが求められることになる。

リトル・ピープルの時代における虚構とは、もはや現実と対立するものではない。

この変化をもっとも端的に表現しているのが「仮想現実（VR）から拡張現実（AR）へ」というテーゼだ。

これはデジタル技術の発展が、人々に与える「夢」のイメージの変化を表現している。90年代において、デジタル技術が虚構に与える変化のひとつの終着点として提示されていたのが、バーチャルリアリティー（仮想現実）だった。前節の比喩に倣えば、透明度0％のキャラクターと、コンピューター・グラフィックスでゼロから造られた「風景」によって、完全な「もうひとつの現実」を提示する想像力――それがバーチャルリアリティー（仮想現実）だ。

しかし、それからわずか10年余りで、状況は一変した。実際にはネットワーク技術の爆発的な進化を背景に人々の注目は拡張現実（Augmented Reality）へと移行した。

バーチャルリアリティー（仮想現実）が大流行した頃のことを覚えているだろうか。結構な人気だった。特に1990年代、そして終ったばかりのディケードではSecond Lifeと共に絶頂を迎えた。しかし仮想現実も年老いた。今や人々の注目は拡張現実（Augmented Reality）へと移ってきている。

（中略）

仮想現実をデジタル世界への完全な没頭であるとするならば、拡張現実（AR）は実世界へのデジタルオーバーレイと言えるだろう。実世界をデジタルデータで補強することによって、全くの作られた世界よりも遥かに興味深いものになる。ARアプリは直接関係のないデータやグラフィック同志を並べて表示するので、マジック的な要素もある。

iPhoneやAndroid機というタッチスクリーンにGPSとカメラの付いた携帯電話の普及によって、Sekai CameraやLayar、等々数多くのARアプリに登場の機会が与えられた。一般にこの種のアプリは、携帯電話のカメラを通じて周囲の世界を表示するが、画面はファインダーの役目に加えて、通常のコンピューター画面としても機能する。GPSや内蔵方位磁石を用いることで、ファインダーを通じて見えている建造物や物体の上に情報やグラフィックを重ねることができる。

（中略）

仮想現実をとって、Second Lifeで迷子になるのもいいだろう。私は絶対に拡張現実をとる。こっちの方が現実的だ。

● Erick Schonfeld vs「拡張現実 vs 仮想現実：現実的なのはどちら?」（翻訳：Nob Takahashi）2010年1月7日 http://jp.techcrunch.com/archives/20100106augmented-reality-vs-virtual-reality/

引用部はあくまでデジタル技術の可能性を論じた記事に過ぎない。

だが、この「仮想現実（VR）から拡張現実（AR）へ」という問題を現代日本の文化空間で受け止めたとき、これは私たちが虚構に求める作用の変化を如実に表現しているように思える。もうひとつの世界に接続するのではなく、この世界を読み替えること——たとえば前節で紹介した「聖地巡礼」現象はその端的な例として挙げられるだろう。キャラクターが現実の風景に入り込むことで、何でもない駅前や神社や住宅地が「聖地」と化していく。

そもそも、これまで論じてきたように、国内のポップカルチャーはグローバル／ネットワーク化を背景に、〈ここではない、どこか〉を捏造するのではなく〈いま、ここ〉を多重化し、拡張する方向に進化してきた。だからこそウルトラマンよりは仮面ライダーが進化し、アニメにおける「ロボット」はその表現内における意味を変化させて多くの作品で後景に後退している。架空年表や最終戦争が描く「もうひとつの現実」を生きた「人間」的キャラクターたちではなく、「聖地巡礼」的想像力と親和性の高い「妖怪」的なキャラクターたちがネットワークの海を漂っている。

そして、彼ら／彼女らの存在はその半透明の身体をもってネットワーク上のコミュニケーションを加速させる。キャラクターへの愛が駆動するコミュニケーションは、彼ら／彼女らの身体を（ｎ次創作的に）進化させ、そしてその進化した身体がさらなるコミュニケーションを誘発し、世界を多重化していく。

特殊なアプリケーションなどまったく必要ない。拡張現実は私たちと虚構の社会的な関係が変化することで、人間と情報の社会的な関係を操作することで、既に実現しているのではないだろうか？

人間と情報の関係を操作することで発生する拡張現実的な虚構――この変化をもっとも如実に表しているのが、国内におけるコンピューターゲームの発展史ではないだろうか。

国内のコンピューターゲーム史、特に家庭用のコンシューマーゲームの発展史は、すべてのコンピューターゲームがそうであるように、システムと身体の対峙から始まっている。そして、国内における特異な発展として、このゲームというシステムが物語回帰の支援装置として使用されたことが挙げられる。

80年代後半から90年代を席巻したRPG（ロールプレイングゲーム）や、90年代末に流行したノベルゲームがこれにあたる。「勇者が魔王を倒し、お姫様を救う」「青年が難病の少女と出会い、彼女の支えになることで自信（男性性）を回復する」――ポストモダニズムを前提とした（通過した）あとの物語回帰を、これらのゲームはそのシステムをもって支援した。物語回帰は通常の場合、「こんな時代だからこそ〈あえて〉」「その無根拠さを自覚した上で〈あえて〉」といった形＝アイロニカルな没入（大澤真幸『増補　虚構の時代の果て』）の形が取られる。つまり自意識上のコントロールで物語回帰の正当化が図られることになる。しかし、これらのゲームはこのアイロニカルな（自意識上の）回路をゲームシステムに代替させた。

つまり、物語への没入をプレイヤーの自意識上のアイロニーではなく、ゲームをプレイすること――システムと身体との関係性を利用すること――で支援するのだ。たとえば「ドラゴンクエスト」シリーズや「ファイナルファンタジー」シリーズなどの（日本的）RPGにおいては、プレイヤーが操作するキャラクターたちの訓練による成長のゲーム（レベルアップ）が、アドベンチャー／ノベルゲームなどでは、読み手であるプレイヤーの選択によるマルチエンディング（異なる結末への到達）による登場人物の運命の操作が、それぞれ没入の回路として作用している。単に物語として接した場合、没入には強力なアイロニーが必要になる。たとえば前述したように「新しい歴史教科書をつくる会」から90年代のヒーロー番組まで、相対主義が前提化した時代だからこそ〈あえて〉特定の価値にコミットすることに（「空位の玉座を守る」ことに）倫理を見出すという物語的態度は一般化している。しかし同時期のコンピューターゲームは、物語への没入を消費者の自意識上で行われるアイロニーの洗練ではなく、ゲームシステム（アーキテクチャ）で支援することで可能にしたのだ。この「アーキテクチュアルな没入」とも言うべき回路の発見によって、90年代に国内のビデオゲームは物語の器として恐竜的進化を遂げた。

しかし、90年代末にRPGを中心にバブル的活況を呈していたコンシューマーゲーム市場は転落に転じる。それから十余年、現代のコンシューマーゲーム市場を牽引するのは、ニンテンドーDS、PSPなどの携帯ゲーム機であり、これらのハードを支えるソフトの大半は本書でも繰り返し指摘している日本の消費社会に出現した特殊なコミュニケーション環境（「つながりの社会性」の肥大）を背景にしている。代表的な例としては「モンスターハンター」シリーズが挙げられるだろう。架空世界における巨大モンスターを、プレイヤーが自作したキャラクターを操作して「狩る」というある種シンプルなアクション・ゲームである同作だが、「どれだけ上達しても決してひとりでは狩れないモンスターを設定すること」つまり、複数プレイヤーを前提にした設計が行われていた。そして携帯機への移植によって、同作は「街の風景を塗り替え」ることになる。『モンスターハンター』を手にすることで、ありふれた風景は戦場に、狩場に変化するのだ。

郊外のファストフード店などで、小学生から若い会社員までさまざまな年齢層の男女が、携帯ゲーム機を手にしながら数名でたむろする、という光景がゼロ年代後半にはすっかり定着しているが、無線ネットワークの全国的な配備を背景にその「風景」をもたらしたのが同ソフトである。

ここでコンピューターゲーム——システムと身体の対峙——は「物語」回帰への支援装置ではなく、（現実の）コミュニケーションという疑似自然の遊戯化を支援する装置として成立しているのだ。ここでも、ゲームという「虚構」は「もうひとつの世界への接続」（VR的）ではなく、「いま、ここの世界の読み替え（AR的）」に作用している。

もちろん、現実の人間関係をゲーム化するという発想は、コンピューターゲーム以前から世界的に散見される、むしろオーソドックスな発想ですらある。しかし、現代の日本で起こっていることは、ネットワーク化による「つながりの社会性」を背景とし奇形的に進化したコミュニケーション環境を取り込むことで、ゲームの可能性を切り拓いているところにある。

現在、携帯電話を端末とするSNS（ソーシャルネットワーキングシステム）を舞台に、ユーザー同士の交流を促進するために用いられる簡易なゲーム（ソーシャルゲーム）が大きな支持を集めているが、これは「つながりの社会性」を用いて想像力を強化した『モンスターハンター』などのゲームとは対照的に、想像力（ゲーム）の力をもって「つながりの社会性」を適度に発生させることを目的としたコミュニティサイト上のサービスだと位置づけることができる。

こうしたコミュニケーションという疑似自然、それも現代日本的なそれを取り込むことで想像力を発揮するという発想を、国内ゲーム市場に決定づけたのは、第二章で紹介したゲーム「ポケットモンスター」シリーズだろう。

日本的RPGに『マジック：ザ・ギャザリング』などのトレーディング・カードゲームを接合させることで誕生した同作は、1996年の第1作の発売から約15年の間にゲームそれ自体の社会現象化に加え、登場するキャラクター（モンスター）への圧倒的な支持のもと、国内最大級のキャラクター産業に成長している。

第二章で紹介したように、『ポケットモンスター』が国内のポップカルチャーに与えた影響は計り知れない。たとえば前述したヒーロー（仮面ライダーなど）の「変身」がエゴの強化から（解離的）コミュニケーションの比喩に変化したその背景には、主人公自身には何の（戦闘）能力もなく、契約したモンスターを召喚することで状況にコミットし得るというトレーディング・カードゲーム的想像力の影響が強い。その日本輸入と定着に決定的な役割を果たしたのが『ポケットモンスター』（ポケモン）だ。

だがそれ以上に〈ポケモン〉が決定的だったのは、キャラクター所有の欲望に支援される日本的なコミュニケーションを〈ゲーム〉の一部として取り込むことに成功した点にある。たとえば「ポケモンの父」と呼ばれるゲームデザイナーの田尻智は、以下のように語っている。

今、パソコン通信などで行われているネットワーク型ゲームというものがありますよね。あれは、通信ゲームの正当な進化だと思います。自分のいる座標や速度といった単純なデータを、通信対戦といった形でやりとりするものですね。『ポケットモンスター』の場合、それとは少し違ったところに位置するわけです。というのは、通信ケーブルというものを使うということで、目に見えないデータのやりとりなんですけど、何か、確実にそのケーブルの中に「ポケモン」という生き物を感じることができるんです。それは、物々交換をしている感覚に近いと思いますね。TVゲームというものは、とても没入度の高い閉鎖的なものですけど、通信ゲームというジャンルは、そういった概念を変えるパワーがあります。

それは、コミュニケーション・ツールとしての役割を持つことができるからです。
●「ポケットモンスター図鑑」アスキー／1996年

『ポケットモンスター』はモンスター（キャラクター）の交換／対戦という要素を活用することで、プログラムの外側にもうひとつのゲームを――それも情報技術やコミュニケーション環境の変化によって自動的に進化するゲームを設定することに成功したのだ。まさに、教室や職場、ストリートやネットワークに自生するコミュニケーションそれ自体が、ここでは虚構（ゲーム）の一部と化していると言える。

ここにはまさに、キャラクターへの愛を用いて現代日本的なコミュニケーション空間（つながりの社会性）、つまり現実それ自体を拡張現実的にゲーム化する想像力が働いている。

宗教人類学者の中沢新一は、郊外の住宅地で〈ポケモン〉に興じる子供たちの姿に、まさに現実の風景を読み替えている。

このゲームがおもに小学校の低学年生のあいだに、爆発的な人気を呼びだしていた頃の日曜日、たまたま友人といっしょに多摩川のほとりを歩いていた私は、川べりの水たまりでおたまじゃくしやザリガニを取るのに夢中になっている数人の小学生を見た。それだけではなんということもないのだけれど、私がアレッと思ったのは、そのうちの何人かの子が、すいているほうの手に小さなゲーム機を握っているのが見えたからだ。私は、こういうことに詳しい若い友人に、あれはなにかと聞いた。すると友人はこともなげに、「ああ、あの子たちは『ポケモン』をやっているんですよ。『ポケモン』しながら、魚取りか。なんかとってもいまっぽいですよね」と答えるのだった。

私には、なにがいまっぽいのか、いまひとつよくわからなかったので、さらに詳しいことを聞いた。その話によると、そのゲームはRPG（ロールプレイングゲーム）をしながら、森や野原や洞窟に隠れている野生のモンスターを捕獲して、自分で飼い馴らしたり敵と戦わせたりして、最終的にその「ゲームの宇宙」にストックされている一五〇種類のモンスターすべてを採集することを目的としている。ということはつまり、この子たちは、小さなゲーム機の液晶モニターの中に生きている仮想のモンスターを採集するのと、現実の水たまりで魚や虫を取ったりする遊びとのあいだを行ったり来たりしながら、二種類の空間でなんらかの「生命」の捕獲にいそしんでいるということになる。

●中沢新一「ポケットの中の野生　今ここに生きる子ども」岩波書店／1997年

つまりここでは〈ポケモン〉という半透明のキャラクター群が、現実のコミュニケーション空間を、〈いま、ここ〉の風景を豊かな疑似自然に書き換えているのだ。

さらに中沢は、〈ポケモン〉が生んだ「風景」に、アジア的な想像力——西洋近代的なものを受け入れながらもそれを換骨奪胎し、いつの間にか自分のものに変化させていく想像力を見出している。本書の記述に倣えば〈ポケモン〉的なものは革命ではなくハッキングで、仮想現実的ではなく拡張現実的に世界を変えていく想像力を孕んでいるのだ。

アジア人は、これまで豊かな自然に包まれて自分たちの文明をつくってきた。そこに西欧からつぎつぎと新しい科学技術が流れ込んできて、アジアの文明も自然も、どんどん変化をおこしている。でもそのときアジア人はよく考えて、この技術というものを、自分たちの精神と生活をほんとうに豊かにするものに「カスタマイズ」してつくりかえてしまうことができなければならないし、またできるはずなのである。アジアには、技術は自然を抑圧したり破壊したりするだけのものではないということを立証する、ちゃんとした伝統がある。技術と自然とが入れ子のようになって、おたがいの可能性を生かしていくことのできるやり方があるはずなのだ。それができたとき、はじめてアジア人の未来が開かれてくる。ジャングルの中におかれた電子の映像は、未来の人間たちに、なにかが途切れることなく伝達されていく可能性を象徴している……。ザリガニ取りの少年たちの手に握られた、『ポケモン』

をセットした小さなゲーム機を見たとき、私は思わずその光景を思い出したのだ。

（同前）

もし私たちが「想像力」を武器に現実を、「壁」を変えていこうと考えたとき——その武器となるのは存在し得ない〈外部〉に依存する〈仮想現実〉的想像力ではなく、〈内部〉を無限に多重化し得る〈拡張現実〉的想像力ではないだろうか？

「壁」をビッグ・ブラザー的な疑似人格と「彼」の語る大きな物語ではなく、リトル・ピープルの時代における（ゲーム）システムと（キャラクターの）データベースとして捉えなおしたとき、そこには〈革命〉ではなく〈ハッキング〉的に世界を変化させ得る想像力を私たちは手にすることができる。そしてその萌芽は、既に貨幣と情報のネットワークの中に豊富に発見することができるのだ。

4　拡張現実の時代

ビッグ・ブラザーが壊死していく時代、私たちは個人の生を意味づけるものをもうひとつの現実＝仮想現実的な物語に求めた。〈ここではない、どこか〉、異世界、宇宙世紀、そして最終戦争（ハルマゲドン）後の未来――。しかし貨幣と情報のネットワークが世界をひとつにつなげた現代とは、同時に〈ここではない、どこか〉＝〈外部〉が消失した時代でもある。このリトル・ピープルの時代において、人間の想像力は〈ここではない、どこか〉に誘うためのものではなく、〈いま、ここ〉にどこまでも潜ることでそれを読み替え、拡張していくものとして機能する。

3・11の東日本大震災、そして「壁」と「卵」をめぐる村上春樹のエルサレム演説の考察から始まった本書にも、終わりが近づいている。

ビッグ・ブラザーという近代を支えた疑似人格回路は「政治の季節」の終わりとともに徐々に壊死を始め、人々はこの回路がもたらす「大きな物語」を虚構の中に求めるようになっていった。しかし、グローバル／ネットワーク化の浸透によってビッグ・ブラザーが完全に死した現在——国民国家よりも貨幣と情報のネットワークが上位の存在として君臨するようになった現在、私たちが虚構に求める欲望もまた変化することになる。貨幣と情報のネットワークが世界をひとつにつなげた今、虚構は〈ここではない、どこか〉——すなわち外部に越境することではなく、〈いま、ここ〉——この現実の生活世界の内部を掘り下げて、そして多重化することでその姿を現す。

そのとき人々が現代において個人の生を国家や歴史が意味づける（大きな）物語が機能する「もうひとつの世界」＝〈ここではない、どこか〉を手に入れるためではなく、「現実の世界」＝〈いま、ここ〉から（小さな）物語たちを立ち上げるためにこそ、虚構は欲望され、生み出される。

前節の比喩を用いれば、前者（ビッグ・ブラザーの時代）の虚構とは仮想現実（VR）的であり、後者（リトル・ピープルの時代）の虚構は拡張現実（AR）として機能している。

私たちの世界を規定する「壁」の存在が国民国家（ビッグ・ブラザー的）から貨幣と情報のネットワーク（リトル・ピープル的）に変化することで、私たちと虚構との関係もまた同時に書き換えられたのだ。

戦後日本の社会学（を援用した社会／文化批評）には〈現実〉との対応概念（反現実）が何か、によってその精神史を区分する伝統が存在する。

その始祖である社会学者の見田宗介は、その〈反現実〉が戦後半世紀の中で「理想」から「夢」へ、そして「夢」から「虚構」へと移り変わってきたと論じた。つまり「（現実と）理想」→「（現実と）夢」→「（現実と）→虚構」という区分である。

見田によれば敗戦時、すなわち1945年から1959年までが復興という「理想」、あるいはソビエト・コミュニズム／アメリカン・デモクラシーといった新しい政治体制に対する「理想」が社会を規定する〈反現実〉として機能した時代である。見田はこの時代を「理想の時代」と名づけた。そして60年代に入り高度成長期と「政治の季節」を迎えると、〈反現実〉として機能する概念は近代社会の限界それ自体をドラスティックに解決しようとする「夢」に変化した。さらに70年代半ば以降、消費社会の到来以降の〈反現実〉は、商品として流通し始めた「かわいい」「おしゃれ」「きれい」といった意味を纏う記号たちに代表される「虚構」――ここでは差異化のためにあえて提示される（演技される）もの――に変化した、とする。

現実《リアリティ》は、常に、反現実を参照する。われわれにとって、現実は、意味づけられたコトやモノの秩序として立ち現れている。意味の秩序としての現実は、常に、その中心に現実ならざるものを、つまり反現実をもっている。すなわち、現実の中のさまざまな「意味」は、その反現実との関係で与えられる。「意味」の集合は、まさに同一の反現実と関係しているがゆえに、統一的な秩序を構成することができるのだ。

反現実とは何か？　見田宗介によれば、「現実」という語は、三つの反対語をもつ。「(現実) と理想」「(現実) と夢」「(現実) と虚構」である。これら三つの反対語が、そのまま、三種類の反現実に対応している。反現実は、それゆえ、見田によれば、三つの中心的なモードをもつ。

●大澤真幸「不可能性の時代」岩波書店／2008年

見田の弟子にあたる大澤真幸はこの区分をさらに整理し、〈反現実〉という言葉の指し示す内容もより見田自身の定義に忠実に限定することで独自の主張を試みている。

大澤によれば「政治の季節」≒「夢の時代」を「理想の時代」と「虚構の時代」への移行期と位置づける。すなわち「夢の時代」＝「政治の季節」における社会構造の変化が、科学の進歩や社会変革への希望が〈反現実〉として機能していた「理想の時代」から、消費社会

／ポストモダン化によってその生の意味を社会から与えられない現代的なアイデンティティ不安を埋めるものとしての虚構が〈反現実〉として機能する「虚構の時代」への移行をもたらした、とされる。

さらに大澤は90年代初頭に示された見田の分析を引き継ぐかたちで、90年代後半に「虚構の時代」も終わりつつあると主張している。

たとえば『宇宙戦艦ヤマト』『機動戦士ガンダム』『風の谷のナウシカ』――この「虚構の時代」を彩ったアニメ・ブーム下の代表作たちがいずれも架空の歴史年表に基づいた「もうひとつの歴史／現実（仮想現実）」に基づいたものであったこと、あるいは同時期のオカルト・ブームが「前世の記憶」や「秘匿された古代史」といったかたちでやはり「もうひとつの歴史」を与えるものであったことは、この時代における「虚構」の〈反現実〉的な機能を如実に表現していると言える。村上春樹がその小説家としての歩みを「僕」と「鼠」の生きたもうひとつの歴史（自分史）の構築から始めたことも、決して偶然ではないだろう。

そしてこの「虚構の時代」の臨界点と位置づけられるのが、村上春樹を「転向」せしめたあのオウム真理教による地下鉄サリン事件であったし、「最終戦争」的、黙示録的な展開を思春期の少年の自意識の問題に徹底して矮小化することで「終わらせた」『新世紀エヴァンゲリオン』だった。しかし、問題はそこで世界が終わらなかったことだ。

「虚構の時代」は、「虚構」を「現実」として行使してしまった地下鉄サリン事件が象徴するこの時代——冷戦終結とバブル経済崩壊によって「戦後」レジームの崩壊した90年代半ばに臨界点を迎え、そして終わっていったのだ。

これを受けて東浩紀は「虚構の時代」の果て＝90年代後半以降を（大きな）物語自体を必要としない消費者たちが代表する「動物の時代」と位置づけている。この「動物」とはロシアの哲学者アレクサンドル・コジェーヴに依拠した概念だ。「動物」には「欲求」はあっても「欲望」は存在しない。その生に意味を与える「物語」を「動物」は求めないのだ。

東は（大きな）物語による個人の生の意味づけよりも、記号的なキャラクターへの所有欲を優先して欲求する現代の消費者たち——たとえば美少年／美少女アイドルやキャラクターに「萌え」ることで自足するオタク系文化の消費者たち——が代表する現代の人間像を「データベース的動物」と呼ぶ。

ポストモダンの時代には人々は動物化する。そして実際に、この一〇年間のオタクたちは急速に動物化している。その根拠としては、彼らの文化消費が、大きな物語による意味づけではなく、データベースから抽出された要素の組み合わせを中心として動いていることが挙げられる。彼らはもはや、他者の欲望を欲望する、というような厄介な人間関係に煩わされず、自分の好む萌え要素を、自分の好む物語で演出してくれる作品を単純に求めているのだ。

●東浩紀『動物化するポストモダン——オタクから見た日本社会』講談社／２００１年

また、大澤は「動物の時代」とこの「虚構の時代」の後に訪れた時代＝現代を「不可能性の時代」と名づけている。〈不可能性〉という言葉の選択は、あくまで〈反現実〉という概念に拘泥する大澤ならではのものだ。しかし〈反現実〉という概念を意図的に置き去りにすることで得られた東の明快な整理とは異なり、大澤の「不可能性の時代」の定義は極めて複雑だ。

大澤は現代における〈反現実〉のひとつに「現実への逃避」を挙げる。たとえばリストカットなどの自傷行為や、オウム真理教のように虚構（最終戦争）を「実践」することは、〈反現実〉の機能を現実そのもので代替させるものだと大澤は指摘する。また大澤は同時にインターネットなどに表出する管理社会的な欲望、具体的にはGoogleの情報整理やフィルタリングなどを例に「危険性や暴力性を排除し、現実を、コーディングされた虚構のようなものに転換しようとする執拗な挑戦＝極端な虚構化」もまた〈反現実〉として機能しつつあると指摘する。そしてこの矛盾するふたつの傾向、「現実への逃避」と「極端な虚構化」はともに「直接には、認識や実践に対して立ち現れることのない『不可能なもの』」を共有しており、よって現代とはこの「直接には、認識や実践に対して立ち現れることのない『不可能なもの』」を反現実として規定される「不可能性の時代」である、とする。

両者とも、その視点は異なるが「虚構の時代」の果てにもはや〈反現実〉としての物語が機能しなくなった新しい世界を確認している点では共通していると言えるだろう。付記するなら、東の提示した「動物の時代」を〈反現実〉という観点から捉えなおそうという試みとして、大澤の「不可能性の時代」は位置づけられる。そしてその意図ゆえに、大澤の整理は相反するふたつの性質の共通項を抉り出すという困難な作業に半ば挫折しているように思える。それゆえの「不可能性」という言葉の選択であった、とすら言えるはずだ。

そこで本書はこれらの議論を引き継ぎながら、このポスト「虚構の時代」＝現代、すなわちリトル・ピープルの時代にもう少し具体的な像を与えることで結びとしたい。

大澤の主張する「理想の時代」「虚構の時代」の区分は、本書における「ビッグ・ブラザーの時代（１９６８年以前）」と「ビッグ・ブラザー→リトル・ピープルへの移行期（１９６８年〜90年代後半）」とほぼ一致する。しかし本書が描き出した「リトル・ピープルの時代」における〈反現実〉は、「不可能性」でもなければ「動物」的なデータベース消費とも、それぞれ半歩ずつずれたものだ。

〈反現実〉という概念を、本書の文脈に引きつけて考えたとき浮かび上がってくる私たちと〈反現実〉との関係性は「現実に逃避」しているのでもなければ、「動物」的に刺激に反応しているのでもない第3の像ではないだろうか。そしてその第3の像は、虚構の時代の終わったあとに訪れた、新しい〈反現実〉の姿をより明確に示してはいないだろうか。

では、リトル・ピープルの時代における〈反現実〉とは何か。その答えは既に繰り返し本書において示されている。現代において現実の中のさまざまな意味を規定する〈反現実〉――それは〈拡張現実〉だ。

「世界の終わり」というイメージが「虚構の時代」とともに終わったことは既に確認した通りだ。もはや物語は「架空年表」や「最終戦争」というイメージを提示することでポピュラリティを獲得することが難しくなった。

ビッグ・ブラザーの時代――私たちは国民国家という装置が作り上げた大きな物語との対峙でその生を意味づけることができた。これが「理想の時代」だ。そして60年代末に「政治の季節」が終わり、70年代、80年代と消費社会化、ポストモダン化が進行していくと徐々に壊死を始めたビッグ・ブラザー＝相対的にその機能を低下させていった20世紀的な国民国家などのイデオロギー装置に替わり、人々は大きな物語を自分たちの手で捏造し始めた。これが「虚構の時代」だ。このとき「虚構」は――架空歴史という形態を取り、年代記や最終戦争といった「仮想現実」的な装置を駆使して大きな物語を代替した。

そして冷戦が終わり、やがて貨幣と情報のネットワークが国家たちよりも上位の存在として定着していったとき（グローバル資本主義）、世界を支配するもっとも「大きなもの」はビッグ・ブラザー（疑似人格化し得る国民国家）ではなくなった。ビッグ・ブラザー亡きあとのリトル・ピープルの時代――それは、世界が非人格的なネットワークによってひとつにつながれた時代、世界に〈外部〉が存在しなくなった時代だ。このとき、〈現実〉に対置し得るものはかつての意味での〈虚構〉ではあり得ない。かつてのように、失われた大きな物語を埋め合わせるために〈ここではない、どこか〉＝〈外部〉に消費者たちを誘う「仮想現実」ではもはやあり得ないのだ。既に世界に〈外部〉が存在しないことが明白になった今、「仮想現実」的な〈反現実〉はもはや機能しない。世界には終りもなければ外部もない――そんなときに〈反現実〉として作用するもの、それが私たちの想像力によって彩られ、多重化した〈いま、ここ〉の現実、すなわち〈拡張現実〉なのだ。

前述の例に照らし合わせてみよう。たとえば（大澤の挙げた）リストカットなどの自傷行為は、しばしば特定の性格イメージの自己確認／周囲へのアピールとして行われていることが広く知られている。本書の文脈に照らし合わせれば、これは自身の〈キャラクター〉を成立させるための行為であると位置づけることができる。現実の身体に「傷」という「記号（設定）」を加えることで、彼／彼女はひとつのキャラクター（設定）を手にすることができ、現実をひとつ多重化しているのだ。大澤の例に倣ってあえて自傷行為を取り上げたが、こうした自己像の多重化は私たちがインターネットや携帯電話などの使用を通じて、日常的に情報の発信者となることで、ほぼ無意識かつ不可避に行っている操作に他ならない。現代におけるコミュニケーションそれ自体が、（自己の）キャラクター化を通じた現実の多重化＝〈拡張現実〉を孕んだものに他ならない。

あるいは（東の挙げた）インターネット上のn次創作のことを考えてみよう。ボーカロイドがその端的な例だが、現代におけるn次創作は消費者たちのコミュニケーションの素材となることでマッシュアップが加速し、奇形的な進化を遂げていく。このとき、消費者と創作者の境界線は限りなくゼロに近づいている。彼ら／彼女らの多くが、端的にそれぞれのキャラクターへの所有の欲望を満たすために新しい物語を与え、新しい外見を与え、そして新しい楽曲を歌わせたに過ぎない。消費者たちはボーカロイドたちと戯れることで、キャラクターへの所有欲を満たし結果的に想像力を発揮している。そしてさらに、このときキャラクターへの愛＝虚構への欲望と、キャラクターへの愛を共有することで成立する現実のコミュニケーションへの欲望は密接に結びつき、ほとんど不可分になっている。作者と消費者、所有と関係性――相反するかのように思われるふたつの概念がここではひとつのものに融合しているのだ。言い換えれば、ここではコミュニケーションという現実の延長線上にキャラクター（の生成）という虚構がある。ここにおいても、私たちはいつの間にか〈拡張現実〉的な回路を用いて思考し、消費し、コミュニケーションを取っているのだ。

いや、もはやこのような迂遠な例を挙げることもないだろう。私たちは今、（古い意味での）「歴史的」には何物でもない路地裏や駅前の商店街を「聖地」と見做して「巡礼」し、放課後には郊外の川べりにたむろしては虫取りをするようにネットワーク上のモンスターたちを狩る。複雑化する社会生活において、私たちは日常的にその身体とは半歩ずれたそれぞれのコミュニティごとのキャラクターとして否応なく振る舞ってしまう。ひとたび携帯電話を手にし、パソコンを前にすればその解離の構造は簡単に可視化できる。私たちは、いつの間にか現実を実に多重なものとして把握している。情報技術の発達は、そんな私たちの変化をより明白にしてくれる。そしてこの変化は、言い換えれば私たちが求める〈反現実〉が〈ここではない、どこか〉への逃避＝仮想現実ではなく〈いま、ここ〉の拡張＝拡張現実として現れていることを示している。

この世界は終わらないし、外側も存在しない。しかし、それは想像力が働く余地が世界から消えたことを意味しない。私たちは〈いま、ここ〉に留まったまま、世界を掘り下げ、どこまでも潜り、そして多重化し、拡大することができる。そうすることで、世界を変えていくことができる。ハッカーたちがシステムの内部に侵入して、それを書き換えていくように、私たちは今、どこまでも世界の中に「潜る」ことで想像力を発揮し、世界を変える術を手にしつつある。

リトル・ピープルの時代——それは、革命ではなくハッキングすることで世界を変化させていく〈拡張現実の時代〉だ。

	ビッグ・ブラザーの時代	(ビッグ・ブラザーの解体期)	リトル・ピープルの時代
区分	(理想の時代/夢の時代)	(虚構の時代)	(拡張現実の時代)
年代	~1968	1968~1995(日本)/2001(世界)	1995/2001~
国際秩序	冷戦	冷戦→グローバリゼーション	グローバリゼーション
壁(世界構造)	国家権力	国家権力→ネットワーク	(貨幣と情報の)ネットワーク
壁のイメージ	ビッグ・ブラザー(疑似人格) オーウェル『一九八四年』	ビッグ・ブラザーからリトル・ピープルへ (ビッグ・ブラザーの捏造)	リトル・ピープル(非人格的システム) オブライエン『世界のすべての七月』
戦争	国民国家間の総力戦	冷戦下の代理戦争	テロの連鎖
悪	ファシズム、スターリニズム	連合赤軍、オウム真理教	原理主義など
悪の原因	権力への意思(大きな物語の強制)	アイデンティティ不安小さな物語の暴走)	システム化の反作用(小さな物語間の衝突)
悪のイメージ	怪獣	怪人	悪のヒーロー
ヒーロー	(第一期)ウルトラマン	(第二期)ウルトラマン、(昭和)仮面ライダー	(平成)仮面ライダー
ロボット	鉄腕アトム、鉄人28号(科学の夢)	マジンガーZ、ガンダム、エヴァンゲリオン(男性性の仮構)	ガンダム(∀以降)(アバター化)
卵	(ビッグ・ブラザーからの)デタッチメント	デタッチメントからコミットメントへ	(リトル・ピープルへの)コミットメント
アメリカ	黒人兵のペニス		環境(Google, Amazon, マクドナルド)
問題	大きな〈父〉の解体		小さな〈父〉たちの調整

終章　石巻のリトル・ピープル

私たちがいつの間にか忘れていた、「大きなもの」への想像力を取り戻すこと。いや、取り戻す手がかりを探すことが本書の目的だった。

一連の思考のきっかけは、2011年3月11日にこの国を襲った未曽有の大災害――東日本大震災だった。

あれから数ヶ月、特に原発事故の長期化がもたらした日本の「分断」による諸影響は計り知れない。そもそも、今回の震災はその被害が広範であったがゆえに、逆に日本社会分断の危機を孕んでいた。つまり、津波に襲われた東北地方東部と茨城県、そして計画停電や水質汚染の恐怖に断続的に襲われ続けている東京周辺、最後に被害が軽微だった北海道及び西日本といった具合に、地方ごとに異なる震災の被害度合いによって人々の生活感覚が分断されてしまう可能性が高かった。そしてそれが、原発事故の長期化によって現実のものとなってしまった。もちろん、震災の影響による企業倒産など、経済的には既にその被害は全国的なものとなりつつある。しかしそれ以上に、生活実感のレベルでの分断のほうが強い力として今の日本社会を支配しているように思える。

津波の被害地や原発事故に関連した計画避難区域については「日常性の断絶」は現実のものだ。逆に西日本などでは、比較的にだが震災前の日常性はかなり高いレベルで維持されているだろう。そして、問題は日常性が断絶した場所とそうではない場所とに日本社会が分断されてしまったことだ。個人的には、この分断こそが復興の、あるいはこの震災を機会にした日本社会の再建の最大の足かせになるように思える。

そして偶然にも今、東京周辺が支配されているこの「日常と非日常の混在」という感覚は比較的にだが日本全体で共有しやすい感覚のように思える。分断されつつある社会をつなぐ想像力として、今の東京の「空気」について考えることが重要なのではないか。

ゼロかイチか、「終わりなき日常」か「世界の終り」か、という発想ではこの危機を乗り越えることはできない。いつほころぶか分からない日常の中で、その成立条件を考え続けること。「終わりようのない」この日常を一定の水準に保つために必要なことを考え続けること。それが今の日本にとっていちばん大切なことなのではないか。

これは杞憂《きゆう》だとよいのだが、今の日本は震災の被害に恐れおののくあまりに、それを過剰に物語化し理解の範疇《はんちゅう》に収めようとする発想(「世界の終り」)と、震災なんてまるでなかったかのように振る舞う、というのは言いすぎだが、世間は大騒ぎしすぎだと冷や水をかけて安心しようとする発想(「終わりなき日常」)というふたつの想像力に引き裂かれつつあるように思える。しかし、前述したように私はどちらも、この日常をベースに非日常が(それも5年も10年も)続いていくという現実からの逃避のように思えて仕方がない。福島の原発は、私たちの世界の内部に存在して、それを下支えしていたものだ。それは人間が生み出したものでありながら、今や私たちのコントロールを離れて暴走している。この世界の「内部」から発生したものでありながら、私たちの理解と制御を拒む存在を、どうも日本社会はうまく

（イメージのレベルで）処理できていない。このことに対する苛立ちが、今の日本社会の混乱の根底にあるように思える。

福島の原子炉たちがそうであるように、現代における「壁」＝大きなものは私たちの世界の「中」にありながらも、人格をもたず、物語を語らず、そして理解を拒否するものとして存在している。

あの日からずっと、私たちはリトル・ピープルの時代の「壁」をイメージすることができずに焦り、苛立ち、混乱している。〈分からないもの〉〈大きなもの〉の存在は、人を不安にさせる。それが私たちの世界の「中」（たとえば福島）に存在すればなおのことだ。それを「世界の終り」と見做し、すべてが変化したのだと叫べば一瞬だけ、安心できるのかもしれない。けれど、実際にはこの戦いはこれからも、たぶん何年も続いていくだろう。私たちの世界が、この先も「終わる」ことなくずっと続いていくように。

そう、私たちはあの日からずっと、日常と非日常が混在している——日常をベースに非日常が覆いかぶさる、ほとんど〈拡張現実〉的な世界を生きている。

この世界の構造は、地震によってもたらされたわけではない。地震とそれによって暴走した原子炉たちの存在が、私たちが忘れていた新しい「壁」の存在を明白にし、突きつけたに過ぎない。

世界はとっくの昔に——リトル・ピープルの時代が訪れたその瞬間から——新しい「壁」と「卵」の関係に支配されていたのだ。

そんなときに必要なのは、私たちの生活空間の、現実の一部として「壁」を捉える想像力なのだ。「卵」の世界に「壁」を取り込む想像力だと言い換えてもいい。私たちに必要なのは、現実を超えたもの、理解を超えたものを、非日常を、むしろ日常の、現実の一部に取り込み、継続的に接近していく想像力なのではないか。私たちは、高度消費社会と「つながりの社会性」の中で、そのことを忘れてしまっていた。「壁」と「卵」のうち、「卵」のことだけを考えるようになっていたのかもしれない。

たしかに、「もうビッグ・ブラザーの出てくる幕はない」。「デカイ一発」が来ても、世界は終わらない。しかしだからこそ、私たちはこの「リトル・ピープルの時代」の「壁」についての想像力を養うことが大事なのだと思う。新しい時代の、新しい「壁」は、私たちの世界の「中」に、〈いま、ここ〉にどこまでも潜ることで見えてくるのだから。そしてその「壁」は、現実を打倒するのではなく、拡張していくことで、〈革命〉ではなく〈ハッキング〉で変えていけるはずだ。

そして本書で論じたリトル・ピープルの時代の想像力は、そんな世界の中から出現する大きなもの——環境、システムとの対峙の中で発展してきた。

それはたとえば、「壁」を集合記憶的なものとして捉え、これを媒介に無場所的なコミュニケーションを可能にする試み（村上春樹のネットワーク予見？）であったり、トレーディング・カードゲーム的な構造で「壁」（システム）の存在をイメージ化したヒーロー（ディケイド）の存在であり、歴史をデータベースと見做す視線（黒歴史、補論3参照）の導入である。そして、これらの新しい「壁」をイメージ化した想像力はどれも〈いま、ここ〉に留まったまま世界を多重化する〈拡張現実〉的な想像力に裏づけられている。

同時にそれは現実を〈拡張〉することで（ハッキング的に）変化させていく想像力だ。

あの日から20日近くが過ぎたある日、私はインターネット上のある新聞記事に目を止めた。「仮面ライダー、倒れなかった」と題されたその記事には、あの地震で廃墟と化した街の中でひとり変身ポーズで立ち続ける仮面ライダー像の写真が添えられていた。

そこは宮城県石巻市——地震と津波に襲われ、5000人以上の犠牲者を生んだこの街は、『仮面ライダー』の原作者である故・石森章太郎の出生地に近い。この仮面ライダー像は、石森にちなんで建てられたもので、ほとんど奇跡的に倒壊を免れ、今や同市の「復興のシンボル」になりつつあるという。

街の風景に、私たちの生きる世界の「中」に仮面ライダーが立っている。たとえどんなことがあっても、立ち続ける。私はそのとき、石森が生前に残したある言葉を思い出した。

「時代が望む時、仮面ライダーは必ず甦る」

このエピソード自体は、新聞記事にありがちな、必要以上に物語化されたものに過ぎないと思う。私はそのしばらく後、石巻市の現地を訪れたが、特にそう感じた。しかし、この記事を書いた記者が、想定していたであろう「感動」とは別の次元で私には何か、象徴的なものがこのエピソードには表れているように思った。

私はこのとき、今が石森のいう時代なのだと確信した。今こそ、この世界の「中」に立ち続けるヒーローが、想像力が必要なのだ。ビッグ・ブラザーからリトル・ピープルへ、〈ここではない、どこか〉から〈いま、ここ〉へ、大きな物語からデータベースへ、そして仮想現実から拡張現実へ——人間と虚構との関係が大きく変わりつつある今、新しい想像力を武器に私たちは巨大なものへの意思を取り戻す、いや、新しく生み出すことで変えていかなければならないのだ、と。そうすることでしか、この巨大な破壊について考え、対抗することはできないのだ、と。

村上春樹がその小説『1Q84』で提示した歴史観——ビッグ・ブラザーからリトル・ピープルへ——は大枠においてはグローバル／ネットワーク化による世界構造の変化を指してい

る。システムを物語化する巨大な単数の疑似人格＝ビッグ・ブラザー（国民国家やマルクス主義）に対する距離感で秩序が決定される世界から、非人格的なシステム（情報ネットワーク、グローバル経済）の生むゲームボードの上で無数のリトル・ピープル＝プレイヤーたちが無数に乱立する世界へ。ネットワーク／グローバル化はビッグ・ブラザーを自動的に壊死させ、リトル・ピープルの時代を召喚した。春樹が告げるように「もうビッグ・ブラザーの出てくる幕はない」――ただし「偉大な兄弟」は誰かに殺されたのではない。むしろ徹底して君臨することで自動的に壊死していったのだ。人々は欲望の赴くままにビッグ・ブラザーの治世を謳歌し、消費社会を実現した。そしてこの消費社会の拡張がネットワーク／グローバル化を招来し自動的にビッグ・ブラザーを壊死させたのだ。革命は、起こらなかった。そしてそれが革命ではなかったからこそ、世界は変化したのだ。いや、別に呼び方なんかどうだっていい。少なくともそれは、かつて「革命」と呼ばれていたものとはまったく別のものだ。

リトル・ピープルの時代――そこに出現しているのはいわば否応なく小さな父たちとして機能する人々（プレイヤー）が無限に連鎖（ゲーム）する世界だ。そのゲームの中に渦巻く想像力は、〈ここではない、どこか〉へ私たちを連れていくことはない。その代わりに〈いま、ここ〉にどこまでも「潜り」、多重化し、そして拡張していく。

私たちはこの外部を喪い、自己目的化するコミュニケーションの連鎖する新しい世界により深く、深く「潜る」ことで変えていくべきなのだ。そうすることでしか、世界は変えられない。そしてそのための——現実を拡張するための手がかり、「壁」と「卵」の新しい関係を構築するための想像力は既に世界のあらゆる場所に噴出している。足りないのは、それを語る言葉のみだ。

世界をひとつにつなげた貨幣と情報のネットワークはこうしている今も、圧倒的な速度で進化しているのだから。この圧倒的な速度を奪い取り、現実を書き換える／拡張するための想像力が、今、私たちに問われている。

補論

ゼロ年代と呼ばれた先の10年間が終わりを告げた。もちろん、十年紀それ自体に意味はない。しかしこの言葉が象徴する大きな変化は、私たちをとりまく文化空間に決定的な変化を与えたことは間違いない。だからこそ、私たちはこの言葉に意味を求め、ときに反発すら覚えた。グローバル／ネットワーク化は世界の隅々までを過剰に接続し、〈ここではない、どこか〉を失わせた。〈外部〉への祈りはロマンティシズムの空手形としてその価値を失い、ナルシシズムの記述法に墜《つい》した。ひとつの大きなものが君臨するのではなく、小さなものたちが無数にひしめくようになった。国家よりも市場が上位に存在するようになり、巨大なものから人格が、物語が奪われた。非人格的かつ脱物語的なシステムが自動更新されていく世界、物語批判も主体の解体も前提として市場と情報の連鎖がよりラディカルに実現してしまった世界は、さまざまなものを過去のものとした。10年代は、そして20年代も30年代も――21世紀はこの不可避の潮流の延長線上にある。

これからの〈文化〉の話をしよう。時代に取り残された亡霊たちを鎮めるためではなく、〈いま、ここ〉を生きる私たちの想像力のために。

ここでは〈補論〉として、第一章から第三章までで論じたリトル・ピープルの時代（拡張現実の時代）をこれまでとは異なる固有名詞群を用いて論じる。〈補論1〉はアメリカにおけるヒーロー「バットマン」、特に映画『ダークナイト』（2008年）の分析を通じて、日米の想像力の比較を行う。〈補論2〉では現代日本の各種メディアを席巻するアイドル・グループ「AKB48」を取り上げる。同グループは、美少女アイドルという〈キャラクター〉表現の極北と言える奇形的進化を見せており、その分析によって第三章で論じたキャラクターの透明度とn次創作の問題を掘り下げる。最後に取り上げるのは第二章でも取り上げた国民的ロボットアニメ「機動戦士ガンダム」シリーズの近年の展開である。〈虚構の時代〉の申し子であった『ガンダム』は、〈拡張現実の時代〉をどう受け入れ、そして進化していったのか。それを問う行為は同時に私たちが今、〈歴史〉というものをどう受け止めつつあるのか、という問題を浮き彫りにするだろう。

補論1　『ダークナイト』と「悪」の問題

第二章では日本におけるヒーロー番組の分析から、リトル・ピープルの時代の想像力について考えた。ではグローバル／ネットワーク化の震源地であるアメリカではどうか？　かの国ではあの9・11以降、アメリカン・コミックヒーロー映画のリバイバルが継続している。ここでは、その中でも最大の、世界的なヒットを記録した「バットマン」シリーズ最新作『ダークナイト』の物語構造を分析することで、外側から第二章の問題を照射することを試みる。

2008年に公開されたクリストファー・ノーラン監督の映画『ダークナイト』は繰り返し映像化されてきたアメリカン・コミックを代表する「バットマン」シリーズの現時点にお

ける映画最新作である。2005年『バットマン　ビギンズ』から再スタートした新生「バットマン」シリーズ第2作にあたる同作は明確な続編であるにもかかわらず公開と同時に圧倒的な速度で興行収入記録を塗り替え、その総額は全米で5億ドルを突破している。これは2009年公開の『アバター』、1997年公開の『タイタニック』に次ぐ史上3番目の成績であり、同年の映画界は『ダークナイト』に席巻された。加えてすさまじいのがソフトの販売成績だ。特に発売直後は全世界のブルーレイ・ソフト流通量の1割以上を占めていたとすら言われる「怪物」映画――それが『ダークナイト』だ。

同作は、アメリカン・コミックヒーローの代名詞である「バットマン」シリーズを、言ってみれば「9・11」以降の状況に合わせて再構築したものである。「9・11」以降いっそう加速したであろう、ポストモダン的なアイデンティティ不安をその背景にアメリカン・コミックヒーローは、ゼロ年代後半のアメリカ大作映画に頻出することになったわけだが、その中でも『ダークナイト』は興行的にも内容的にも特異な存在感を放っている。

同時期のアメリカン・コミックヒーローの再召喚は、「古きよきアメリカの正義」という物語を「あえて」再召喚するという極めて直接的な物語回帰を見せるものと、この再帰性をメタ・レベルから記述するものに大別できる。前者は高まる社会の流動性を前に、たとえそれが無根拠なものであると理解しながらもそれを織り込み済みで「あえて」コミットするという現代的な物語回帰の回路が極めて分かりやすく露出しているものであり、後者はこうした物語回帰を促してしまう世界の構造の変化こそを描いているものだと言える。
前者の代表作としては『スーパーマン リターンズ』（2006年）が、後者の代表作にはサム・ライミ監督の「スパイダーマン」シリーズ（2002〜07年）や、『アイアンマン』（2009年）が挙げられる。[*1]
このふたつの流れを同時期の日本のヒーロー番組に照らし合わせると、前者は『ウルトラマンコスモス』以降の円谷プロダクション作品、そして『仮面ライダークウガ』『仮面ライダー響鬼』などの東映高寺成紀プロデュース作品などが相当し、後者は東映白倉伸一郎プロデュース作品が相当すると思われる。そして、本節で取り上げる『ダークナイト』は、後者の中で最大のヒット作であると同時に、その臨界点でもある。
内容を紹介しよう。従来の「バットマン」シリーズがそうであるように――ノーランによる新シリーズもまた、架空のアメリカの都市ゴッサム・シティが舞台となる。強大な力をもつマフィアたちが跋扈する犯罪都市・ゴッサムの郊外に暮らす大富豪ブルース・ウェインは、幼児期に両親を犯罪者に殺された精神的外傷から病的な執念をもってして習得した比類なき体術と、経営する軍需産業の技術力を駆使して開発した強化スーツを用いて怪人バットマンとして自主的にマフィアの撲滅を目論む。しかしバットマンは一部市民の支持を受けるその一方で、その活動の非合法性から警察とも緊張関係を強いられることになる。これが前作

『バットマン　ビギンズ』で描かれた基本的な設定だ。

そして第2作となるこの『ダークナイト』では、そんなバットマンに対比するかたちでふたりの怪人が登場する。ひとりはバットマンをつけねらう犯罪者「ジョーカー」だ。突如ゴッサム・シティに出現したジョーカーはその天才的な手腕でたちまち市内を混乱に落とし入れ、さらに正体を明かさねば無関係な市民を殺害し続けるとバットマンを脅迫する。

もうひとりはゴッサム・シティの新任検事ハービー・デントだ。デントは物語前半ではバットマンの同志としてジョーカーと対決するが、やがて婚約者を失ったことで精神に失調をきたし、彼女を守れなかった関係者たちに復讐を続ける怪人トゥーフェイスになってしまう。

これまではマフィアの最終目的であるその資金を押さえることで犯罪に対抗してきたバットマンだが、ジョーカーには苦戦を強いられる。なぜならばジョーカーは完全な愉快犯であり、「世界が燃え上がるのを見て楽しむ」存在、「この世界を破壊したいだけ」の存在で、犯罪＝暴力そのものが自己目的化している存在だからだ。そのため、敵の最終目的（＝金と権力）から逆算して対策を講じるバットマンの戦略は無効化されてしまう。追い詰められたバットマンは、その資金力と技術力を総動員し、最後の手段に出る。それは特殊な技術でゴッサム・シティ全体を監視下に置くという強硬手段だ。「倫理に反する」という部下の反対を却下し、バットマンは監視網の設置を強行、ついにジョーカーを捕縛する。だがジョーカーは、ゴッサム・シティにおける「正義」の象徴だったデントを「悪」に堕落させることとこそが自分の最大の目的であり、それは既に達成されたのだと嘲笑する。ジョーカーの予言通り、トゥーフェイスと化したデントは陰惨な復讐劇の果てに死亡する。バットマンはデントが復讐のため犯した殺人の罪を自らが被り、デントの名誉とゴッサム・シティにおける正義への信頼を守る道を選択する。

本作『ダークナイト』は3人の登場人物の対比を物語構造としている。同作においてビッグ・ブラザーの生きていた「古い世界」を体現するのが新任検事ハービー・デントこと怪人トゥーフェイスだ。デントは「こんな時代だからこそあえて」再召喚された「古きよきアメリカの正義」の象徴であり、舞台となる架空の都市ゴッサムの救世主「光の騎士」として登場する。しかしデントは劇中で味方の裏切りによってジョーカーの罠に嵌《はま》る。その結果恋人を喪い、自身も激しい火傷を負う。信じていたものに裏切られたデントは怪人トゥーフェイスに変貌し、個人的な復讐のために次々と関係者を抹殺していく。そして連続殺人鬼となったトゥーフェイスは自滅するようにその命を落とす。

そして同作においてデントの対極に位置し、新しい時代＝リトル・ピープルの時代を象徴するのが怪人ジョーカーだ。その素性の一切が謎に包まれているジョーカーは「世界が燃え上がるのを見て楽しむ存在」として定義される。ジョーカーの目的は金銭や権力という世俗的なものでもなければ、精神的外傷が代表する個人的な物語でもない。ジョーカーの目的は一貫して、暴力そのものの快楽であり、その悪は徹底して自己目的化している。

そんなジョーカーにデントはまったく対抗することができず、やがてジョーカーの意図したままに復讐鬼トゥーフェイスに堕落する。ジョーカーの目的のひとつは、「古きよきアメリカの正義」を体現するデントを、個人的な復讐鬼に転化させることで、古い世界の終わりを告げることであったことが終盤に明かされる。*2


ここで重要な役割を果たすのが、コイントスというモチーフである。物語前半、デントは周囲の人間にしきりにコイントスをして見せる。時にデントのコイントスは仕事に関係する重要な決定にも及び、周囲の人間はそこに「どの選択を取っても自分はやり遂げてみせる」といったデントの自信を発見し、全幅の信頼を寄せるようになる。だが、その実デントの持ち歩くコインとは、両面に表の図案が描かれた玩具のコインであり、デントのコイントスは予め結果が分かりきったパフォーマンスであることが判明する。無論、この演出はデントの掲げるイノセンスとマチズモが、再帰的に選択されたものに過ぎず、デントはその無根拠を承知の上で「あえて」その立場を取っているのだという演出である。

しかし、トゥーフェイスに変貌したデントはもはやその立場を保持できない。トゥーフェイスへの変貌のきっかけになった火傷を負った際、デントのコインはその片面が焼けこげ、文字通り「片面のみのコイン」になる。そしてトゥーフェイスはその復讐に際して、この

「片面のみのコイン」を取り出す。そのコイントスはこれまでデントがやってきたものと同じように、表しか出ようのないコイントスである。しかし、決定的に違うのは、かつてのデントのコイントスは無根拠化した世界において、自己責任でコミットした価値を貫徹するという意思の表現であったのに対し、トゥーフェイスのコイントスは、コインにはそもそも片面しか存在しない＝古い世界への回帰は敗北するしかないという世界観の表現になっている点だ。「古い世界」への回帰志向を体現したデントは敗北し、ジョーカーの（事実上の）走狗であるトゥーフェイスに変貌することで、むしろ「新しい世界」を伝道して歩くようになったのだ。

そして、この「古い世界」への回帰志向を体現するデント／トゥーフェイスと、「新しい世界」を体現するジョーカーとの中間点に立つ存在が『ダークナイト』における主人公・バットマンである。

同作におけるバットマンは、非常に中途半端な存在だ。その自警市民としての正義の執行の背景にあるのは、両親を犯罪者に惨殺された精神的外傷であり、そのために「正義」の執行に病的に取り憑かれている。だがその一方で、劇中においてバットマンはその正義の執行そのものが半ば自己目的化していることを周囲の人間から指摘されており、物語終盤ではジョーカーに対抗するために倫理を無視する手段を講じるようになっていく。しかし、バットマンはジョーカーほどにはその力の執行を自己目的化できず、そのため常にその選択は狭められ、実行は不徹底なものになり、常に一歩、あるいは二歩ジョーカーに遅れを取ってしまう。

では、バットマンはどうやってジョーカーに対抗したのだろうか。ジョーカーの戦略は、デントという「光の騎士」――「古い世界」への回帰志向の象徴をトゥーフェイスに堕落させ、「古い世界」から「新しい世界」への移行をゴッサム・シティにおいて物語化することにあった。これに対してバットマンは、完全にジョーカーと同じ次元で手段を講じることで対抗していく。ジョーカーに苦戦するバットマンに、彼の部下はかつて自身が海外で遭遇した盗賊団との攻防の逸話を語る。森に潜み、繰り返し金品を盗み続ける盗賊たちに手を焼いていた彼はある日、ひとつの真実に気づく。盗賊たちの目的は金銭ではなく、盗むという行為そのものの快楽なのだ。これでは何度取り締まって、盗賊たちにその行為が政治的に不利な行為であることを示しても意味がない――そう悟った彼は最終的に「森を焼き払う」決断を下したのだ、と。

バットマンは「倫理に反する」という部下の反対を顧みずゴッサム・シティのすべてをその監視下に置き、ジョーカーを捕縛する。そしてその上でデント＝トゥーフェイスの犯した殺人を、警察幹部と示し合わせてすべて自らの犯行として発表させ、デントの名誉＝「古い世界」がまだ存在するという物語を守る／仮構する。バットマンは自ら悪役を引き受け、真実を隠蔽することで悪に対抗する「闇の騎士」（ダークナイト）であることを選択したのだ。つまりジョーカーがそうしたようにバットマンもまた、デントという駒を用いてゴッサム市民を誘導し、その政治的空間を恣意的に物語化することを選択したのだ。

ここでノーランは現代アメリカにおけるヒーロー像の再構築という課題に対して、ほぼ完璧な回答を示していると言っていい。しかしその一方で、このバットマンがジョーカーの階《かい》梯《てい》に近づくことではじめて対抗が可能になるという物語構造は、同時にほぼ完璧にデントが体現する「古い世界」の死と、ジョーカーの体現する「新しい世界」の到来の不可避を示してしまってはいないだろうか。「古い世界」への回帰を志向するデント的な物語回帰は、「新しい世界」に適応し、その手段を自己目的化したゲームのプレイヤーたちにとっては、ゲームのルールに無自覚な存在＝「駒」でしかないのだから。

劇中でバットマンは幼馴染《おさななじみ》のレイチェルに、そして宿敵のジョーカーにほぼ同じ指摘を受ける。それはバットマンにとって半ば正義が自己目的化しているということだ。バットマンにとって正義の執行は半ば自己確認の手段になっており、正義の執行そのものの快楽から彼は逃れられなくなっているのではないか――そんな指摘が彼の最大の味方と最大の敵から同時になされるのだ。だが、バットマンは完全にはその正義を自己目的化できてはいない。まるでアメリカという国家が、明確に自国の利益のために暴力を行使しているにもかかわらず、その暴力には常に自由と民主主義という建前が召喚されるように、バットマンもまたその力の行使そのものの快楽に抗うかのように自身にルールを定めそれを遵守する。銃器を携行しないこと、たとえ犯罪者であっても他人を殺さないこと、いかなる理由をもってしても正体を明かさないこと――これらのルールが、アメリカ＝バットマンが自身を正義という力の行使を自己目的化しないために課した倫理の鎖のようなものだと思えばよい。だがその鎖のために、バットマンはジョーカーにまったく対抗できなくなるのだ。

ここでポイントとなるのがこのジョーカーというキャラクターの設定だ。撮影後に薬物の過剰摂取で急逝したというヒース・レジャーの怪演もあり、このジョーカーは劇中でクリスチャン・ベール演じるバットマンを完全に圧倒している。だが、それ以上にこのジョーカーというキャラクターは、ほとんど完璧なまでに論理的に導き出され、そして設定されたキャラクターだ。映画をその背後で律する論理的優位がヒースの命を賭けた演技により鮮烈な輝きを与えているのだ。

アメリカであれバットマンであれイスラム原理主義のテロリストであれゴッサム・シティの犯罪者たちであれ、現代における正義（正当性）は常に、究極的な無根拠を織り込んだ上で特定の物語を選択するある種の決断――賭けとしてのみ成立する。なぜならば、その正義を保証する秩序だった価値体系など、もはや世界のどこにも存在しないのだから。あとは、自分が正義として決断した物語にどう責任を取るのか、という物語への態度の問題が遺されているだけだ。秩序に奉仕するために正義があるのではない。むしろ無秩序に耐えるための虚構を捏造するために正義の行使が求められるのだ。

ではこのような世界観において、「悪」はどのように成立するのか。たとえば、ある社会で共有されている道徳に背を向ける行為は悪として成立するだろうか。おそらくそれは難しい。なぜならば現代社会においては道徳の所在を示す象徴的な秩序そのものが揺らぎ、失効しているのだから。そう、現代において語り得る道徳はある種の共同体への奉仕を宿命づけられたローカルなイデオロギーに過ぎない。従って、反・道徳という立場も当然、秩序への反抗ではなく特定のイデオロギーへの反抗に過ぎないことになる。つまり、反・道徳という立場は「悪」ではなく対象とは別の共同体の「正義」に過ぎないのだ。

これは音楽史におけるロックの意味論的な変遷をひもとくと分かりやすい。60年代末から波及した社会の変化が、冷戦終結というかたちで結実した90年代、ロックの担い手たちは「反抗する」対象を喪った——つまり秩序だった価値体系＝体制を喪い、何かに反抗するという態度は体制への反抗ではなく、自分の属する（小さな）共同体からの別の（小さな）共同体に対する敵対に過ぎなくなった——世界を背景に、「反抗の対象を喪った絶望」を唄っていたのだ。そしてそんな時代も遠くになりつつあるゼロ年代末、もはや「悪」の成立は極めて難しい。すべての正義が相対化されたように、悪もまたすべてナイーブな正義に堕落してしまう。この構造を象徴するのがハービー・デントことトゥーフェイスだ。デントはその検事という職業から明確なように、劇中で古きよきアメリカの正義の象徴＝自己目的化されない大きな物語の象徴として描かれる。そして前述のように、デントは恋人の死を契機に個人的な復讐を目的に行動する殺人鬼トゥーフェイスに変貌する。この恋人であるレイチェルはバットマンの幼馴染でもあり、バットマンもまたデント同様彼女と結ばれることを望んでいる。そしてこのレイチェルがジョーカーに殺害されたとき、デントはこれまでの世界観を放棄して怪人トゥーフェイスに変貌するが、同様に恋人的存在を殺害されたにもかかわらずバットマンはほぼ動揺を見せず、自身のスタンスを崩さない。なぜか。それはやはり、バットマンの正義は最初から半分自己目的化した正義に過ぎないからだ。最初から正義の行使そのものが半分自己目的化しているバットマンは、レイチェルの死を経てもなおデントのように（古きよきアメリカの）大いなる正義を放棄したりはしないのだ。

ではこの文脈で考えるならばジョーカーとは何者か。それは進化したバットマン、より徹底してその正義／悪の行使を自己目的化した存在に他ならない。劇中でジョーカーは出現するたびに、いかにも適当な過去の精神的外傷にまつわる記憶をでっちあげて語り出す。あるときは酒乱の父親の、あるときは神経症気味の妻の物語が饒舌《じょうぜつ》に語られる。だが、登場するたびに異なるその過去の物語は、当然出鱈目《でたらめ》でしかない。これは半分は自己目的化した正義の行使に酔いながらも、半分は過去の精神的外傷を動機に戦い続けるバットマンの中途半端さに対して徹底的だ。

繰り返すが現代において正義／悪の区別はあるレベルでは相対的なもので、あなたがどの共同体に所属するかという問題でしかない。問題になるのは正義／悪といった「物語」への態度、進入角度と距離感の問題だけだ。こうして考えたとき、ジョーカーはバットマンが半ば陥った正義／悪の自己目的化を究極まで徹底した存在として位置づけられる。ジョーカーは完全に暴力の行使そのものが目的化した愉快犯であり、金銭や権力の奪取、システムの破壊などは考えもしない。バットマンのように中途半端に正義の行使の結果を望んだりはしない。あくまで悪の行使そのものを自己目的化しているのだ。劇中でジョーカーは述べる。バットマンがジョーカーを殺さないように、自分（ジョーカー）もまたバットマンを絶対に殺さないのだ、と。殺すには「お前（バットマン）は面白すぎる」のだ、と。なぜならば暴力の行使そのものの快楽を目的とするジョーカーは、自身にもっとも近いゲームのプレイヤーであり、かつゲームシステム（社会）の維持者であるバットマンを殺してしまっては、その目的である快楽を損なうからだ。そう、現代社会――後期近代でもポストモダンでも好きに呼べばいいが――における究極の正義／悪、超越的な存在とは、徹底的に自己目的化された存在である。究極の悪は、システム（たとえば日常／生活世界）の外側（そんなものは原理的に存在し得ない。〈外部〉に立っていると錯覚している状態は単に自分の島宇宙から他の島宇宙を眺めている状態に過ぎない）ではなく、むしろ内部に存在する。超越とは、世界の外ではなく中に存在するのだ。むしろ徹底した内在こそが、超越を生む――。ジョーカーはそんな映画の世界観を象徴するキャラクターなのだ。この映画の魅力を構成する少なからぬ部分が、このジョーカーというキャラクターの存在に拠っていることは明白である。そしてそのジョーカーの魅力を生んでいるのは、その論理的に設計された究極の（自己目的化した）悪としての機能に他ならず、そこには現代社会において不可避に私たちの前に立ちはだかる正義／悪の不可能性と自己目的化の罠に対する極めて深い洞察が存在するのだ。

対して、既に滅び去った古きよきアメリカの正義を無垢なまでに信じ、裏切られることでシニシズムに埋没し、恋人を殺された精神的外傷＝物語に完全に駆動されて復讐を続けるトゥーフェイスは、ジョーカーとは対極に位置するキャラクターだ。半分だけその正義／悪を自己目的化したバットマンを中間点に、後方にトゥーフェイス、前方にジョーカーが存在する。そして同作において、完全な自己目的化を遂げたジョーカーがもっとも「強く」、ジョーカーの設計通りに殺人鬼に堕落するトゥーフェイスがもっとも「弱い」。同作における自己目的化とは、既に滅び去った世界――トゥーフェイスが信じていた古きよきアメリカの正義が象徴する前期近代的な社会――にどれだけ魂を惹かれているか、どれだけ新世界に適応しているかを測る目盛でもある。自己目的化が徹底されていればいるほど、現代的な超越に接近することができる――『ダークナイト』の世界観は、かような論理によって支配されているのだ。

このノーランが作り上げた、いや再解釈して見せたジョーカーというキャラクターは、従来の「バットマン」シリーズの解釈ではむしろトゥーフェイス的な存在、つまり社会に迫害され、強い精神的外傷をもち、それゆえに怪人となり暴力を繰り返す存在として描かれてきた。代表的な例としては１９８９年に公開されたティム・バートン監督版の映画『バットマン』が挙げられるだろう。

同作におけるジョーカーはマフィア内の抗争に敗れた結果その心身に決定的な傷を負い、復讐鬼と化す。同作もまた原作にあたる漫画群をバートンが批評的に再解釈した作品であり、その結果異形であることが結果的に孕む聖性を前面に押し出すことになった。だが、ノーラン監督による『ダークナイト』のジョーカーは、バートン的なものの無効化こそを宣言するものだった。動機としての精神的外傷をもち、明確な目的をもつかつての（バートン版の）ジョーカーは、ノーランによる再解釈を通過した現在ではもはや「悪」の名に値しない。

かつてはビッグ・ブラザーの時代に世界の片隅に追いやられ、それゆえに異形と化し、聖性を帯びたものこそが超越性に接近し、正義／悪を記述することができた。しかし、リトル・ピープルの時代においてはそもそも世界の片隅という概念が成立しない。なぜならば、ビッグ・ブラザーを喪い、リトル・ピープルたちの関係性だけが無限連鎖する現代において、世界の中心はもはや存在しないからだ。その意味においては、誰もが多かれ少なかれ異形であるのがこのリトル・ピープルの時代であり、もはやその精神的外傷を根拠にアイデンティティを記述することはもっとも凡庸な態度ですらあるからだ。

記憶が、精神的外傷がアイデンティティを記述できなくなるという発想を、クリストファー・ノーランという監督は『フォロウィング』（1998年）、『メメント』（2001年）などの初期作品から繰り返し表現してきた。たとえば、『メメント』では脳の外傷のため、10分間しか記憶が持続しない状態（前向性記憶障害）に陥った主人公が描かれている。そしてノーランの現時点での最新作である『インセプション』（2010年）はそのひとつの集大成だろう。同作では、人間の夢＝無意識に侵入して記憶を書き換える産業スパイたちが描かれる。同作において記憶とは何重にも上書き可能なものでしかなく、アイデンティティを記述する根拠にはなり得ない。同作の世界では、おそらく精神分析がその有効性を発揮できる前提が破壊されている。ある人物の夢の中に、まったく異化されることもなく別の人物が平然と登場し、そして潜在意識を上書きしていく。まるでインターネット上のwikiサイトのように、そこではある人格と別の人格が、その輪郭を保ったまま何重にもデータベースを上書きしていくのだ。こうした『インセプション』におけるアイデンティティの記述法は、第三章で取り上げたキャラクター的複数性を補助線として引くことでより明瞭に浮かび上がる。

ネットワーク上に漂うキャラクターは生まれたそのときは作者の自画像だが、消費者の視線に晒され、所有された途端に彼らの顔にもなる。ネットワーク上に漂う彼ら／彼女らの「顔」はもはや誰のものでもない（匿名の作者群によるn次創作的想像力がここでは作用している）。一見、その輪郭が他の何物よりも明確に規定されているキャラクターは、メタ・レベルにおいては宿命的に複数性を孕むことになる。本作におけるインセプション（植えつけ）とは、この複数性を用いたキャラクターの「上書き」だと思えばよい。

『ダークナイト』におけるジョーカーは、おそらくノーランが追求してきた記憶の上書きというモチーフの延長線上に発生した（再解釈された）キャラクターだ。ジョーカーの存在は、精神分析的なものが通用しない世界の到来を宣告するものであり、『ダークナイト』とはまさにそんなリトル・ピープルの時代を現代アメリカ社会の臨界点に発見した作品だと位置づけることができるだろう。本書の言葉に従えば、ナルシシズムの記述法＝世界の終りに相当するのが、ノーランが繰り返し描き続ける記憶の上書きについての物語群であり、そこで培われた物語構造に現代アメリカ社会と「バットマン」シリーズというデータベースを照合させた結果誕生したのが、正義／悪の再設定＝ハードボイルド・ワンダーランドの側面を備えた『ダークナイト』だったと言える。[*3]

このジョーカーという「悪」――徹底して内在するがゆえに超越性に肉薄する存在につい

て、本書は既に論じている。そう、平成「仮面ライダー」シリーズ第3作『仮面ライダー龍騎』に登場する13人の仮面ライダーのひとり仮面ライダー王蛇がそれだ。『ダークナイト』公開の6年前（2002年）に放映された本作に登場するこのキャラクターは、ほとんど写し絵といってよいほどにジョーカーと多くのものを共有している。

不治の病に苦しむ恋人を救いたい、殺された親友の仇をとりたい、過去に犯した犯罪を隠蔽したい――『仮面ライダー龍騎』ではそれぞれの物語に賭ける仮面ライダーたちがバトルロワイヤルに参加し、その勝利者となって「いかなる願いをも叶える力」を手にしようとする。このゲームで圧倒的な力で次々と他の仮面ライダーを葬り去っていくのが仮面ライダー王蛇だ。快楽殺人者・浅倉威が変身する仮面ライダー王蛇の願いはひとつ、戦いに勝ち抜いてこの無限の快楽を提供してくれるバトルロワイヤルをもう一度繰り返すことだ――そう、仮面ライダー王蛇はジョーカーなのだ。ジョーカーが決してバットマンを殺さないように、王蛇は決してゲームの終了を望まない。

そして王蛇＝浅倉威もまたジョーカーと同じように、精神的外傷をその動機にもたない。劇中でまるで古い世界の住人たちを嘲笑うように嘘で塗り固められたその精神的外傷を語ってみせる王蛇は、まさに日本版ジョーカーだ。いや、時系列を考慮に入れるのならばこのノーラン版ジョーカーこそがアメリカ版の仮面ライダー王蛇なのだ。逆に言えば、9・11後のさまよえるアメリカの表象の臨界点として出現したジョーカーは、その果てに待っているものが現代日本的な、いや現代日本に先駆的に出現しつつある（そして王蛇が象徴する）リトル・ピープルの時代であることを示唆しているようにすら思える。[*4]

＊1　2010年公開のマシュー・ヴォーン監督『キック・アス』は、近年のアメリカン・コミックヒーロー映画においてやや特殊な物語構造を提示している。アメコミ・ヒーローに憧れる主人公のギーク少年デイヴは、自作のコスチュームを身に纏いオリジナルのヒーロー「キック・アス」として活動を開始する。デイヴ＝キック・アスはその活動の中でヒーローとしての自己実現の不可能性に直面することになる。しかし、その過程でデイヴが出会ったローティーンのヒロイン「ヒット・ガール」の活躍が物語を牽引することになる。母親をマフィアに殺されているという本物の「戦う理由」をもち、その上でコミック・マニアの父に幼少期から「本物の」戦闘技術を仕込まれたヒット・ガールは、まさに「本物の」スーパーヒロインだ。デイヴは彼女の復讐劇に協力することで自己実現を果たす。

つまりここでは、男性的な自己実現が信じられない主人公がローティーンの少女にそれを仮託して自己実現を果たすという回路が作用している。これは村上春樹的なコミットメントのコストを母＝娘的な異性に転嫁する構造（レイプ・ファンタジィ）と酷似していると言えるだろう。ビッグ・ブラザーを喪い、リトル・ピープルの時代の新しいコミットメントの像を模索する中で、かつて存在した、そしてもはや成立しなくなったコミットメント（たとえば「正義」の執行による自己実現）を、母＝娘的な存在にそのコストを転嫁することで実現しようとする――リトル・ピープルの時代は確実にヒーローたちの「アメリカ」を蝕みつつある。

また、マーク・ミラーとジョン・ロミータJr.による同名の原作コミックはこの母＝少女への依存的な回路について、極めて自己批評的な展開を見せている。映画とは違い、原作漫画においてヒット・ガールの「戦う理由」であるその母親のマフィアによる殺害は、彼女の師である父親の捏造である。つまり、コミック・マニアの父親（これは想定読者の自画像として機能する）がその妄想を実娘を用いて実現したのだ。こうして考えたとき、ビッグ・ブラザー的なヒーローの不可能性を徹底して描いた原作に対し、映画はその徹底に背を向けることによって観客に優しいファンタジィを成立させたと言えるだろう。

＊2　この「古きよきアメリカの正義」から「自己目的化した暴力」へのグラデーションは、現代アメリカ社会の寓話的解釈のアイテムとして、しばしば登場する。たとえばコーマック・マッカーシーの原作小説『血と暴力の国』をコーエン兄弟が映像化した2007年公開の映画『ノーカントリー』では、語り手であるベル保安官、事実上の主人公であるモス、そして彼を追う殺し屋シガーがそれぞれトゥーフェイス、バットマン、ジョーカーに対応する。古きよきアメリカの正義をナイーブに信じ、そしてその喪失に佇むしかないベルがもっとも「弱く」、そして自己目的化した暴力の快楽を淡々と享受するシガーがもっとも「強い」。そしてその中間に立つモスは中途半端に家族や倫理を捨てきれないがために逃亡に失敗し命を落とす。また同作では『ダークナイト』同様にコイントスが運命論的世界観の象徴として描かれている。この2作は実に多くのものを共有し、ほとんど同じ世界観を表現していると言っていい。

同作の原題は『No Country for Old Men』である。同作における「Old Men」＝老人とは何か。それは当然、単に高齢者ということを直接的に意味するだけではない。同作におけるOld Menとは象徴的な意味で「老人」である。つまり、自己責任の原理と運命論的な諦念が支配する新しい世界に対応できない「古い人々」こそがOld Men＝「老人」にたとえられているのだ。既得権益批判を繰り返す、ロスト・ジェネレーション世代の若者たちに、「戦後」の体制を復活させることを要求する主張が散見されるように。「古い人々」は「かつてあったもの」に拘泥し続けるという意味で象徴的にOld Men＝「老人」なのだ。

具体的に内容を検討してみよう。舞台は80年代のアメリカ。同作は語り手である保安官のベル、そして事実上の主人公であるベトナム帰還兵のモス、そして殺し屋のシガーという3人の登場人物の対比でその世界観を構築している。このうち、代々保安官を務める家系に生まれ、自らも誇りをもって職務にあたるベルは「Old Men」の代表として描かれる人物だ。「古きよきアメリカの正義」とも言うべきイノセントなマチズモに、極めてストレートにその価値を置き、実践しようとするベルだがその物腰は常に不安気であり、そして実際にベルは劇中で発生する殺戮劇にまったくコミットできず、その無力さを痛感することになる。

そんなベルと対比されるのが、殺し屋のシガーだ。シガーは劇中において圧倒的に「強い」。シガーはここで、あるトラブルによって持ち去られた麻薬取引の資金を回収するために行動し、その行動を妨害する人間と事件のあらましを知る関係者を次々と殺害していくのだが、シガー自身は特にその「使命」に感情を介入させず、一切の物語化を拒否するかのようにその行為は徹底して機械的なものとして描かれる。シガーの殺人を駆動するのは物語ではなく自らが定めたルールだ。自分の行動を妨害する人間と、その殺人を目撃した人間を、シガーは自動的に認識して殺害していく。そしてそんなシガーの素性や、殺人に至る動機は一切描かれることはなく、後述する『ダークナイト』のジョーカーに存在した、暴力そのものの与える快楽すら、シガーには希薄である。そしてシガーは、徹底した運命論者としても描かれる。これがシガーの殺人における第3のルールだ。シガーは行動の途中で出会った人々に、コイントスを要求する。表が出るか裏が出るかを相手に選ばせ、その予想が的中すればシガーは相手を見逃し、外れた場合は相手を殺す。そしてシガーはその圧倒的な強さで、目的を完遂し、誰もそれを止められない。

この「弱い」ベルと「強い」シガーの中間に存在するのが、本編の事実上の主人公であるモスである。モスは偶然出くわした麻薬取引のトラブルの現場で、大金を入手する。モスはベルのように国家という物語を信じていないが、ある種の軟着陸したイノセンスとマチズモの所有者として描かれる。愛する妻に楽をさせたい一心で大金を入手したモスは、現場で負傷したマフィアの一員に水を飲ませるために現場に戻り、そこで顔を目撃されて資金の持ち去りが発覚、追われる身となってしまう。つまり「妻に楽をさせてやりたい」「負傷者を放置できない」彼の中途半端な心が、彼の「弱さ」となっているのだ。そして物語は半ば過ぎまで、モスの逃亡劇として展開するが、結局モスは逃げ切れず、シガーに殺害されてしまう。

つまりここには、「古きよきアメリカの正義」を信じ、そのイノセンスとマチズモを体現するベルは状況にまったく介入できず、ベトナム帰還兵であり、その失効を知りながらも完全には棄てきれないモスは逃亡の半ばで死亡し、そして徹底して物語性を拒否するシガーだけが状況を支配することに成功する。ベルがもっとも「弱く」、シガーがもっとも「強い」のだ。そしてモスはその中間点に立っていることになる。この「弱さ」と「強さ」とは、ほぼそのまま「新しい世界」への対応度だと考えてよいだろう。劇中の年代設定こそ、80年代だがシガーはいわば「新しい世界」の体現者であり、同作はまぎれもなく現代の寓話である。いや、むしろこの頃に顕著に表出し始めた「新しい世界」が、今や全面化したのだというのが語り手たちの認識なのだろう。そしてシガーは空気銃を用いて、膨大な殺人を犯すがそこには一切の「物語」が存在しない。

シガーはなぜコインを投げるのか？　それはシガーが徹底した運命論者であるからだ。たとえば物語終盤、モスの妻を殺害すべく現れたシガーは、彼女にもまたコイントスを要求する。コイントスで彼女を殺害するか否かを決定するというシガーを前に、モスの妻は、資金をめぐるトラブルは既に解決しているはずであり、自分を殺す必要はないのだと主張する。さらに結局シガーが自分の意思で殺害を決定しているのではないかと告げる。それに対してシガーは、あくまで自分はコインと同じ道を辿ってきたのだと答える。劇中でシガーはこれまでも、単に資金の回収という目的だけを考えるのならばどう考えても不必要な殺人を繰り返してきた。それも、コイントスによってその殺害を決定してきた。シガーは自分と出会った人々の生死は、完全にそうなる「運命」だったものだと解釈し、コインの命じるままに殺害を実行する。ここで、金銭や権力といった世俗的な「目的」や、国家や家族を守るという「物語」が介在した途端、それは「古い世界」の引力に引かれることを意味する。

　この映画の世界において、すべての決定は恣意的なものでしかなく、その正当性は事後的なコミュニケーションによって確保される以外ないからだ。そして、そのコミュニケーションの結果が不本意なものであった場合、自己否定に陥らずその結果を受容するには運命論的な世界観を導入する以外にはあり得ないからだ。
＊3　ベンヤミンは『複製技術時代の芸術』（1936年）で、同じ年に誕生した精神分析と映画をともに無意識の発見をもたらした回路として並置している。東浩紀はさらにこのベンヤミンを論じたエッセイ「精神分析の世紀、情報機械の世紀」（1999年）で、映画の世紀＝20世紀の終わりと同時に精神分析もその役割を終えるだろうと指摘している。では映画の次に訪れるメディアとは何か。東は明言しないが、それはインターネットに他ならない。『動物化するポストモダン』において東はインターネットを事実上、解離的コミュニケーションを支援する装置として位置づけている。無意識を発見し、自らその統合の不可能性を露呈してしまう映画は、いわば最後の近代的表象だと言えるだろう。だが、インターネットは最初から統合への意思がなく、解離した表象だ。ノーランが繰り返し描く精神分析の無効化された世界とは映画の時代の終わった世界だとも言えるだろう。
＊4　ビッグ・ブラザーの壊死／リトル・ピープル化の進行のもっとも進行した地域として現代日本を位置づけたとき、グローバル／ネットワーク化の震源地であるアメリカは、むしろゆっくりと日本的な状況が出現しようとしている地域として観察できる。
　たとえば、クリント・イーストウッド監督の映画『グラン・トリノ』について考えてみよう。「たとえどの国からの移民であってもグラン・トリノに乗れば（＝アメリカの精神を注入すれば）アメリカ人である」という国民国家的な物語が同作では再確認される。同時にこの映画が描いていたのはそんなイノセントな「アメリカ的なるもの」がもはや成立しない世界——ある種の自己憐憫《れんびん》のようなかたちでしかもはや成立しない世界である。隣人のアジア系少年にグラン・トリノを託して死んでいくウォルト老人の立ち位置を、

『ダークナイト』の3怪人が並ぶ数直線の上に置いてみよう。その不可能性を体験的に了解しながら、自らの死をもって「古きよきアメリカの正義」を次世代に託そうとするウォルトは、おそらくトゥーフェイスとバットマンの中間に立っている。

そしておそらく現代日本において、戦後民主主義や皇国史観、亜細亜主義などを用いて同様の回路を成立させることは不可能だろう。同作は、9・11以降の新しい世界＝リトル・ピープル化する世界へのアレルギー反応が生んだ表現の代表であると同時に、現代アメリカ社会の中間性——グローバル／ネットワーク化の震源地でありながら、それが徹底されない政治的条件下にあること——を象徴的に表現する映画でもある。

あるいは巨大なもののゆらぎ、または「ねじれ」はしばしば〈怪獣〉というイメージとして私たちの世界に表れる。戦後日本において『ゴジラ』『ウルトラマン』といった円谷プロダクション的な想像力がそうであったように、『グエムル—漢江の怪物—』（2006年）、『クローバーフィールド』（2008年）など日本の怪獣映画の影響下にある作品が現代における韓国、アメリカにそれぞれ出現し、その政治的寓意に大きく依存した表現を展開することで社会的注目を集めている。日本においてその消費社会化がもたらした巨大なものをめぐるイメージの奇形的進化は、グローバル化の進行する現在、世界的に反復されつつあるのかもしれない。

補論2　ＡＫＢ48——キャラクター消費の永久機関

「ＡＫＢ48」は現代におけるｎ次創作的なキャラクター文化の極北にある。秋元康は少女たちのキャラクター設定を、消費者たちのネットワークに預けた。「会いに行けるアイドル」というコンセプト、そして総選挙というシステムは、彼らのネットワークを駆動するものとして機能する。そして秋元康は、こうして生成されたキャラクター群を用いて二次創作を試みる。秋元によってアレンジされたキャラクターは再びネットワークに「投下」され、消費者たちはその欲望の赴くまま三次、四次創作的に彼女たちのキャラクターを強化していく。少女たちの身体はもはやキャラクター生成のためのトリガーでしかなく、そしてネットワークの集合知こそがもっとも効率的にその身体性を抽出している。情報に還元されることを拒否するため身体性を用いよというのは誤りだ。情報化を経ることでその身体は新しい発動を見せるのだ。

リトル・ピープルの時代において疑似人格イメージはキャラクターという半透明のリアリティをもつものになる。これは同時に、私たちのコミュニケーションの「単位」でもある。たとえば「私って、～なキャラだから」という表現は、私たちの日常語として定着して久しい。この「キャラ」とは、物語の登場人物のことを指す（和製英語としての）「キャラクター」ではなく、ここから転じて自身があるコミュニティ内で受容されている（されてほしい）人物像のことだ。考えてみれば現代社会においては複数のコミュニティ（家族、職場、趣味などの友人関係など）に所属するのも、ひとりの人物がそれらのコミュニティごとに異なったキャラクターとして振る舞うのも当然の行為だ。この「キャラクター」という事実上の和製英語の定義拡大は、むしろネットワーク化によって現代社会におけるコミュニケーション様式が可視化されたために、メタ・レベルからの言及が日常化したものだと考えたほうがいい。私たちは人間同士でコミュニケーションを取るのではなく、まるでカードをその場に出すように（無意識のうちに）キャラクター同士でコミュニケーションを取っているのだ。

第三章では映画・ドラマの側と漫画・アニメの側の双方向からキャラクターの透明度につ

いて考えた。そこでここでは、このキャラクターの半透明性を用いた想像力の、現代における社会現象化の例としてアイドルユニット「ＡＫＢ48」について考えてみたい。

「ＡＫＢ48」とは秋元康プロデュースのアイドルユニットである。２００５年に結成され、コンセプトは「会いに行けるアイドル」だ。秋葉原に専用劇場をもち、毎日公演を行う。ファンの投票によりひとりひとりの序列を決定する「総選挙」システムをその特徴にもち、「研究生」と呼ばれる予備軍を含むメンバー間の競争を奨励している。地下アイドル時代から徐々に支持を広げ、２００９年後半頃にブレイクし、社会現象化する。また、ＳＫＥ48（名古屋）、ＮＭＢ48（大阪）などの姉妹ユニットをもつ。

そして、この「ＡＫＢ48」は間違いなく、現代におけるｎ次創作的なキャラクター文化の極北にある。

ＡＫＢ48のシステムについては、秋元康が80年代にプロデュースに参加したアイドルユニット「おニャン子クラブ」にその原型を見ることができる。そしてこの両者の比較によってＡＫＢ48のシステムのアドバンテージは鮮明に浮き彫りになる。「おニャン子クラブ」は事実上「素人」の少女たちをアイドルとして多数プロデュースすることで社会現象となっており、その点においてまさしくＡＫＢ48の原型である。「おニャン子クラブ」の登場と社会現象化は80年代前半から続いていたアイドルブームの臨界点にあり、そしてその解散はブーム終焉の引き金となった。

「おニャン子クラブ」のアドバンテージとはそのリアリティにあったと言われる。作り込まれ、緻密に設定された既存のアイドルというキャラクターに対し、「おニャン子クラブ」のメンバーたちはむしろその「素人っぽさ」が強調されることでリアリティを、つまり「作り物ではない」という感覚を消費者層に演出することに成功していた。彼女たちの「素人っぽさ」＝リアリティはもちろん、その演出の施されない状態が中継（今風に言えば「ダダ漏れ」）されることで消費者に伝わっている。だが秋元の手法が優れていたのは、このリアリティの確保の効率化とコントロールの手法だろう。「おニャン子クラブ」の原型となったラジオ番組「オールナイトフジ」内の企画の時代から、秋元及び周辺のスタッフは番組内でオーディションを行い、素人の少女たちがアイドルデビューしていく過程を放送するという手法を取った。この放送内オーディションはふたつの効果を発揮している。第1にオーディションという制作の「裏側」を見せることで、単純にこれが未演出の「中継」＝ダダ漏れであるというリアリティを与えることができることが挙げられる。そして第2に素人がアイドルとしてデビューし、成長していくその過程を物語として提供できることが挙げられる。しかもその物語はオーディションの審査内容を制作側が握ることで、かなりのところまでコントロール可能である。つまり、この手法は消費者はつくられたものではない現実を直に観察しているというリアリティを享受しながらも、その展開はメディアの側がコントロール可能である状態を確保できるのだ。つまり80年代当時の秋元のプロデュースは、一貫して舞台裏を「半分見せる」ことで、「ダダ漏れ」を行っている「かのように」思わせながらも、その実メディアの担い手たちのコントロール下に置くという発想に貫かれている。それは楽屋＝ギョーカイをある程度見せることで消費者に発信者の側に立っているという感覚を与え、両者の間を撹乱するという手法だとも言える。大きな嘘を隠蔽するために小さな嘘を発覚させる――ミステリー小説などで頻繁に用いられる手法だが、ここではその応用としてメタ・レベル＝楽屋からの視点を故意に用意し、消費者限定的に与えることでより没入を強化しているのだ。

これは、萩本欽一から続く日本のテレビ空間、特にバラエティにおける「素人いじり」の文化に源流を見ることができるだろう。「おニャン子クラブ」の源流のひとつとして萩本プロデュースの少女アイドルユニット「わらべ」が挙げられるように、日本のテレビ空間には萩本欽一に代表される独特の「素人いじり」的なリアリティの確保の手法が存在しており、秋元はその直接的な継承者だと言えるだろう。

では、このリアリティの確保回路は、「ＡＫＢ48」のプロデュースにおいてはいかにアップデートされているのか。「ＡＫＢ48」における秋元のプロデュース戦略は実に多面的だが、ここでは特に、(1)テレビ媒体との距離感、(2)キャラクター（を支えるリアリティ）をファンコミュニティから自動生成させるシステム、に注目したい。

(1)については周知の通り、「ＡＫＢ48」はブレイクが確定的となった2009年後半までテレビメディアと慎重に距離を取り、舞台活動などをメインに活動していた。つまり「AKB48」はテレビをブレイクへ向けたブースターとしてしか活用していない。背景にはおそらく経済的な問題もあるのだろうが、いずれにせよテレビ番組の「中」のオーディションで生まれ、帯番組「夕やけニャンニャン」がメインステージだった「おニャン子クラブ」とはメディア戦略において決定的な差があると考えていいだろう。そしてこの(1)におけるメディア戦略の差は、そのまま(2)のキャラクターを演出する回路＝リアリティの確保法の差につながっている。

結論から述べれば、ある段階までの「AKB48」におけるリアリティはむしろテレビというメディアの「排除」によって成り立っている。「会いに行けるアイドル」——それがAKB48のキャッチフレーズであり、コンセプトである。毎日の専用劇場での公演を主戦場とする「AKB48」は、消費者コミュニティとの間にメディアを挟まない。その距離はゼロではないものの圧倒的に「近い」。だがここで重要なのはその「近さ」の生む「親しみやすさ」ではなく、メディアという中間項を挟んで「いない」ことなのだ。

「AKB48」には、メンバーが没個性的であるという批判が（特にブレイク後のテレビ出演により）しばしば寄せられている。もちろん、私はこの見解に与しない。だがこういった批判が寄せられること自体は、「AKB48」というシステムを考える上で大きなヒントを与えてくれる。「AKB48」はそのキャラクター演出をテレビに、メディアに依存していないのだ。

では、彼女たちのキャラクターはいかにして「立てられて」いるのか。それを把握するためにもっとも簡易なのは、メンバーの氏名を入力してインターネット検索をかけることだ。特にウィキペディア（AKB48Wiki エケペディア）のメンバーの項目を見れば、彼女たちのキャラクターがいかに「立てられて」きたか一目瞭然だ。

「会いに行けるアイドル」＝「ＡＫＢ48」は毎日劇場で、あるいはブログで、その生の姿を「ダダ漏れ」する。するとそこで得られた情報――「舞台で前田敦子がこんなことを言った」「大島優子と篠田麻里子がこんな風に絡んでいた」という情報がもち帰られ、ネットワーク上などのファンコミュニティに投下される。投下された情報は、ファンコミュニティで共有される中で「メンバーの○○は～な性格」「メンバーの△△と××はとても仲が良く、姉妹のような関係」と半ばｎ次創作的な妄想を含んで「ネタ」となっていく。こうしてファンコミュニティで共有された「ネタ」が、メンバーの「キャラ設定」となりファンコミュニティに定着していく。ウィキペディアのメンバーの項目からは、結果的にだがファンコミュニティが公演で入手した情報を共有し、それを「ネタ」にコミュニケーションを取ることでメンバーのキャラ設定が「集合知」的に半ば自動生成されていく過程を、その記述と更新履歴から確認することができるだろう。「おニャン子クラブ」において、舞台裏を半分見せることで確保されていたリアリティ（キャラクター設定の支援装置）は、「ＡＫＢ48」ではネットワークを背景にしたファンコミュニティからの自動生成によって確保されているのだ。

たとえばＳＫＥ48の松井玲奈の項目を引いてみよう。プロデュース側が与えた松井のキャッチフレーズは「笑顔のトレジャーハンター」「ＳＫＥのかすみ草」といった、さわやかで清純なイメージを強調したものだ。これはティーンエイジャーの女性アイドルにおいてはほとんど定番と言えるキャラクター設定に過ぎない。実際、ＡＫＢ48及びその関連ユニットのメンバーは「没個性的」という批判を受けやすい。しかし、ウィキペディアからは松井の基本的なプロフィールや芸歴に加え、公演やメディア露出を通じて消費者たちがいかなるイメージを彼女に付与してきたか（キャラクターの設定）が確認できる。

一例を挙げれば、そこにはバラエティ番組『週刊ＡＫＢ』の一コーナー（ＡＫＢ激辛部）を通して、松井がその外見に反し、辛い食べ物に対して極めて強い耐性を示し視聴者を驚かせたこと、そして以降この「辛党」が彼女の「キャラ」に大きく寄与していった経緯がいくつかのエピソードとして紹介されている。さらにはこの「辛党」という松井に与えられた設定は、「強い精神力」「清純な見た目に反した過激な内面」というキャラクター設定がファンコミュニティ内で成立していった過程も確認できる。

この観点から考えたとき、たとえば「ＡＫＢ48」を特徴づける「総選挙」システムが、ファンコミュニティからのキャラクター生成を強化する役割を果たしていることが分かる。

たとえば精神科医の斎藤環は総選挙とキャラクター生成の関係を以下のように分析している。

あまり指摘されていないことだが、キャラの分化を強力に促進するもう一つの要因として、「序列化」がある。（中略）選抜メンバー中上位12名は「メディア選抜」としてテレビ番組や雑誌などのプロモーションに出演することが可能になる。また上位21名は「選抜メンバー」としてシングル曲を歌う権利を獲得する。（中略）重要なのは、こうした序列化の手続きによって、キャラを決定づけるためのレイヤー（層）はいっそう複雑化し、これとともにメンバーのキャラ分化もいっそう細やかなものへと進化するということだ。

●斎藤環「「AKB48」キャラ消費の進化論」〈VOICE〉2010年11月号

さらに重要なのは、秋元以下のスタッフがこうしてファンコミュニティから自動生成される少女たちのキャラクターを、二次創作的に用いて公式サイドからのキャラクター演出をメンバーに施していると見られることだろう。

また、『マジすか学園』『桜からの手紙』などのドラマ作品（特に前者）は、こうしてファンコミュニティによって生成された少女たちのキャラクターを用いた秋元康側の二次創作だと考えればよい。これらの作品において、メンバーの役柄はファンコミュニティにおけるキャラクターを意識しながらも、そこから半歩ずれたものが与えられている。たとえば前述の松井玲奈は、「清純系の外見に反して辛党」転じて「清純な見た目に反した過激な内面」というファンコミュニティ内でのキャラクター設定を半歩ずらすことでアレンジし、その名も「ゲキカラ」という役名で暴力それ自体を快楽にする性格破綻者として登場する。そしてゲキカラはその登場回でヒロイン及びその周囲の人物を叩きのめし、同話はBPO（放送倫理・番組向上機構）から抗議を受ける「事件」にまで発展した。また、ファンコミュニティ内でボーイッシュなキャラクターとして認知されている宮澤佐江は前者のドラマではいわゆる「オナベ」でバンカラな気風をもつ男装の少女「ガクラン」を、後者では同級生の少女に過剰に依存するやや同性愛的ニュアンスを含んだ友情を抱いている高校生を演じている。

ボーイッシュな少女が、その特徴を過剰にアレンジされ同性愛者の男装の麗人として登場する――まるで、漫画やアニメの（主に同人誌、インターネットなどで行われる）二次創作、三次創作におけるパロディなどで頻繁に見られる手法だ。

ここにはAKB48のキャラクター生成システムの本質が露呈している。本来、二次創作とはファンコミュニティが芸能人や創作物のキャラクターを一次情報として用いて生み出すものだ。しかしここでは一次情報はファンコミュニティから生成したキャラクターにあり、秋元康を中心としたプロデュースチームはその二次創作として公式制作のテレビドラマを送り出し、アイドルの身体はその二次創作的キャラクターを演じる。これはドラマに限らず、音楽活動や劇場での公演など程度の差こそあれＡＫＢ48におけるキャラクタープロデュース全般に見られる特徴だと考えられる。一次情報と二次創作の担い手の逆転こそが、ＡＫＢ48のキャラクター生成システムの本質なのだ。

そして、このファンコミュニティで生成されたキャラクターから半歩ずれた役柄が公式のコンテンツとして与えられることで、ファンコミュニティはまたコミュニケーションのネタ＝情報を投下され、メンバーのキャラクターを再強化していく。これをもってしてＡＫＢ48は半ばキャラクター消費の永久機関と化している、とすら言えるだろう。

こうしたキャラクターの半透明性のもつ可能性を最大限に引き出すことで、ＡＫＢ48というアイドルユニットの表現は成立している。私見では、とりわけこの半透明性を生かしたコンセプトがもっとも生きているのは、秋元康による楽曲の歌詞である。

「ＡＫＢ48」の歌詞分析については、老舗JPOP批評サイト「WASTE OF POPS 80s-90s」http://www2.plala.or.jp/wasteofpops/に優れたものが掲載されている。まずは同サイト管理人のO.D.A.氏による分析を紹介しよう。同氏は秋元がＡＫＢ48に提供する歌詞は初期（社会現象化前）とその後（社会現象化の過程）で大きくそのコンセプトが変化していることを指摘している。同記事が書かれた時点でリリースされていたＡＫＢ48のアルバムは、初期の代表曲を集めたベストアルバム『SET LIST』と、キングレコードに移籍し社会現象化への道を歩んでいった時期の楽曲を集めた『神曲たち』の2枚だ。同氏はこの2枚を比較し、前者の全13曲中、一人称が「私」の、明らかに女性視点の曲が8曲であるのに対し、後者においてはそれが激減し3曲になっている（キングレコード移籍後のシングルA面においては皆無である）こと、そしてその代わりに一人称「僕」の男性視点の曲が増えていることを指摘している。また、ライターの岡島紳士・岡田康宏は『グループアイドル進化論』（マイコミ新書）にて同氏の分析を引きながら、この背景にＡＫＢ48によるアイドル文化自体のメジャー化を見ている。

そもそも、アイドルと直接目を見て会話ができるのだから疑似恋人的な内容を今更歌詞に求める必要はない。それよりも大切なのは『大声ダイヤモンド』でステージに向かって『好きっ！』と叫ぶような感情のほとばしりであり、ＡＫＢ48の歌詞の変化はファンの需要の変化に対応している。
●岡島紳士・岡田康宏「グループアイドル進化論」毎日コミュニケーションズ／２０１１年

彼らの指摘のポイントは、ＡＫＢ48というグループアイドルは消費者の外側に立って物語を与えるという従来のアイドルと同じ機能を果たすのでは「なく」、消費者たちと同じ側に立って彼らがこれから体験し得る／既に体験している物語を共有する存在であることが、社会現象化に伴い明確に歌詞コンセプトとして打ち出されてきたことだろう。

これは私が指摘した、秋元のプロデュース戦略と相似形をなす。つまり、そのキャラクターを制作側が消費者に「与える」のではなく、消費者たちのコミュニティから生成させn次創作的に共有しながら育てていくＡＫＢ48のプロデュース戦略のコンセプトは、秋元が手がけた歌詞のコンセプトとも一致するのだ。ＡＫＢ48は〈ここではない、どこか〉を消費者たちに一方的に提示しその憧れを誘う（超越的）アイドルではなく、〈いま、ここ〉に消費者たちとともに立ち、消費者と一緒に豊かに彩っていく（内在的）アイドルなのだ。そして、彼らの分析を引けばこのコンセプトは当初から確立されていたわけではなく、（少なくとも歌詞に関しては）２００９年から２０１０年にかけての社会現象化の過程で確立されたと考えるべきだろう。


では、この変化を具体的に歌詞、特にシングル曲A面のそれを検証しながらより深く分析しよう。

ここではひとまず、インディーズデビューシングル曲「桜の花びらたち」（２００６年2月1日発売）から、同曲のセルフカバーである「桜の花びらたち２００８」（２００８年2月27日発売）までを前期、キングレコード移籍後の「大声ダイヤモンド」（２００８年10月22日発売）を後期と暫定的に区分しよう。女性視点の歌詞が多いと指摘される前期の歌詞だが、これらの歌詞は秋元康が「おニャン子クラブ」時代から繰り返し使用してきたパターンを踏襲している。具体的には、「私」（女性主人公）がまだ付き合っていない片思いの「あなた」（男性消費者を想定）に、その少女じみたイノセントな心情をポップに語るというものだ。「スカート、ひらり」「制服が邪魔をする」「BINGO！」「ロマンス、イラネ」などがこれにあたる。そんな「前期」の楽曲の中には「後期」の楽曲の原型となるものが確認できる。

その「原型」のひとつはインディーズデビュー曲「桜の花びらたち」に見られるAKB48という地下（当時）アイドル自身の「軍歌」とも言うべき自己言及の歌詞を歌うパターンだ。

そしてもうひとつは、先の指摘にあった「僕」という男性の視線（消費者の視線）に同化した歌詞である。このパターンがシングル曲で最初に採用されたのが「僕の太陽」（2007年8月8日発売）だ。続く「夕陽を見ているか？」も同様の視線構造をもつ。このふたつの曲はともにこれまでの女性視線の曲をそのまま裏返した構造をもっている。つまり男子が片思いの女子について考えている曲だ。どちらの曲も、男子がその片思いの感情を「もし世界中が敵に回っても僕は味方さ」（「僕の太陽」）などと、人生に悩む少女を救うという物語を導入しロマン化を試みている点で共通している。従って、歌詞内容は「嫌なことのひとつくらい誰にもある」（「僕の太陽」）、「悲しいことやつらいこともあるさ」（「夕陽を見ているか？」）とまず人生の厳しさを嘆き、その困難に対して「僕」の思いを希望にするという物語展開を見せる。前期の男性視線の歌詞は、男子が悩める女子を救うというヒロイックな物語になっており、明らかに後期のそれとは異なる。これらの歌詞は男性（消費者）に、悩んでいる少女を救うという物語を（一方的に）与える、〈ここではない、どこか〉に連れていくという態度で書かれている。しかし前述のように、後期の歌詞のコンセプトは〈いま、ここ〉への肯定感に貫かれている。ここに、「前期」と「後期」の明確なコンセプトの違いを見ることができる。

たとえば「後期」ＡＫＢ48が最初にリリースしたシングル曲「大声ダイヤモンド」の歌詞を読んでみよう。これは「僕の太陽」「夕陽を見ているか？」の系譜に属する男性視線＝「僕」の一人称で綴られている。しかし、前期の男性視線の歌詞に存在した「悩む少女を主人公の男子が救う」という物語も、まず世界を嘆きそこから男子の少女への思いで回復するという人生論的な物語も排除されている。ここで歌われているのは、圧倒的な「肯定性」だ。自身（主人公の男子）がその片思いに気づいた瞬間、走り出して衝動的に「好きだ」と叫びそうになる。その衝動自体が「なぜか　さっきから　空を見てるだけで　瞳がうるうる溢れて止まらない」状態をこの主人公にもたらす。彼は思いを伝えて成就したわけでも、悩める彼女に手を差し伸べて救ったわけでもない。ただ「好きだ」という感情の自覚が、彼に「空を見てるだけで」世界＝〈いま、ここ〉を豊かに彩ることができるのだ。曲の末尾に繰り返される「好きって言葉は最高さ」というフレーズは、その象徴だ。

「好きって言葉は最高さ」――この（〈いま、ここ〉の）世界を肯定する力の源流は、おそらくファーストメジャーシングル「会いたかった」にある。「好きならば好きだと言おう 誤魔化さず素直になろう」と歌うこの「会いたかった」は、そのタイトルからも明確なように、ファンコミュニティの心情を当のアイドルたちが代弁した、やや入り組んだ歌詞が与えられている。もちろん、ここにもアイドル（メディア）とファン（消費者）を同じフィールドに立たせるという、のちに徹底化されるＡＫＢ48のプロデュース戦略が垣間見える。しかしそれ以上に重要なのは、この曲が「会いに行けるアイドル」であるＡＫＢ48のファンの「好きだ」という気持ちを肯定する歌であるという点だ。つまり「会いたかった」の時点で、ファンコミュニティの正当化として機能していた「肯定性」は、やがてＡＫＢ48の社会現象化に伴いその「消費者との視線の共有」「〈いま、ここ〉の肯定」というコンセプトに昇華されていき、「大声ダイヤモンド」に結実することになったのだ。

「大声ダイヤモンド」以降、この「僕」＝男性（消費者と同一化した）視線と、片思い（あるいはそれ未満の）「好き」という感情の肯定＝〈いま、ここ〉への祝福を抱き合わせるパターンは、ＡＫＢ48のシングル曲の定番になっていく。具体的には「10年桜」「涙サプライズ」「ポニーテールとシュシュ」「ヘビーローテーション」などキングレコード移籍後の主要曲の中でももっとも多くを占めている（「ずっとこのまま片思いでいい」と歌う「言い訳 May be」はこのパターンをややメタ視点から解説するような視線が採用されている）。

その一方で、「後期」ＡＫＢ48において定期的に出現し、大きな存在感を占めているのが前期における「会いたかった」の系譜に所属する自己言及パターン、つまりＡＫＢ48というユニットそのもののあり方を歌い、消費者と一緒にメンバー自身を慰撫する「軍歌」だ。もちろん、ＡＫＢ48それ自体の社会現象化に伴い、その「自分たち」の範囲はもはや若者全体にまで拡大している。冒頭から「ＡＫＢ48」というチーム名の号令から始まる「RIVER」と、その約1年後に、まるで社会現象化すると当時に多くの批判を浴びた彼女たちが社会に反論を加えるかのごとく自分たちのスタンスを歌う「Beginner」、そして総選挙システムに対する自己言及的な歌詞が、異例の「じゃんけん選抜」というパフォーマンス（通常人気・実力を吟味して選抜される歌唱メンバーが、じゃんけん大会で決定される）を伴って提示された「チャンスの順番」などがこれにあたる。

「前期」においては「会いたかった」1曲だった自己言及パターンは後期においては3曲に増え、しかもその登場間隔は狭くなってきている。これはＡＫＢ48の社会現象化によって、ＡＫＢ48自身について歌うことがそのまま、彼女たちならではの切り口で消費者たちの直面している世界、社会を歌うことに直結するようになったことに、秋元自身が自覚的であるためだろう。

さらに付け加えれば、ここにはおそらくセクシュアリティの問題が大きく横たわっている。「ＡＫＢ48」における選抜制度がキャラクター消費の効率化を促していることは、先に指摘した通りである。そしてこの選抜制度は同時に、キャラクター消費の複雑化、予定調和の回避をももたらしている。第三章で、同性間の理想化された（コミュニケーションが自己目的化された）コミュニティのイメージ＝空気系（日常系）が異性の消費者によって支持される傾向について指摘した。ＡＫＢ48の社会現象化も、基本的にはこの流行の一例、いや代表例だろう。たとえば、メンバーのブログでは他のメンバーのうち特定の誰かが特に好きだ、特定の誰かと特に仲がいい、というアピールを行う行為＝百合営業（同性愛的な関係性を匂わせること）が定着している（この「営業」のターゲットは、主に男性消費者である）。この文化は、もちろんインターネット上のファンコミュニティの反応から学習され、積極的に取り入れられたものであり、消費者たちによる彼女たちについてのインターネット上の記述（ウィキペディアなど）は必ずこの疑似同性愛的な関係性が記述されている。

選抜制度のもたらす関係性の複雑化は、この疑似同性愛的な関係性の強化、複雑化をもたらしている。たとえば、２０１１年１月に公開されたドキュメント映画『DOCUMENTARY of AKB48 to be continued　10年後、少女たちは今の自分に何を思うのだろう?』は主要メンバーへのインタビューで構成されているが、彼女たちの談話のかなりの部分が他のメンバーと自身との「比較」で占められている。これは選抜制度とキャラクター同士の（疑似同性愛的な）関係性記述の親和性の高さを示す好例だろう。
また前述のドラマ『マジすか学園』は、女子ヤンキー間の抗争を選抜制度に見立てたある種のメタフィクションでもある。本作はｎ次創作市場でも大きな支持を受け、放映直後のコミックマーケット78（２０１０年８月）を盛り上げた。そしてこのとき、主要な消費者となったのは通常はボーイズ・ラブなど、男性キャラクター同士の同性愛を嗜好する女性消費者たちである。ここではつまりボーイズ・ラブの消費者である女性たちが、『マジすか学園』のキャラクター相関図に対し「百合」的な読み替えを行うというｎ次創作が台頭しているのだ。この奇妙な現象は、選抜制度が加速させる疑似同性愛的関係性の強化を、秋元康自らが行うｎ次創作（『マジすか学園』）といういびつな回路で行った結果、その消費形態におけるセクシュアリティを大きく攪乱してしまったケースと位置づけることができるだろう。

こうして考えたとき、自己言及的な歌詞のうち、とりわけ「Beginner」の存在が大きく浮上する。本作には当初、『下妻物語』『告白』などで知られる映画監督中島哲也によるプロモーション・ビデオが制作されていた。その内容は、メンバーたちがアバターを用いた殺し合いのゲームを行うというものだ。殺し合いは明らかに選抜制度の比喩だろう。当初は携帯ゲーム機からアバターを操ってプレイに興じていたメンバーは、ゲーム内で凄惨な殺し合いを演じ、やがてその痛みは現実の彼女たちを蝕んでいく。ここでは第三章で指摘した、『木更津キャッツアイ』と同様にキャラクターの透明度を操作することによる演出が行われている。

言い換えれば、この「殺し合い」は同性間の排他的なコミュニティを異性の消費者が「萌え」るという現代的な（「空気系（日常系）」的な）予定調和を攪乱するために導入されていることになるだろう。このとき、既に存在しないことが明らかになった世界の外部〈ここではない、どこか〉から破壊者が来訪するのではなく、内部〈いま、ここ〉の関係性が加速することでその本質が露呈していくことになる。中島の演出はいわば「空気系」的なトレンドとAKB48との関係を批評的に描き出すことで説得力と批判力（ここでは新しさ）を同時に獲得している（この中島によるプロモーション・ビデオはその残虐表現から制限公開とされている）。

「昨日までの経験とか　知識なんて荷物なだけ」と歌い始める「Beginner」は、「君は生まれ変わった」という宣言で終わる。これをAKB48と彼女たちが代表する現代日本社会の歌だと捉えるのならば、私たちは今、新しい世界のはじまりに直面していることになる。たしかにアイドルという偶像たちがメディアの向こう側から私たちを眺めるのではなく、私たちと同じ視線を共有する世界、あるいは〈ここではない、どこか〉への憧れではなく、〈いま、ここ〉の豊かさを汲み出していく可能性を歌う世界はこれまでになかったものかもしれない。私たちは自分たちでも気づかないあいだに、虚構やキャラクターというものの機能を書き換えてしまったのかもしれないのだ。それは〈ここではない、どこか〉＝もうひとつの現実をもたらすものから、〈いま、ここ〉のこの現実を多重化するものへの変化と言い換えてもいいだろう。「何もできない」「若い」僕らが手にしている「可能性」とは、たぶんそんな可能性のことだ。

補論3 〈歴史〉への態度――「宇宙世紀」から「黒歴史」へ

「機動戦士ガンダム」シリーズが擁する架空歴史「宇宙世紀」は、虚構の時代にお
ける物語的想像力を代表するものとして機能した。そして拡張現実の時代を迎えた
現代において、「ガンダム」シリーズは新しい「歴史」を獲得することで80年代以
上に大きな存在感を国内の文化空間に占めている。富野由悠季が生み出したもうひ
とつの歴史「黒歴史」は、拡張現実の時代に対応した「物語」ではなく「データベ
ース」としての歴史として機能しているのだ。

本書では第一章から繰り返し、1968年からの数十年をビッグ・ブラザーの壊死が進行
した時代であると表現した。このときビッグ・ブラザーという国家を疑似人格化した存在が

語る大きな物語はその威力を低下させ、消費者たちはファンタジィ性の高い物語に個人の生を意味づけるもうひとつの現実を求めていった、と。その国内における極めて直接的な実践が『機動戦士ガンダム』などの作品が担った、もうひとつの歴史＝架空歴史の提供を中心とするポップカルチャー群の台頭だろう。そしてそのメタ的な実践が村上春樹の80年代に発表した初期作品群における「年代記」的なアプローチであったと言える。特に前者は30年以上の月日のうちに肥大し、膨大な続編群を生み国内最大級のキャラクター産業となっている。

しかし、この「ガンダム」サーガの支配力は、80年代のアニメブームが担った「もうひとつの現実」としての虚構の力が、現代においても有効であることを意味しない。むしろその逆だ。現代における「ガンダム」サーガの支配力は、シリーズが肥大化する中でむしろこうした想像力、歴史への態度を決定的に更新することに成功したからだと言えるだろう。

この問題を考えるためには、そもそも「ガンダム」シリーズにおける架空年表「宇宙世紀」の成立にさかのぼる必要がある。「ガンダム」シリーズは、80年代初頭に社会現象を起こしたテレビアニメとその総集編的な劇場版の諸設定から肥大していった、「宇宙世紀」と呼ばれる架空年表に大きく支えられて発展した。これは同作の世界における宇宙移民とその結果起こった紛争の歴史を綴ったもので、モビルスーツという劇中に登場する架空のロボット兵器の開発史と合わせて約150年分の設定がこの30年の間に少しずつ付け加えられていった。

0001宇宙移民開始をもって宇宙世紀に移行
0027初の月面恒久都市、フォンブラウン市完成
0045サイド3にミノフスキー物理学会設立
0055シャルンホルスト・ブッホ創業
0058ジオン・ズム・ダイクン、サイド3独立宣言。ジオン共和国樹立、国防隊発足
0060連邦軍、60年代軍備増強計画発動
0062ジオン国防隊、国軍へ昇格
0068ジオン・ズム・ダイクン死亡
　デギン・ソド・ザビが次期首相に

こうした宇宙世紀年表は、たとえば原作者富野由悠季監督が綿密に設定したものではない。これは『機動戦士ガンダム』放映時にその台詞ないし描写から断片的に示唆された歴史的事件や、兵器の開発史から視聴者が想像を膨らませたもの、つまり二次創作が基本になっている。こうしたファンコミュニティでの二次創作的な「考察」が、アニメ専門誌などに発表さ

れ、やがて『GUNDAM CENTURY』（みのり書房）などにまとめられることで準公式設定となった。こうして「宇宙世紀」という架空年表、「ミノフスキー物理学」という架空の物理学体系となり広く共有され、これがブーム後のプラモデル展開を支えることになった。「MSV（モビルスーツバリエーション）」と呼ばれるプラモデル・シリーズは、アニメ本編には登場しないモビルスーツを、この架空の年表／兵器体系の上に設定して（捏造して）発売した。それはロボットそれ自体の造形だけではなく、その背景に存在する架空の歴史、それも二次創作的／集合知的に生成された歴史にも商品価値が宿った瞬間だった。

この集合知＝宇宙世紀は1985年に放映された続編『機動戦士Zガンダム』の制作時に公式設定として整備され、以降四半世紀以上にわたりこの宇宙世紀は無数の続編群により更新され続け、現在も拡張を続けている。約150年分にわたる架空歴史の隙間を埋めるように、無数のエピソードが原作者富野の手を離れるどころか、有志のファンなどの手による二次創作としても制作されていき、公式／非公式を問わず常にこの架空年表を更新し続けている。原作者であるはずの富野による小説作品のエピソードが年表上「公式」認定されていないものも多いその一方で、ファンコミュニティで醸成された設定が公式に格上げされたものが多い。『ガンダム』の四半世紀にわたる君臨は、このn次創作的な回路に支えられた側面が大きい。それは前述の通り、80年代のブーム終焉後、一旦は下火となった『ガンダム』がゼロ年代のネットワーク環境の整備を背景に復活を遂げたことからも明らかだ。ウィキペディアで「ガンダム」関連の語句を引いてみればよい。この固有名詞群がいかにｎ次創作的に成立しており、かつ、ネットワークとの親和性が高いかが分かるだろう。

この「歴史」は、「ガンダム」シリーズが「もうひとつの現実」――透明度０％に肉薄する虚構として作用するために必要とされた設定である。だからこそ、それははじまりから終わりへと延びる１本の線＝物語として機能しなければならなかった。

しかし、シリーズの肥大がもたらす商業的な要求の肥大は、「宇宙世紀」という大きな（偽の）物語＝歴史にひびを入れていく。

富野の弟子筋にあたる今川泰宏によって監督され、１９９４年から放映されたテレビアニメシリーズ『機動武闘伝Ｇガンダム』はこの「宇宙世紀」という世界設定を完全に捨て去り「未来世紀」という新しいパラレル・ワールドを導入、「ガンダム」という名称とロボットのデザインだけを踏襲し、各国の代表が競技用ロボット「ガンダム」による格闘ゲームで覇権を争うという、少年漫画の格闘漫画的な物語を展開した。この背景には同シリーズのスポンサーである玩具メーカー「バンダイ」の、関連玩具の販売が主役が操縦する「ガンダム」に匹敵し、友軍や敵軍のロボットは芳《かんば》しくないという背景があったと言われる。

以降、１９９５年放映開始の『新機動戦記ガンダムＷ《ウイング》』（アフターコロニー〈A.C.〉）、96年放映開始の『機動新世紀ガンダムＸ』（アフターウォー〈A.W.〉）など、同様の手法で「ガンダム」シリーズはそのロボットデザインと少年兵の葛藤という物語骨子だけを踏襲した「宇宙世紀」の年表に含まれないパラレル・ワールド上の作品が増えていくことになる。

そして登場するのが、実に6年ぶりにシリーズの生みの親である富野が手がけた『∀（ターンA）ガンダム』（1999〜2000年）だ。

「集合」を意味する数学記号「∀」をその名にもつ本作は、「黒歴史」と呼ばれる極めて特異な世界設定を抱えて登場した。「すべてのガンダムを肯定する設定」として富野が考案したというこの「黒歴史」は、端的に述べれば「歴史」を（「宇宙世紀」のように）「物語」として読むのではなく、「データベース」として読む態度＝歴史観のことに他ならない。

同作の物語の舞台は「正暦」2343年とされる。地球上では、20世紀初頭の欧米相当の文明をもつ人類が生活をしているが、そこに「ムーンレイス」＝月の民と呼ばれる人々の「帰還」が始まる。「正暦」の過去――それも数万、数十万年前の過去には従来の「ガンダム」シリーズのように、人類が高い技術力を背景に宇宙移民を進めていた時代があり、ムーンレイスはその子孫である。そして、主人公の少年ロラン・セアックはムーンレイスが本格的な「帰還」に先立って地球に送り込んだスパイであり、そして彼は「帰還」後に勃発した紛争にその複雑な立場を抱えたまま巻き込まれていく。高い文明をもち、モビルスーツ（ロボット）を所有するムーンレイスに、地球人たちは地中に埋没された過去の時代＝「黒歴史」の遺産であるモビルスーツ群を「発掘」して対抗していくことになる。そう、「黒歴史」とは自由自在に引用＝発掘可能な「歴史」のことに他ならない。そして、この「黒歴史」にはかつての「宇宙世紀」だけではなく、「ガンダム」シリーズの肥大化に伴って派生したさまざまなパラレル・ワールド＝「未来世紀」や「アフターコロニー〈A.C.〉」や「アフターウォー〈A.W.〉」が含まれている。「黒歴史」は、並列するパラレル・ワールドを含めて、あらゆる世界の歴史を引用可能にするデータベースとして、歴史を見做す想像力を「発見」したと言える。

そしてロランの愛機となった∀ガンダムこそが、かつてすべての文明を（おそらくはパラレル・ワールドも含め）「埋葬」し、滅ぼした世界改変能力を秘めた最終兵器であることが物語の中で明かされていく（この∀ガンダムは、おそらく第二章で紹介した『仮面ライダーディケイド』の原型のひとつだろう）。

『∀ガンダム』は必ずしも商業的に成功した作品だとは言えない。しかし、本作以降、「ガンダム」シリーズは大きな発展を遂げる。たとえば従来の「宇宙世紀」の架空歴史を共有するシリーズは、アニメ、小説、漫画、ゲームなどジャンルを選ばずに膨大な続編、外伝の類を生み出し、公式のものから非公式のものまで、架空年表を複雑に肥大化させている。これらの消費者の中核にいるのが80年代の最初のブームに少年期を過ごした、団塊ジュニア層の消費者だ。

ここで注目すべきは、初代「ガンダム」のアニメーションディレクターを務めた安彦良和による同作のコミカライズ『機動戦士ガンダム THE ORIGIN』（２００２～11年）、また『機動戦士Ｚガンダム』の富野由悠季監督によるセリフリメイク劇場版である『機動戦士Ｚガンダム A New Translation』（２００５～06年）など、オリジナルの作者によるｎ次創作的な作品がリリースされていることだろう。これらの作品はいずれも、従来の宇宙世紀の年表にはつながらない展開や設定をもつ、つまり「if」の歴史への分岐点として作用している（たとえば『機動戦士ZガンダムA New Translation』の結末からは、本来の続編である『機動戦士ガンダムＺＺ《ダブルゼータ》』にはつながらない）。

　このオリジネーターによるｎ次創作的介入によって、「宇宙世紀」もまた「黒歴史」化し「ガンダム」サーガは現在に至るも肥大を続けていると言えるだろう。

　またその一方で、『機動戦士ガンダムＳＥＥＤ』（２００２年放映開始）及びその続編群、『機動戦士ガンダムＯＯ《ダブルオー》』（２００７年放映開始）及びその続編群もまた、新たに「宇宙世紀」に属さないパラレル・ワールドを設定し、従来のターゲットであるティーンの男性消費者に加え美少年キャラクターの群像劇で女性消費者のボーイズ・ラブ市場からの支持を獲得している。

　以上のように、「ガンダム」シリーズの一連の商業的成功の背景には、実は想像力の問題として市場的には失敗作に近い『∀ガンダム』で、富野が発案した「黒歴史」という概念が提供した、歴史を物語ではなくデータベースとして読む視線が存在する。この「黒歴史」的態度がこの時代に肥大するにあたっては、やはりネットワークとの親和性の高さを指摘せざるを得ない。

巨大なもの＝システムを疑似人格（ビッグ・ブラザー）と彼が語る歴史＝物語として捉えることが難しくなった現在、（リトル・ピープルの）時代を生きる私たちは巨大なもの＝システムをデータベースとして見做し始めているのだ。[*1]

＊1　こうして考えたとき、富野由悠季という作家の重要性が改めて浮上する。たとえば富野が『機動戦士ガンダム』で登場させた超能力者＝ニュータイプは、主に80年代における「新人類」世代のメタファーとして論じられることが多い。しかし私見ではこのニュータイプという「発明」の真価は、演出レベルにこそ発揮されている。広大な宇宙空間で距離や時間を無視して相手の「気配（自意識）」を察知してその存在をありのままに「見る」ことができるこのニュータイプの描写は、21世紀の現在振り返るとほぼインターネット的なコミュニケーションを予見しているように思える。そしてこれは第一章で紹介したように、村上春樹が「井戸」というアイテムを用いて表現した新しい「コミットメント」＝「井戸」を掘って掘って掘っていくと、そこでまったくつながるはずのない壁を越えてつながる、というコミットメントと相似形である。

そして富野が続く『伝説巨神イデオン』（1980年放映開始）で描いたのは、少年期の男性の依代＝拡張された身体としての「ロボット」ではなく、過去に滅び去った人類の集合無意識としてのロボット＝イデオンというシステムだった。そして、そのアイデンティティを確保するため、乳児の生存本能にもっとも敏感に反応してその能力を発揮するイデオンは、「母」的な存在として定義される。こうした富野由悠季の想像力は、21世紀のリトル・ピープルの時代である今こそ、検討されるべきだろう（筆者は「富野〈由悠季〉論（仮）」の連載を企画している）。

あとがき

幻冬舎の穂原俊二氏から連絡をいただき、近所の喫茶店で会合をもったのは2007年の年末のことだったと思う。当時まだ雑誌連載中だった「ゼロ年代の想像力」を読んで私に興味をもったという穂原氏はその席で単行本の執筆を依頼してくれた。まだ最初の連載が本にもなっていない20代の著者への、ほとんど蛮勇としか言いようのない依頼に、私は感激したのを覚えている。

その後、企画は二転三転し、今のかたちに落ち着いたのは1年半から2年ほど前だと思う。そして、こつこつと書き下ろしを進めてようやく一章と二章の原型となった部分が仕上がりかけたそのとき、あの地震が日本を襲った。

当時私は個人的な事情で、意気消沈していた。三章にあたるまとめの部分も、正直書きあぐねていた。だが私は、不意に訪れたスケジュールの空白を用いて、地震とその後の原子力発電所事故の問題について、毎日ひたすら考え続けた。この本で、自分が考えている新しい「壁」、新しい「大きなもの」のイメージの問題にこそ、震災後の社会と文化を考える鍵のようなものがある。そんな直感を抱いていたからだ。

そしてある日、私の中でひとつの物語がつながり、穂原氏を呼び出して本書のリライトの構想を語った。穂原氏は太鼓判を押してくれた。それから死にものぐるいで、私は既に400字詰め原稿用紙500枚近くあった原稿を最初から書き直した。その結果、原稿総量は大きく膨れ上がり、最終的には、補論の採録分を入れると800枚近くになった。刊行も月単位で、大きく延びた。皮肉な話だが、震災がなければ私は本書を書き上げることはできなかったと思う。これは、震災に書かされた本だ。

こうして書き上げた本書を、自分で読み返していて強く感じるのは、本書が震災によってその構造が露わになった私たちの世界のことについて語った本であると同時に、「父」という概念をめぐる思考を綴った本でもあるということだ。

ここで少しだけ、個人的なことを述べるのを許してもらいたい。

宇野常寛とは本名ではない。8年前に亡くした父の名前を筆名として拝借したものだ。

ヘビースモーカーだった父は、51のときに肺癌で死んだ。父は自衛官だった。定年まであと4年の三等陸佐、出世したほうではないが相応に勤め上げ、第二の人生を考え始めてもいい頃合いだった。

中学にあがった頃から私は父とは折り合いが悪くなった。15のとき進学で家を出てからは無骨な父を軽蔑するようになり、それを薄々感じていたであろう父は私の文弱な傾向に苛立ちながらも、どこか諦めたような態度を取るようになった。そして、そのまま私は実家にあまり寄り付かなくなり、父はそのまま死んだ。最期の数週間は私も介護に通ったが、意識は投薬で朦朧《もうろう》としていたのでロクに話すことはできなかった。

私が筆名を用いているのは、当時勤務していた会社に隠れて文筆活動を行うため、「本名に似ているが異なる」名前として筆名を採用することで最低限のネットワーク検索除けを施したつもりだった。だが、自分でも薄々気づいてはいたものの、その選択は父に認められないまま死なれたという気持ちの産物だったと思う。

思想的にも、趣味的にも私と相容れなかった父だが、義侠心のようなものは人一倍ある人間だった。近所で火事があったときは真っ先に駆けつけていたし、後輩の面倒見も良かった。自衛官という職業にも誇りをもっていたと思う。

そしてあの日、3月11日に未曽有の震災がこの国を襲ってからしばらくして、テレビの報道番組を眺めていた私は、松島駐屯地勤務の航空自衛隊員へのインタビューを目にした。番組では、50歳を超えた熟年男性が大泣きしていた。ひげを蓄えた立派な士官だった。地震直後から、松島基地には救援要請が殺到したが、彼らはまったく対応できなかった。それは津波で救援用のヘリコプターが流された上、さらに滑走路が使用不可能になったからだ。昼夜を通した復旧活動の結果、滑走路が使用可能になったのはその数日後、既に多くの人命が失われていた。こんなときのために自分たちはずっと訓練してきたのに、と彼は無力感に泣き崩れていた。

私はそれを見ながら、あの熟年士官は父ではないかと思った。父が生きていれば、被災地に飛んでいたのは間違いない。山形出身の父は、仙台や松島は夏冬の休みに家族で遊びに出かけた思い出の場所だったと、よく語っていた。家族としては迷惑な結果になることが多かったが、こういうとき、父は思いつきですぐに行動してしまう人だった。私は本書の印税を被災地に寄付することに決めた。父が生きていればそう勧めるに決まっているからだ。

通読すれば明らかなように、本書は〈父〉というものについて考えた一冊だ。震災のような巨大な暴力を前に物書きがなすべきことはひとつで、その思考の限りを文章にぶつけることだ。チャリティや被災地支援をその文学的正当性に用いることは、自らその文学的敗北を認めるようなものだ。

従って、私のこの行為はごく個人的に、父への感情に決着をつけるためのものだ。言い換えればあの報道を目にしたとき、私は本書がそのために書かれていたことに気づかされたのだ。亡き宇野常寛がなすべきことを、今や宇野常寛である私が代行するのだ。

父が生きていれば本書で展開した私の分析と主張に微塵も納得しないだろうし、むしろ厳しく批判するだろうと思う。しかし、私はそれで構わない。春樹が物語内で成し得たような「和解」は、私には必要ないだろう。

私たちは誰もが、小さな〈父〉である。そして誰もが歴史という物語の保証を与えられないにもかかわらず不可避に決定者として機能してしまう存在だ。しかし、私はそのことを不幸だとは思わない。これからも引き受けていこうと思う。

そして自分でも驚いているのだが、私は今、近いうちに子どもが欲しいと思っている。

2011年6月末日

宇野常寛

参考年表――「ウルトラマン」「仮面ライダー」両シリーズテレビ放送年

●ウルトラマン・シリーズ

ウルトラQ(1966年)
ウルトラマン(1966年~1967年)
ウルトラセブン(1967年~1968年)
帰ってきたウルトラマン(1971年~1972年)
ウルトラマンA(1972年~1973年)
ウルトラマンタロウ(1973年~1974年)
ウルトラマンレオ(1974年~1975年)
ウルトラマン80(1980年~1981年)
ウルトラマンティガ(1996年~1997年)
ウルトラマンダイナ(1997年~1998年)
ウルトラマンガイア(1998年~1999年)
ウルトラマンコスモス(2001年~2002年)
ウルトラQ dark fantasy(2004年)
ウルトラマンネクサス(2004年~2005年)
ウルトラマンマックス(2005年~2006年)
ウルトラマンメビウス(2006年~2007年)
ULTRASEVEN X(2007年)
ウルトラマンギャラクシー大怪獣バトル(2007年~2008年)
ウルトラマンギャラクシー大怪獣バトル NEVER ENDING ODYSSEY(2008年~2009年)

●仮面ライダー・シリーズ

仮面ライダー（1971年〜73年）
仮面ライダーV3（1973年〜74年）
仮面ライダーX（1974年）
仮面ライダーアマゾン（1974年〜75年）
仮面ライダーストロンガー（1975年）
仮面ライダー（スカイライダー）（1979年〜80年）
仮面ライダースーパー1（1980年〜81年）
仮面ライダーBLACK（1987年〜88年）
仮面ライダーBLACK RX（1988年〜89年）
仮面ライダーZX（ゼクロス）（1984年）
仮面ライダークウガ（2000年〜01年）
仮面ライダーアギト（2001年〜02年）
仮面ライダー龍騎（2002年〜03年）
仮面ライダー555（2003年〜04年）
仮面ライダー剣（ブレイド）（2004年〜05年）
仮面ライダー響鬼（2005年〜06年）
仮面ライダーカブト（2006年〜07年）
仮面ライダー電王（2007年〜08年）
仮面ライダーキバ（2008年〜09年）
仮面ライダーディケイド（2009年）
仮面ライダーW（ダブル）（2009年〜10年）
仮面ライダーオーズ／OOO（2010年〜11年）

引用文献

（第一章）

中森明夫『東京トンガリキッズ』、ＪＩＣＣ出版局、１９８７
鶴見済『完全自殺マニュアル』、太田出版、１９９３
河合隼雄・村上春樹『村上春樹、河合隼雄に会いにいく』、岩波書店、１９９６
蓮實重彥『小説から遠く離れて』、日本文芸社、１９８９
浅田彰の発言「「続・憂国呆談」番外編Ｗｅｂスペシャル連載第十三回」２００３
毎日新聞「僕にとっての〈世界文学〉そして〈世界〉」、毎日新聞社、２００８・５・12
村上春樹『１Ｑ８４〈ＢＯＯＫ２〉』、新潮社、２００９
読売新聞「村上春樹氏インタビュー」、読売新聞社、２００９・６・16〜18
ティム・オブライエン／村上春樹（訳）『世界のすべての七月』、文藝春秋、２００４
村上春樹『ダンス・ダンス・ダンス（上）』、講談社、１９８８
小阪修平『思想としての全共闘世代』（ちくま新書）、筑摩書房、２００６
村上春樹『風の歌を聴け』、講談社、１９７９
『考える人』村上春樹ロングインタビュー」、新潮社、２０１０・８
村上春樹『羊をめぐる冒険』、講談社、１９８２
内田樹『村上春樹にご用心』、アルテスパブリッシング、２００７
大塚英志『物語論で読む村上春樹と宮崎駿』（角川ｏｎｅテーマ21）、角川書店、２００９
村上春樹『世界の終りとハードボイルド・ワンダーランド』、新潮社、１９８５
柄谷行人『終焉をめぐって』、ベネッセコーポレーション、１９９０
別冊宝島『90年代の宗教を考える（２２９）　宮台真司「「良心」の犯罪者—オウム完全克服マニュアル」「オウムという悪夢：同世代が語る「オウム真理教」論・決定版！」、宝島社、１９９５
村上春樹『アンダーグラウンド』、講談社、１９９７

村上春樹『ねじまき鳥クロニクル〈第三部〉』新潮社、1995
村上春樹『海辺のカフカ』、新潮社、2002
笠井潔『村上春樹スタディーズ（05）「鼠の消失」』、若草書房、1999
上野千鶴子・小倉千加子・富岡多恵子『男流文学論』、筑摩書房、1992
市川真人『芥川賞はなぜ村上春樹に与えられなかったか――擬態するニッポンの小説』（幻冬舎新書）、幻冬舎、2010
村上春樹『1Q84〈BOOK1〉』、新潮社、2009
朝日新聞「村上春樹講演」朝日新聞社、2010・8・24
村上春樹『夢を見るために毎朝僕は目覚めるのです……るつぼのような小説を書きたい」』、文藝春秋、2010
東浩紀・大澤真幸『自由を考える 9・11以降の現代思想』（NHKブックス）、NHK出版、2003

（第二章）
大江健三郎『状況へ』、岩波書店、1974
呉智英『怪獣の名前には、なぜ「ラ行音」が多いか？ 神学としてのウルトラマン研究』
「別冊宝島「映画宝島vol・2怪獣学入門」呉智英「怪獣の名前には、なぜ「ラ行音」が多いか？ 神学としてのウルトラマン研究」「怪獣学・入門！」、宝島社、1992
切通理作『怪獣使いと少年』、宝島社、1993
「月刊ドラマ」、映人社、1993・3
平山亨『仮面ライダー名人列伝』、風塵社、1999
岡田勝（監修）『大野剣友会伝―ヒーローアクションを生んだ達人たち』、風塵社、1999
大澤真幸『増補 虚構の時代の果て』、筑摩書房、1996
『仮面ライダーアギトグラフィティ（ファンタスティックコレクション）』、朝日ソノラマ、2002
「週刊朝日増刊 朝日ジャーナル 日本破壊計画」、朝日新聞出版、2011・3・19
白倉伸一郎『ヒーローと正義』（寺子屋新書）、子どもの未来社、2004

（第三章）
加藤典洋『敗戦後論』、講談社、１９９７
村上隆『芸術起業論』、幻冬舎、２００６
東浩紀『動物化するポストモダン――オタクから見た日本社会』（講談社現代新書）、講談社、２００１
濱野智史『アーキテクチャの生態系―情報環境はいかに設計されてきたか』、ＮＴＴ出版、２００８
福嶋亮大『神話が考える』、青土社、２０１０
東浩紀『ゲーム的リアリズムの誕生～動物化するポストモダン２』（講談社現代新書）、講談社、２００７
Erick Schonfeld・Nob Takahashi（翻訳）「拡張現実vs仮想現実：現実的なのはどちら？」URL:http://jp.techcrunch.com/archives/20100106augmented-reality-vs-virtual-reality/、ネット引用、２０１０年1月7日
『ポケットモンスター図鑑』、アスペクト、１９９６年
中沢新一『ポケットの中の野生―今ここに生きる子ども』、岩波書店、１９９７
大澤真幸『不可能性の時代』（岩波新書）、岩波書店、２００８

（補論）
Ｖｏｉｃｅ　齋藤環「「ＡＫＢ48」キャラ消費の進化論」、ＰＨＰ研究所、２０１０年11月号
岡田紳士・岡田康宏『グループアイドル進化論』（マイコミ新書）、毎日コミュニケーションズ、２０１１

参考文献

（第一章）
加藤典洋『村上春樹イエローページ〈1〉』（幻冬舎文庫）、幻冬舎、2006
加藤典洋『村上春樹イエローページ〈2〉』（幻冬舎文庫）、幻冬舎、2006
とよだもとゆき『村上春樹と小阪修平の1968年』、新泉社、2009
笠井潔、竹田青嗣、加藤典洋『村上春樹をめぐる冒険〈対話篇〉』、河出書房新社、1991
芳川泰久『村上春樹とハルキムラカミ――精神分析する作家』、ミネルヴァ書房、2010
内田樹『邪悪なものの鎮め方』（木星叢書）、バジリコ、2010
糸井重里『話せばわかるか―糸井重里対談集』（角川文庫）、角川書店、1984
村上春樹『村上春樹 雑文集』、新潮社、2011
『別冊宝島――90年代の宗教を考える（229）』「オウムという悪夢―同世代が語る「オウム真理教」論・決定版！」、宝島社、1995
宮台真司『終わりなき日常を生きろ――オウム完全克服マニュアル』、筑摩書房、1995
大塚英志『江藤淳と少女フェミニズム的戦後――サブカルチャー文学論序章』、筑摩書房、2001
前田塁『紙の本が滅びるとき?』、青土社、2009
小谷野敦『反＝文芸評論』、新曜社、2003
河出書房新社編集部編『村上春樹「1Q84」をどう読むか』、河出書房新社、2009
『村上春樹全小説ガイドブック』（洋泉社MOOK）、洋泉社、2010

（第二章）
見田宗介『現代日本の感覚と思想』（講談社学術文庫）、講談社、1995
見田宗介『社会学入門――人間と社会の未来』（岩波新書）、岩波書店、2006
大塚英志『「おたく」の精神史 一九八〇年代論』（講談社現代新書）、講談社、2004
大塚英志、大澤信亮『「ジャパニメーション」はなぜ敗れるか』（角川oneテーマ21）、角川書店、2005

大塚英志『キャラクター小説の作り方』（講談社現代新書）、講談社、２００３
大下英治『日本（ジャパニーズ）ヒーローは世界を制す』、角川書店、１９９５
実相寺昭雄『ウルトラマン誕生』（ちくま文庫）、筑摩書房、２００６
金城哲夫『小説ウルトラマン』（ちくま文庫）、筑摩書房、２００２
山田輝子『ウルトラマンを創った男――金城哲夫の生涯』（朝日文庫）、朝日新聞社、１９９７
上原正三『金城哲夫 ウルトラマン島唄』、筑摩書房、１９９９
佐藤健志『ゴジラとヤマトとぼくらの民主主義』、文藝春秋、１９９２
石ノ森章太郎、岩佐陽一『仮面ライダー大全』、双葉社、２０００
岡田勝『大野剣友会伝――ヒーローアクションを生んだ達人たち』、風塵社、１９９９
『文藝別冊総特集 円谷英二 生誕１００年記念』、河出書房新社、２００１
切通理作『特撮黙示録１９９５-２００１』（オタク学叢書）、太田出版、２００２
ジョン・ロールズ『正義論改訂版』、紀伊國屋書店、２０１０
平山亨『東映ヒーロー名人列伝』（平山亨叢書）、風塵社、１９９９

（第三章）

宮台真司、大澤真幸『「正義」について論じます』（大澤真幸THINKING「O」第8号）、左右社、２０１０
速水健朗『ケータイ小説的。――〝再ヤンキー化〟時代の少女たち』、原書房、２００８
北田暁大『嗤う日本の「ナショナリズム」』（NHKブックス）、NHK出版、２００５
斎藤環『戦闘美少女の精神分析』、太田出版、２０００

（補論）

『ダークナイト』（名作映画完全セリフ集スクリーンプレイ・シリーズ）、フォーイン スクリーンプレイ事業部、２０１０

初出一覧

第一章、第二章、第三章、補論3は書き下ろし。

補論1　「パンドラvol.3」(講談社)掲載「ソフト・スターリニズムの映画／物語論」第一回「『ダークナイト』と〈悪〉の問題」より。

補論2　「別冊カドカワ　総力特集　秋元康」(角川書店)掲載「AKB48キャラクター消費の永久機関」より。

それぞれ大幅に加筆修正。

宇野常寛　うの・つねひろ

一九七八年青森県生まれ。評論家。

企画ユニット「第二次惑星開発委員会」主宰。

カルチャー総合誌「PLANETS」編集長。

二〇〇八年に刊行されたデビュー作『ゼロ年代の想像力』（早川書房）は、
現代の文化動向を日本思想史上に位置づけ総括するものとして高く評価された。

「思想地図 vol.4」（ＮＨＫ出版）、「朝日ジャーナル　日本破壊計画」（朝日新聞出版）など思想誌、批評誌に参画。

一一年四月より東京大学教養学部（駒場キャンパス）にて自治会自主ゼミ「現代文化論」を担当。

リトル・ピープルの時代

二〇一一年七月三十日第一刷発行

著者　宇野常寛

発行者　見城徹
発行所　株式会社 幻冬舎
〒一五一-〇〇五一 東京都渋谷区千駄ヶ谷四-九-七
電話〇三-五四一一-六二一一（編集）
〇三-五四一一-六二二二（営業）
振替〇〇一二〇-八-七六七六四三
印刷・製本所　中央精版印刷株式会社

著者の印税は、全額「あしなが育英会　東日本大地震・津波遺児募金」に寄付させていただきます。

ISBN978-4-344-02024-5 C0095
幻冬舎ホームページアドレス http://www.gentosha.co.jp/
この本に関するご意見・ご感想をメールでお寄せいただく場合は、comment@gentosha.co.jpまで。